北京市教育科学"十三五"规划 2019 年度一般课题
"指向学科育人的小学英语单元整体教学的设计与实施"

指向学科育人的单元整体教学设计 与实施的研究优秀课例选集

江 萍 编

北京理工大学出版社
BEIJING INSTITUTE OF TECHNOLOGY PRESS

图书在版编目（CIP）数据

指向学科育人的单元整体教学设计与实施的研究优秀
课例选集／江萍编. － － 北京：北京理工大学出版社，
2022. 3

ISBN 978 - 7 - 5763 - 1065 - 8

Ⅰ．①指… Ⅱ．①江… Ⅲ．①英语课 – 教学设计 – 小
学 Ⅳ．①G623.312

中国版本图书馆 CIP 数据核字（2022）第 030975 号

出版发行／北京理工大学出版社有限责任公司
社　　址／北京市海淀区中关村南大街 5 号
邮　　编／100081
电　　话／（010）68914775（总编室）
　　　　　（010）82562903（教材售后服务热线）
　　　　　（010）68948351（其他图书服务热线）
网　　址／http：//www.bitpress.com.cn
经　　销／全国各地新华书店
印　　刷／保定市中画美凯印刷有限公司
开　　本／787 毫米×1092 毫米　1/16
印　　张／15.75　　　　　　　　　　　　　责任编辑／施胜娟
字　　数／343 千字　　　　　　　　　　　　文案编辑／施胜娟
版　　次／2022 年 3 月第 1 版　2022 年 3 月第 1 次印刷　责任校对／周瑞红
定　　价／79.00 元　　　　　　　　　　　　责任印制／李志强

编 委

序

因工作关系，在多个课例研究的教学现场和江萍老师讨论过单元整体教学，每次都对她生动、丰富、深刻而有创意的见解印象深刻，更为她所指导的单元整体教学课例所折服。在这些课例中，孩子们学得兴趣盎然，学思结合，课堂产出中蕴含着丰富的语言和思维含量，使我都想成为其中一员感受这样高质量的课堂学习。如今，江萍老师关于小学英语单元整体教学的研究成果即将付梓，邀我作序，我自是欣然接受，与有荣焉。

随着以核心素养为导向的基础教育课程改革的深化，单元整体教学成为学界和实践界一致认可的教学范式。单元整体教学提供给学生的整体化、意义化、深度化、进阶式的学习过程和学习体验，与核心素养养成的综合性、过程性、探究性等特征一脉相承。因此，无论对于哪一学科，单元整体教学可以成为培养学生核心素养的重要路径。在当前"双减"的教育政策引导下，教师们更要通过单元整体教学整合教学内容，节约教学时间，提升教学效果。

在英语学科，在倡导立德树人、学科育人的《普通高中英语课程标准（2017年版）》（以下简称《英语课程标准》）的引导下，单元整体教学体现了从传统的知识单元、话题单元向主题单元的发展和迭代。这从学理上为一线教师思考单元教学的丰富教育价值开启了新的方向。知识单元重在教词汇、语法、功能等语言知识，其教育价值是教会学生进行问路、点餐等基本技能，即会用英语进行交际。话题单元的教育价值在知识单元的基础上有所拓展，教学生围绕某一生活话题进行综合练习，即会用英语做事。而主题单元在前两者的基础上更重视对学生价值观的培育，更重视教会学生在生活话题方面形成正确的观点和主张，即会用英语做人做事。主题单元为课堂教学提供了丰富的教育价值，为英语学科融语言能力、文化意识、思维品质和学习能力为一体的学科核心素养培育找到十分理想的切入点。

但从教学实践来看，一线教师，特别是小学英语教师，在实施主题单元整体教学中存在着诸多难题。首先，当前的小学英语教材单元编排基本都是知识单元或话题单元，要将其提升为主题单元需要教师具备较强的教材分析能力，如何从现有教材单元中提炼出符合学生发展需求的单元主题成为教师们的第一难题。其次，单元整体教学需要教师做单元内多个课时的整体设计架构，这对习惯于单个课时备课的教师来说是个挑战，同时也增加了备课工作量。最后，由于主题单元比较重视对学生正确价值观的培育，老师们容易上成思想品德课或老师们口中的"德育课"，如何平衡主题单元中的情感、思维和语言，体现外语课堂以语言能力培育为核心的应有之义，也是老师们面临的实践难题。

由江萍老师带领北京东城区小学英语骨干教师团队编写的这本《指向学科育人的单元整体教学设计与实施的研究优秀课例选集》为解决上述三个难题提供了可借鉴的实践样板

和教学思路。

该书有以下三个特点：

（1）基于研究的实践经验提炼。本书中的案例成果是江萍老师带领团队历经三年的课题研究成果。研究者基于国内外文献综述提出新的关于小学英语单元整体教学的研究假设，并通过扎实的行动研究和课例研究，验证并修正研究假设，进而形成研究结论，即提出小学英语主题式单元整体教学的设计思路和操作流程。

（2）汇聚团队智慧的单元整体教学优质案例提供。本书中形成的单元案例都是在江萍老师带领团队集体备课、授课、反思、改进的基础上形成的。这些案例保持着相互一致、明确清晰的整体设计思路，可通过主题统领学生的学习内容、学习活动以及学习评价，反映了团队教师对单元整体教学的集体共识；同时，针对不同的教学主题，教师们的目标、活动、评价设计又各具特色，体现了单元整体教学"教有良法，教无定法"的开放性和灵活性。

（3）聚焦教学策略的单元案例点评。每个单元案例最后都有来自东城区教研员和优秀一线教师的专业点评。单元教学案例提供的是具体的教材分析、学情分析、主题图建构、目标设计、活动设计、评价设计等，而专家点评则根据这些具体内容重点阐述了其背后的教学策略，如单元整体教学中的材料整合、读写结合、学用结合等，极大提升了这些案例的可迁移性和推广性。

本书无疑是适合小学英语教师阅读的，其理念和做法非常值得一线教师借鉴。单元整体教学是一个科学而又系统的大工程，通过单元整体教学提升小学英语课堂育人水平需要更多包括一线教师、学校管理者、教研员、教学研究者等的参与和合作。期待着更多的教师和学校通过借鉴本书中的单元整体教学架构理念和案例，使学生们真正减轻学习负担，提升学习效果，学得愉悦、充实和自信。而教师们也能够通过单元整体教学焕发教育教学创新活力，教得从容、灵动而丰实。

张金秀

2021 年 8 月 9 日

目 录

●研究学习篇●

指向学科育人的小学英语单元整体教学的
设计与实施实验报告

一、时代发展生态化

《英语课程标准》指出，基础教育阶段英语课程的任务是：激发和培养学生学习英语的兴趣，使学生树立自信心，养成良好的学习习惯和形成有效的学习策略；发展自主学习的能力和合作精神，使学生掌握一定的英语基础知识和听说读写技能，形成一定的综合运用能力；培养学生的观察、记忆、思维、想象能力和创新精神，帮助学生了解世界和感受中西方文化的差异；拓宽视野，培养爱国主义精神，形成健康的人生观，为他们的终身学习和发展打下良好的基础。为此，教师要树立课堂教学立德树人的根本目标，在课堂教学中提升学科育人的主动性和自觉性，把育人价值放在学科教学的首要位置。同时，《英语课程标准》以十九大提出的"要全面贯彻党的教育方针，落实立德树人根本任务，发展素质教育，推进教育公平，培养德智体美全面发展的社会主义建设者和接班人"为主导思想，体现的是发展核心素养，落实育人任务。这就明确了英语课程具有重要的育人功能，旨在发展学生的语言能力、文化意识、思维品质和学习能力等英语学科核心素养，落实立德树人根本任务。

"一切为了学生，为了学生一切，为了一切学生。"学生想学什么，想用什么方式学习，就成了教师必须思考和解决的问题。因此，教师要重视课程资源的开发和利用，这也是新一轮课程改革的目标。教材、教参、单元学习的各种素材是教学的载体，要让教材富有立体感，具有教学深度与厚度，教师在使用教材时还有个性化选择与拓展空间，这也为教学带来了新机遇。

每个学科都有它在教学中的育人价值，每个学科的育人价值都有一定的实施途径。崔允漷曾说，教师备课从知识点到单元，标志着教师备课的站位提升了，什么样的站位决定什么样的眼界和格局，以知识点为站位，看到的目标只是了解、理解、记忆；以单元为站位，看到的目标才是学科育人的关键能力、必备品格与价值观念。学科育人的关键在于教师。只有通过教师创造性地使用教材，组织开展富有创新意识的学习活动，才能将学习内容具体化，具体转化为学生的认知和实践。任何教材都有其存在价值，都是编写人员对课程标准的理解，但是教材同时具有一定的局限性，因此，教师需要关注学生，进行灵活创造，体现自己基于课程标准、教学内容、学生真实情况的思考。

因此，我们在英语教学中倡导落实育人为本的单元整体教学模式，使学习的内容、方式、渠道更加多元，更加科学，更加凸显新时代的育人价值。

二、研究问题

（一）研究目的

本课题力求通过"单元整体教学"的课例研究，探索行之有效的教学途径，发展学生能力，使核心素养的培育真正落在实处，使育人价值真正体现，这也是本研究的重点所在。与此同时，借助本课题的研究，提升区域小学英语教师的教学设计与实施能力，提高教师的研究能力，促进教师的专业发展。

（二）研究意义

1. 理论意义

通过本课题的研究与实践，对相关指导思想和理论依据进行实践、验证与完善，最终能够形成小学英语单元整体教学设计的理念与模式，为小学英语学科教学提供更多的思路与方法。

2. 实践意义

探索单元整体教学在小学英语学科的教学实践模式，即基于背景分析确定主题，整合单元学习资源，确定单元学习目标，明确单元学习任务，规划单元学习活动，选择单元评价方案，实施并反思教学等，为更多学校提供借鉴。

（三）研究假设

本课题的研究将重点放在单元整体教学对教师课堂教学方式的改变上，通过丰富的课例研究，引领教师关注单元整体教学的设计与实施方法，并切实解决教师教学中的实际问题。改变碎片化学习方式，通过丰富的课程体系，促进学生学习方式的改变，提升学科育人价值，全面提升学生综合素养。

三、研究背景与文献综述

（一）理论基础

单元整体教学的理论基础是人本主义心理学家罗杰斯的学生中心论。罗杰斯认为，应该把学生看成人，看成一个有目的、能选择和塑造自己行为并从中得到满足的人，必须把学生视为学习的主体，教学和教育都应以学生为主体；教师应该尊重学生，重视学习者的主动性以及价值观、态度体系和情感等在学习中的重要性，注意促进学生学会学习和适应变化。

另一个单元整体教学的理论基础是整体教育（Holistic Education）思想，这是 20 世纪 80 年代末兴起的新人文主义教育思潮，它强调教育过程的整体性，更关注对学生人性的培养，突出以人为本和人文关怀，突出科学、人文、创造的和谐统一。英语整体教学强调语音、词汇、语法、功能在语言教学中是不可分割的整体。英语课程标准也明确了英语教学的双重属性，除了工具性，也要兼顾学习策略、情感态度、文化意识的培养，发展学生与人沟通、合作、交往的能力，树立正确的世界观、人生观和价值观，体现人文性特征。

（二）相关研究成果

1. 国内外研究现状

单元整体教学的理念与很早就在美国的教学中有所体现的主题教学理念相似。当时美国学校教育开展了一场教学改革运动，产生了以主题教学为代表的一系列新课程教学模式。如Theme Study，Unit Teaching，The Project Method 等，虽然表达方式略有差异，但内涵大致都是主题或单元教学。随着美国教育的主题教学理念传入我国，我国一些教育学者也逐渐关注了主题教学理念，并开始尝试这种通过围绕某一主题，让学生借助各种探究手段和活动，以及与主题相关的各类资源，使学生认知发生迁移，提高解决问题的能力以及培养主动探究精神的有效教学方式。这在语文学科从整体出发，统筹安排字词、阅读、练习及写作等教学活动方面，取得了一些效果。小学英语学科，虽然在《英语（牛津上海版）》的单元整体备课有比较突出的成果，但小学英语学科的单元整体教学目前还处于起步阶段。特别是在前期的实践中发现了一些问题，例如，教师最困惑的是如何基于内容提炼单元主题，如何根据主题确定单元目标以及鉴选资源，如何开展有效的活动推进单元整体教学落实学习目标等。因此，本项目希望通过丰富的课例研究，带领广大一线教师关注这种区别于传统的小学英语教学的新理念、新方法，从而推动小学英语课程建设且推动教师专业发展。

2. 小学英语单元整体教学

《英语（牛津上海版）》"单元整体教学法"是近年来国内英语教学研究的新成果。它的主题单元整体教学理论建立在美国整体语言大师古德曼（Goodman）的整体语言教学法（Whole Language Approach）、美国心理学家加德纳（Gardner）的多元智能理论（Gardner's Theory of Multiple Intelligences）和瑞士心理学家皮亚杰（J. Piaget）的建构主义认知学（Constructivism）等理论基础上，强调通过单元主题设置完整的语言教学情景，整合再构有意义的语篇，帮助学生形成学习动机，让学生带着真实的任务进行学习，再借助各种教学手段达成语言学习的目标。它与传统的英语教学的区别在于，传统的英语教学活动是按照课本上原有设计来进行教学实施的，而《英语（牛津上海版）》主题单元整体教学则是在整个主题单元目标的基础上进行文本的资源整合，从而重新划分教学板块和课时，是任务型教学的有效资源整合和延伸。

综上所述，我们对单元整体教学达成以下共识。

①以学生为主体的单元整体教学研究已经得到教育领域的广泛关注，其价值也获得了高度认可。小学英语学科的单元整体教学也取得了一定的研究成果。

②单元整体教学从一定的角度来说也是一种基于资源的自主探究性学习，强调学生参与主体教学活动的主体性，即学习者在一定的情景下，借助他人（教师、学习伙伴）的帮助，通过对不同学习资源的探究和深入理解，体验不同观点的碰撞，通过意义建构的方式真正达到对主题的深度理解。因此，在进行主题教学的设计中，首先要强调教师能基于对学科和学生的深入理解，充分而合理地整合、利用相关资源，为学生的探究学习提供丰厚的材料支撑。

③单元整体教学以学生为本，在教学实施过程中，要注重将多元智能理论运用于教学实

践，并充分发挥教学评价的促进作用。单元整体教学要贴近学生的生活经验，了解学生的个体差异，围绕教学目标设计不同类型、不同层次的任务活动，尊重学生智能结构的差异与多元，在活动中形成知识的建构，获得解决问题的方法，提升能力。

四、核心概念界定

（一）单元

崔允漷（2019）在《指向学科核心素养的教学即让学科教育"回家"》中指出，单元不是知识或内容单位，而是学习单位。一个单元就是一个完整的学习故事；一个单元就是一种课程，或是微课程。教科书上的单元，例如，北京版教材一个单元有四课书，如果没有一个完整的学习方案，没有学习任务的驱动，那还是内容单位，不是单元概念。因此，本研究中的"单元"不完全等于学科教科书编写"单元"或"章节"，而是以主题为中心，对相关教学内容进行整合，形成一组彼此关联的系列教学活动，通常需要若干课时完成。主题单元由多个课时组成，不同的课时从不同角度和深度，以及用不同教学方式和学习方式对同一主题进行多元化解析，既保证了学生对主题的完整理解，又可以减少不同课时教学中原地踏步式的重复，使学生对知识的理解由浅入深、有层次地进行。

（二）单元整体教学

吕世虎、吴振英、杨婷等（2016）在《单元教学设计及其对促进数学教师专业发展的作用》中认为，单元整体教学是以教材为基础，用系统论的方法对教材中具有某种内在关联的内容进行分析、重组、整合，并形成相对完整的教学单元，在教学整体观的指导下将教学诸要素有序规划，以优化教学效果的教学设计。

林燕（2012）在《浅谈小学英语单元整体教学设计的原则》中指出，目前小学英语学科特别关注的单元整体教学设计，是指依据教材的编排体系和编写方式，整体把握教材中的每一个单元统筹安排整个单元的教学内容，正确把握单元中各个部分之间的联系，合理安排各课时的教学内容，科学分解单元内的教学重点和难点，突出单元内各课时的特点，形成侧重点不同的各种课堂教学形式，促进学生语言学习的整体发展。

五、研究程序

（一）研究内容

首先，本研究聚焦在教材解读及教材分析方面。研究从带领教师梳理教材入手，一方面，深入分析教材中适合开展整体学习的素材，遵循规律整合素材；另一方面，改变教材中不适合学生开展整体学习的内容，使之更具育人价值。

其次，基于教学设计的基本规律，本研究以学生为主体，旨在使学生通过单元整体教学了解学什么、用什么学、学会什么、怎么学、学的怎样五个问题。这五方面的内容既是主题单元设计的五个要素，也构成了单元设计与教学实践的五个主要环节。

最后，通过大量的课堂观察开发和使用课堂评价量规。

本课题研究内容有以下几点。

①如何整体把握课程标准的要求，梳理教材内容。

②如何确定具有育人价值的单元主题。

③如何基于主题鉴选资源，整体规划单元学习内容。

④如何基于主题确定单元目标及课时目标。

⑤如何设计单元学习活动与分课时活动。

⑥如何进行单元整体教学的评价设计。

（二）研究对象

本研究拟以小学五六年级学生为研究对象（兼顾其他年级学生），教材使用北京版《英语》。

（三）研究方法

研究目的决定了本研究具有一定的实践性，本身就是所有参与者，包括研究者、指导者、课题教师不断发展、不断学习的过程。因此，本研究采用质性研究方法，旨在描述和说明研究者以及研究团队的教师如何开展单元整体教学的设计与实施，以及这样的教学研究是否取得效果；主要采用行动研究、课例研究、调查、问卷等手段收集和分析数据。

1. 调查、访谈方法

走访小学英语教师，调查、筛选教师在教学中对于单元整体教学从认识到实践的共性问题。

通过检索文献，了解并学习单元整体教学的内涵及其意义与实施方法。

2. 用行动研究法进行课题资源的开发

在常态教学的前提下，全体课题组教师参与定期集体备课，定期开展课题交流会，进行单元整体教学的方法和策略研究；在核心研究成员的带领下，各校教师进行常态性的教学活动展示，其他教师进行观摩并填写观察表；课后通过同伴反馈、学生访谈、活动实录、教师反思等方式，不断改进单元整体教学的研究策略并再次实践，找到适合学生综合素养形成的方法和途径。简单步骤如下：教学设计→课堂实践→反思评价→教学改进→再实践……

3. 用经验总结法检验研究效果

采用总体规划、分步推进的策略，每个阶段都有计划、有方案、有记录、有检测、有总结，定期进行定量和定性分析，最后汇总各阶段的成果和实验过程，形成整体实验成果。

4. 数据收集与分析

本研究遵循课例研究开展的过程进行课题研究并收集相关数据。课例研究是一个教师集体对课堂教学的系列研究，是通过对一系列课例的实践改进进行的，目标在于提升教与学的质量，提升教师的行动智慧。据此，每位课例提供者在选定教学内容后，要进行两至三轮的设计与课堂实践，研究收集了多种数据，如课堂观察、教学设计文本、课堂实录、教学研讨、反思日志等。这其中包括每位课例提供者的教学设计文本、在学校教研组内的课时教学的试讲、一至两次的核心团队研讨、公开授课、现场观摩活动以及每次授课后的研讨交流活动。

六．研究发现

通过研究，团队意识到，认真梳理教材、确定单元主题、规划单元目标、组织单元活动以及设计单元评价等对单元整体教学的实施具有重要作用。

（1）研读课标及教材、梳理单元教学内容，是做好单元整体教学的前提。

整体把握课程标准的要求，梳理教学内容，找出单元内容蕴含的关键性的学科知识、学科思想方法、核心价值观念等，参照结构化的学科体系，明确体现学科本质的核心内容，是做好单元整体教学、凸显育人价值的前提。

以北京版《英语》一年级起点二年级上册第二单元"What do you do on Sunday?"为例。

本单元是继第一单元谈论"今天星期几"之后，围绕日常生活谈论"星期几是否通常做什么"和"星期几做什么"。在一年级下学期时学生已经学过一天中各个时段通常做什么，本单元话题是此话题的进一步延伸。基于单元整体教学的设计下确定了"Have a good weekend（愉快的周末生活）"这一单元主题。

《英语课程标准》中对于二级目标的描述是，能就日常生活话题作简短叙述。聚焦到本单元的教学设计，即如何帮助学生梳理日常生活表达的相关知识、有逻辑地表达自己的周末生活，以及提升学生的创新性思维能力。

教材中第二单元的课时分配及内容如表 1 所示。

表 1 第二单元的课时分配及内容

课时分配	教学内容
Unit 2 Lesson 5	周五下午 Kate 遇见了 Lala，Lala 询问 Kate 是否去公园；在校门口 Kate 询问 Yangyang 和 Guoguo 周末是否上课
Unit 2 Lesson6	在公园，Lingling，Guoguo 和 Baobao 谈论周末的日常活动
Unit 2 Lesson 7	星期六在 Guoguo 家院子里，Kate 询问 Guoguo 和 Maomao 星期六通常做什么；星期日早上，Maomao 向爸爸提议去公园
Unit 2 Lesson 8	复习课，复习所学的动词短语，归类整理语音词和本单元功能句

本单元在设计初期通过对学生的访谈，有针对性地了解学生周末的活动情况，了解到学生周末课外学习活动较多，在尝试新事物、劳逸结合合理利用周末时间方面存在较大的问题。而且部分学生对电子产品的热衷也导致了户外活动少、视力下降等问题。基于此，教师深挖教材，调整教学内容，将单元教学内容整合为三课时基础课时加一课时实践活动课，以创设更适合学生生活实际情境，尝试开展丰富的提升学生思维能力的教学活动。在话题探讨中，提升小学低年级学生辨析、梳理、概括信息，以及解决问题的能力，旨在鼓励学生更好地利用周末时间，学习、运动、娱乐、尝试新事物。单元整体课时分配情况如图 1 所示。

Have a good weekend

图1 单元整体课时分配情况

第一课时：教师整合本单元出现的所有相关地点的词汇；学生在老师的帮助下，在活动中可以借助图片、关键词等进行合理的预测和推断，从而提升创新性思维能力并初步体会到周末活动的丰富多彩。以歌谣形式融合复习单元的部分语音教学内容：字母 e、字母组合 ey，学习其在单词中的发音。

第二课时：学生在丰富的活动体验下，就周末活动话题进行讨论和交流。更好地利用周末时间，尝试新事物。以歌谣形式融合复习单元的部分语音教学内容：字母组合 ee、ea，学习其在单词中的发音。

第三课时：在帮助 Amy 解决问题的过程中，认识到积极的生活态度的重要性，并了解如何规划自己的日常生活，不沉迷于电视、游戏等。复习单元知识内容，提示学生更好地利用周末时间进行学习、运动、娱乐等，丰富自己的生活。

第四课时：绘本阅读学习。学习 Amy 通过和妈妈沟通周末的时间安排，合理地进行了学习、娱乐，从 unhappy Amy 转变为 happy Amy。在话题探讨中引导学生通过合理安排时间、和家长积极沟通来制作自己的时间安排表，从而丰富自己的周末时光，树立积极健康的生活态度。

单元整体目标及各课时目标如表2所示。

表2 单元整体目标及各课时目标

Have a good weekend
单元整体目标
1. 能够正确理解、朗读课文对话
2. 能够使用句型 "What do you do on Sunday/Saturday" "Do you?" 谈论周末的活动
3. 能够正确掌握字母 e 以及字母组合 ee，ea，ey 在单词中的发音规则并尝试使用
4. 善于安排好自己的周末生活，更好地利用周末时间
单元重点、难点：
1. 能简单询问对方的周末安排如何，并进行简短回答
2. 善于安排好自己的周末时间，有积极健康的生活态度

续表

课时	主题	目标	单元目标达成度
第一课时	Let's go to some wonderful places	1. 理解并朗读 Lesson 5 课文，在语境中学会用"Do you go to...?"询问周末的活动并用"Yes, I do/No, I don't."回答 2. 认读地点词汇：park, cinema, bookstore, museum, zoo, farm 等 3. 借助绘本学习 e, ey 在单词中的读音 4. 初步体验周末丰富的活动	为学生用较丰富的语言表达日常活动提供语言支持
第二课时	Let's do interesting things.	1. 理解并朗读 Lesson 6 和 Lesson7 课文，在语境中学习句型"What do you do on Saturday/Sunday?"询问周末的活动并回答 2. 在语境中理解、认读并运用短语：draw pictures, read books, go to the zoo, go to buy books, go to see a film, go to see my grandparents, go swimming, go dancing, go boating 等 3. 借助绘本学习字母组合 ea, ee 在单词中的读音 4. 鼓励学生周末尝试新事物，有更丰富的体验	就有关日常活动的交际用语，能流畅表达
第三课时	Let's have a good weekend.	1. 理解并朗读 Unit 2 的三篇对话 2. 在谈论周末活动时，主动运用句型"Do you go to...?""Yes, I do. /No, I don't.""What do you do on...?"询问和回答他人周末活动 3. 朗读含有字母 e 和字母组合 ea, ee, ey 的单词，了解其相同的发音 4. 和朋友一起体验丰富的活动，合理安排时间，让周末更充实	通过帮助主人公这一经历引导学生不再沉迷于电子游戏，更好地利用周末时间
第四课时	Let's make a good schedule	1. 理解并朗读绘本故事 unhappy Amy 2. 体会主人公的心情，通过思维导图呈现她的心理变化 3. 制作自己周末的活动安排表，通过交流与反思，引导学生列出自己准备尝试的新活动	引导学生合理安排时间并尝试新事物，有积极健康的生活态度

（2）确定具有育人价值的主题，是做好单元整体教学的关键。

对照《英语课程标准》和学科核心素养，分析、检验研究内容，结合教学内容的话题、功能、人文价值、生活实际意义等，提炼核心价值意义，最终确定能够贯穿单元教学全程、多角度切入、引发深层次学习、激发学生积极参与学习活动的主题。确定具有育人价值的单元主题，通过主题意义引领，突出育人功能。

基于北京版教材以突出意义引领，提炼主题，以部分内容为例，如表 3 所示。

表3 教材主题（部分）

育人价值	话题	主题
渗透理想教育	职业/毕业	知晓职业 规划未来
渗透爱国教育	奥运	学奥运明史知今 探意义传承精神

续表

育人价值	话题	主题
形成健康人生观	天气 环保 旅行	天气助规划 智慧享生活低碳生活 健康环保
拓宽视野	服装	特殊服装的重要性

以北京版《英语》六年级下册第三单元"Let's Live a Low-carbon Life"为例,围绕"环保"话题展开学习。其中,Lesson 9 的语境是 Guoguo 一家看到小区宣传栏中"世界地球日"的海报,思考自己能为环保做些什么,语用知识为表述特殊日期的意义,并告诉他人在公共场所如何保护环境;Lesson 10 的语境是 Guoguo 和 Yangyang 在家里准备打印作业时,谈到如何低碳生活,语用知识为能够向他人介绍低碳生活的意思及具体实施方式;Lesson 11 的语境是 Maomao,Lingling 和 Mike 在远足时,看到动物并谈论如何保护动物,语用知识为能够运用感叹句形容动物。此外,本单元的 Lesson 12 作为复习课,还提供了三种常见能源,语用知识为了解生活中的常见能源。通过分析教材可以看出,各课时话题紧紧围绕单元环保话题而展开,学生要能够就如何低碳生活、保护环境进行简单的宣传,劝导人们用实践行动来保护我们共同的家园——地球,进一步增强环保意识。单元整体设计如图 2 所示。

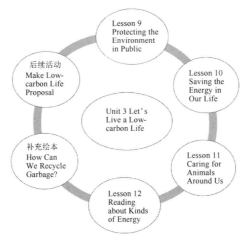

图 2 单元整体设计

本单元学习的育人价值在于引导孩子学习环保知识,提升环保自觉,为我们共同的家园践行低碳生活。因此,单元目标确定为以下几点。

①能够围绕"低碳生活"这一话题进行简要交流或谈论世界地球日、日常生活中的环保行为、保护身边动物等内容。

②能够使用 Do/Don't/ Let's 等引导的祈使句劝诫他人共同践行动物保护理念。

③能够通过阅读,提取有关能源和垃圾回收等信息,理解并阐释环境保护的意义,并结合自己的日常生活经验完成探索性练习。

④能够在分享制作活动中，获得积极的情感体验，树立低碳生活的意识，并努力践行低碳生活方式。单元课时目标如表4所示。

表4　单元课时目标

课时	内容	目标
第一课时	Lesson 9 Protecting the Environment in Public	通过谈论与环保主题相关的特殊日期，了解在公共场所如何保护环境	落实单元目标1
第二课时	Lesson 10 Saving the Energy in Our Life	通过谈论节能减排的实施方式，树立低碳生活的意识	落实单元目标1
第三课时	Lesson 11 Caring for Animals Around Us	了解人与自然和平共处的关系	落实单元目标2
第四课时	Lesson 12 Reading about Kinds of Energy	了解生活中常见的能源	落实单元目标3
第五课时	How Can We Recycle Garbage?	通过绘本学习，了解垃圾分类，并被回收再利用的过程，增强环保意识	落实单元目标3
后续活动	Make Low-carbon Life Proposal	分享制作的倡议书，向他人宣传低碳生活的理念	落实单元目标4

（3）制定单元学习目标，是做好单元整体教学的依据。

围绕单元主题、任务和内容，深入分析讨论期望学生通过本单元的学习在语言能力、思想品质、文化意识和学习能力等方面得到哪些发展，使单元学习目标确定科学合理，具有指向学生、指向学科本质、指向学科育人的特征。

以北京版《英语》六年级上册第五单元为例：

单元题目是"When did the ancient Olympic Games begin?"。在教材中，本单元第一课时主人公主要谈论古代奥运的时间、参与人员和举办地，第二课时主要讨论了现代奥运的时间、参与人员和举办地，第三课时主人公交流了北京奥运的相关信息，重点讨论了奖牌数。除此之外，教材第八单元复习单元中有一个板块涉及北京奥运开幕式，教材Story补充阅读板块中有两篇阅读涉及古代奥运参赛人员、奥运火炬和奥运五环。

从教材内容的安排上，有想要呈现奥运发展的意向，但语篇中呈现出来的信息比较碎片化、浅层次，不利于学生深入思考和探究。于是，教师基于大观念，提炼并定位本单元主题为"Olympic Spirit"。基于此，对教材内容进行了系统性整合和补充，将第八单元和 Story 板块中涉及奥运的语篇有筛选地整合进新授课时中，形成了 Olympic Spirit 的三个小主题："Peace""Unity""Love"。同时，为了主题的完整性，补充了一节绘本课，从一位残奥运动员的自传中深刻体会奥运永不放弃的精神，并思考残奥会的意义。本课小主题提炼为 Equality（宏观上）/Never give up（微观上）。与此同时，单元主题也呈现出另一个维度的两个层次，即宏观上 to build a better world 和微观上 to be a better you，共同指向 Never give up。而最后一课时的综合实践课，希望学生能根据这一单元的学习，在设计的冬奥会手册中从不同维度去介绍 2022 年北京冬奥会，并和学生一起提炼生成想要体现的奥运精神。单元整体设计思路如图 3 所示。

图3 单元整体设计思路

在本单元学习结束时，学生能够实现以下几点。

①借助时间轴，从 when，where，who，what 等多角度梳理奥运的变迁与发展。

②基于语篇及视频，了解北京奥运盛况，激发民族自豪感。

③借助思维导图，介绍绘本中人物经历，感悟永不放弃的奥运精神。

④通过对古奥运项目、奥运五环、北京奥运口号等意义的讨论，深度探究奥运精神。

⑤通过讨论、设计 2022 年冬奥会宣传手册，迁移运用对奥运的多维认识和对奥运精神的理解。

（4）基于主题分配课时学习活动，是做好单元整体教学的重点。

依据单元学习主题、学习目标、学习内容及学生已有的知识和经验进行课时活动设计，设计基于解决关键问题的体验性学习活动，引导并帮助学生体验、经历、发现知识的形成过程，促使学生在活动中展示出他们对事物的新认识，呈现他们的思维特点。

以奥运单元为例，单元整体说明如表 5 所示。

表5 学习奥运历史 感悟奥运精神（奥运单元整体说明）

课时	第一课时	第二课时	第三课时	第四课时	第五课时
主题	Peace	Unity	Love	Equality	?
	古代奥运会	现代奥运会	北京奥运会	残奥会	冬奥会（实践活动）
内容	古代奥运会的举办时间、地点和参加人员；古代奥运会项目	谈论现代奥运会举办时间、地点、人员，对奥运五环的解读	谈论北京奥运会盛况及获奖情况，以及北京奥运会的口号和主题曲	阅读关于残奥会运动员Si-tu的英语绘本	设计、讨论2022北京冬奥会宣传手册
核心素养挖掘	利用时间轴和表格，在古今奥运对比中，多维度了解古代奥运；思考古代奥运会举办的意义	再次利用表格，在古今奥运对比中梳理现代奥运信息；感悟当代奥运的世界性和多样性	用思维导图梳理北京奥运会信息；激发民族自豪感；探究北京奥运会传递的奥运精神	从主人公的经历中学习永不放弃的精神；探究残奥会的意义	从多角度去介绍北京冬奥会；深入思考和探究北京冬奥会想传达的奥运精神
如何教	游戏热身：运用KWL教学策略调动旧知，启发探索、解读文本，通过补充阅读尝试解读古代奥运意义，通过表格梳理总结	探讨奥运五环的意义：运用KWL策略，围绕学生提问展开文本解读，通过补充语篇，了解奥运口号、奥运会徽承载的意义	游戏导入：交流北京奥运会已知情况，解读对话文本，揭秘奥运盛况，通过奥运主题曲解读，探究北京奥运会想传达的意义	绘本封面解读和提问，利用鱼骨图梳理主人公的经历，讨论故事想要传递的意义，思考残奥会的意义	布置任务：引导讨论contents一页的设计，可以从哪些角度去介绍北京冬奥会，各组领取任务、分配人员、创作、展示、交流
如何学	自主提问、小组交流、阅读语篇、在游戏中探究古代奥运的意义	自主提问、小组交流、提出质疑、探索当代奥运的丰富多样性	质疑、自主探索、梳理、听歌曲写歌词、研讨	自主提问、自主阅读、小组交流	搜集资料，提出质疑，班级交流讨论，小组合作

以第一课时的学习活动为例，教学过程如表6所示。

表6　第一课时学习活力

教学阶段	教师活动	学生活动	设计意图
I. Pre – reading	1. Warm – up Reset the Olympic rings. T（Teacher）presents a picture about a juggler who's playing 5 rings and then makes them into Olympic rings. T：What is it? Then the rings are disappeared. Instead the T takes 5 color rings and encourages the students to set them into Olympic rings. T：From today, we are going to start learning about the Olympic games. 2. Lead – in K T：What do you know about the Olympic games? W—Question List T：What do you want to know? T lists the students'questions on the board.	Ss（Students）：Olympic rings. Ss come to the front and try to put the rings in the right order. Ss share what they know. Ss ask the questions. S1：When did the first Olympic Games begin? S2：Why do people held the Olympics? S3：Where did the first Olympic Games begin? S4：What events did the ancient Olympics have? Ss：...	以奥运五环为切入点，用游戏的方式将学生带入本单元主题，激发学生兴趣 借助 What do you know? 和 What do you want to know? 两个问题，唤起学生关于奥运的已知内容，并通过学生提问，调动学生探索奥运会的积极性

教学阶段	教师活动	学生活动	设计意图
Ⅱ. While – reading	1. Text Learning T：Our friends Lingling and Yang yang are talking about Olympics too. Let's see what they want to know. Task 1：Watch and count how many questions they asked. Task 2：Read and circle. Task 3：Find the answers. Q1：When did the ancient Olympic Games begin? （处理 BC 和 ancient） T：In 776BC, When is it? T draws a time line to illustrate it. T：People picked up a point as year zero on the time line. After the year 0, we call it AC. T picks 2020 as example and invite the Ss to put it on the appropriate place. T：And the time before the year 0, we name it BC. Where should be 776 BC? T：So it has a history of about 3000 years. It's a long time. So they call the Olympics the ancient Olympics. So ancient means … Then T takes Tang Dynasty and Qin Dynasty as examples to goon illustrating ancient.	Ss watch the video and count. Ss read and circle the questions. Sa：It began in 776BC. Ss：… Ss follow the teacher and keep thinking. Ss：long time ago in history. Sa：Tang/Qin Dynasty	通过看和读两次寻找主人公的提问的任务，引导学生快速整体感知文本，为随后带着问题展开对话和文本的解读做铺垫 教师以时间轴的方式帮助学生直观理解 BC 所指代的时间概念，从而在对"ancient"一词的理解中深切感受到奥运的久远历史

教学阶段	教师活动	学生活动	设计意图
Ⅱ. While – reading	T：Does Lingling believe it? Why or why not? Q2：What's the difference? T：It should be What's the difference between ____ and ____? Task 4：Find and fill in the chart T：What are the differences? T asks the students to read and fill in the chart. T invites students to share their answers and concludes them into when, who and where. T：This is about…? T：Yes. It's about when. What else? T：It's unfair. How about the modern Olympics? T：It is fair. Which country hold the first Olympic Games? T presents the typical picture of Olympic fire picking ceremony. T：And that's why the games were named Olympic Games, because it's held in Olympia firstly. T：Let's see how many your questions have been answered.	began in …, so it is part of the ancient Chinese history. Ss find the evidence from the dialogue. Ss：Between the ancient Olympics and the modern Olympics. Ss read and find the differences and fill in the chart in group. Ss：The ancient Olympics began in 776BC, about 3000 years ago. But the modern Olympics only have 100 years history. Ss：The time. Sa：Only man could take part in the ancient Olympics. Ss：Both men and women can take part. Sa：In Olympia, a city in Greece. Ss read the dialogue again.	借助表格，引导学生学会从不同角度对比古今奥运，在古今奥运的对比中加深对古代奥运的认识 利用学生熟悉的奥运会取火仪式，让学生对 Olympia 有了具象的认识。同时在 Olympic 和 Olympia 间建立联系，让学生了解 Olympic 名字的由来

教学阶段	教师活动	学生活动	设计意图
Ⅱ. While – reading	T checks the question list with the students and picks the unanswered questions. 2. Extra Reading Game：Auction Q1：What events did the ancient Olympic Games have? Let's play a game and find more. T tells the rules of the game and starts playing it. ［游戏规则］ 以小组为单位，用前期回答问题所获橄榄叶竞拍古董出价最高，且古董为真品者获得古董 ［游戏步骤］ Step 1：教师呈现五件与古代奥运相关的真假古董。 Step 2：学生以组为单位竞拍。通过猜测古董上所附有关古代奥运的 statement 的真假来决定是否竞拍这件古董。 Step 3：竞拍，出价最高组拍得古董。 Step 4：阅读补充资料，最终确定古董的真假。 Q2：What do we get from this game about ancient Olympics?	Ss go over the list with T. Ss：Maybe … Ss read the statements on the antiques. Ss discuss in group and decide which antique they are going to bit for. Ss bit for the antique and share their opinions. Sa：We think it's real, because … Ss read the extra reading material to find out whether it's real or not. S1：The ancient Olympic Games were held Games every four years too.	借助充满趣味的拍卖游戏，引导学生了解更多古代奥运相关的知识，并借此启发学生去思考古代奥运举办的缘由

教学阶段	教师活动	学生活动	设计意图
	Q3: Why people held the ancient Olympic Games? T: Look at the events they had. What event is different from today? Why did they have that? T: Why do you think people held the ancient Olympic Games?	S2: There was running, disc throwing, boxing and chariot racing. S3: Competitors sometimes wore nothing, but sometimes wore the full armor. S4: The prize for the winner was a vase. Ss: ...	
Ⅲ. Post – reading	L – Summary Students come to the front to summarize according to the chart. T: Let's see what we learnt today. a. T goes over first according to the chart on the blackboard. b. Students'turn. T: People held the ancient Olympics instead of having wars. They got peace from it. So how about modern Olympics? Why do people hold the modern Olympics? Homework: 1. Read the dialogue 2. Finish the chart on P35 3. Try to find "Why people hold the modern Olympic Games"	Students come to the front to summarize according to the chart.	

（5）设计单元整体教学的评价，是做好单元整体教学的保障。

依据单元学习目标，设计发生在学习全过程中的持续性评价，即设计学生学习活动的评价标准、评价方式、信息反馈手段等。评价的主体可以是多样的，评价时针对学生的语言、行为或作品进行而不是针对人。

评价最主要的目的不是证明而是改进与提高。课时评价鼓励开发学习任务单，鼓励自主学习。任务单的使用是一种有效的隐性评价方式，借助活动促评价，鼓励自主学习，检验目标达成的效果。因此，我们注重将教师评价、学生自评与小组互评相结合。

学习任务单，也称学习单，是以学为中心的物化载体。学习任务单的运用，体现了"学习活动促进学生主动发展"的教学理念，即通过学习任务单来以学促教，实现由教的课堂向学的课堂转型，进一步落实"以学生为本，少讲多学"的教学理念，打造高效课堂。

基于对学习任务单的认识，我们积极开展了研究，致力于高质高效学习任务单的编制，并应用于课堂教学实践。学习任务单的设计要科学合理、切合实际。因此在编制的过程中，我们遵循以下原则。

①基于学情。学习任务单编制需要考虑学生已有的知识与认知水平，遵循最近发展区理论，使学生只要跳一跳，就能摘到"桃子"，激发学生的学习兴趣与潜在能力。

②立足学科特点。在编制学习任务单的过程中，我们根据英语学科本身的特点和需要，并结合英语学科知识体系，选择合适的学习任务单内容。

③面向全体学生。关注差异性，体现层次性，针对不同层次的学生，编制合理的、层层递进的、符合学生认知规律的学习任务单。

④贴近学生生活。在设计学习任务时尽可能将英语知识与实际生活相联系。这样，不仅能帮助学生更快、更好地理解教学内容，也引导学生将学与用相连接，学以致用。

以六年级上册 Unit 3 "How did you go to HangZhou？" Lesson 10 的学习任务单设计为例，如图4所示。

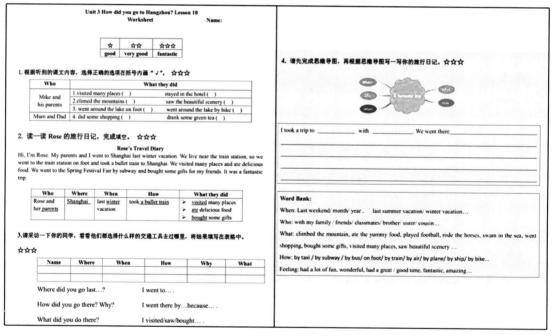

图4 学习任务单设计示例

在课堂教学中，不断开发这样的学习任务单，以学生为中心，可激发学生的学习动机，推动学生自主学习。同时，课堂上借助学习任务单，教师以促进者与引导者的身份参与课堂活动，并开始有意识地减少讲解时间，将更多的时间留给学生自主学习与探究。

在对学生关于"学习单在课堂中的使用"进行的访谈中发现，学习任务单也深受学生的欢迎，被访谈的学生普遍认为，正是有了这样的学习任务单，他们对学习目标更加明确，上课注意力更加集中，不再被局限于课本之中，有了更多自由思考和探究的时间与机会，激发了英语思维的活跃性。

七、分析和讨论

研究取得了一定的成效，特别是在单元整体教学的设计中，明确提出了认真梳理教材、确定单元主题、规划单元目标、组织单元活动以及设计单元评价等对单元整体教学的实施具有重要作用的方法，并且通过大量的课例研究总结了一些方法。

首先，本研究力求通过单元整体教学的课例研究，探索行之有效的教学途径，发展学生能力，使核心素养的培育真正落在实处，使育人价值真正体现，这也是本研究的重点所在。

改变教学方式成为教学改进的主要目标。然而，研究开展之前，教学方式的改变仅仅以学生的学习兴趣为标准，许多教学方式的改变仅停留在形式上，忽视了对学生认知特点、学科特点的分析。课堂上，教师照本宣科教授教材的现象普遍存在。教师不敢跳出课本，不能依据学生的实际情况调整教学内容和教学进程。课堂教学内容仅仅局限于课本，教师们不能主动开发或利用课本以外的资源来丰富、补充教学，教学不能真正做到贴近学生的生活实际，不能满足学生发展的需求。有些教师有利用课外教学资源的意识，在教学中引入了一定的音视频资源或绘本，也有些学校开发了校本课程，补充了绘本阅读或特色课程。但是这些引入的资源并没有做到和国家课程的有机整合，不能与国家课程形成合力，产生了资源浪费的现象，教学效果不明显。课堂教学要么"满堂灌"，要么"满堂问"，学生没有思考的时间和空间。课堂上教师采取的还是以讲授为主的策略和以事实为基础的问答策略，以思维为基础的师生对话策略很少被采纳。学生的答案几乎与教师预设的答案完全一致，教师很少追问"为什么"，教学问题无阶梯、无挑战，忽视学生思维的过程，不能充分调动学生思考的积极性，难以提高学生的思维水平。学生的主体地位并没有得到真正意义上的尊重，他们仍然是被老师牵引着的被动接受者。

在开展研究两年的时间里，我们发现教师对单元整体教学的理念不断清晰，方法不断优化。学生学习的主体地位日渐突出，全面发展的目标逐步达成。

其次，借助此课题的研究，提升区域小学英语教师的教学设计与实施能力，提高教师的研究能力，促进教师的专业发展。

本研究通过影响教师的教学理念，来改变其教学实践，教师的语言观、学生观、发展观均有不同程度的改变。

教师从最初关注教学任务的完成，使用碎片化信息为主，转向语言教学要以意义为引领。在课程资源方面，教师由初期的将绘本教学和教材分离割裂，转向二者的融汇合一。教师从初期的关注自我在课堂的表现，转向关注学生的发展，研讨适合学生学习的方法。有效的整体教学设计的课例研讨，促进了教师专业反思。教师对教学的思考已经超越了传统意义上教师所面临的困惑，研究互动可以促使教师对一些教学关键问题进行深入思考。

在实施的将近两年的时间里，参与研究的广大教师在不断打磨、教学改进的学习和思考中进行自我发现、自我诊断、自我成长。对教师来说，能针对自己的教学问题，结合研究内容，从教材分析、主题提炼、目标设定、资源鉴选、教学设计、教学实施、教学反思等方面，不单纯依靠经验来分析教学，而是通过研究和思考来诊断自我、诊断课堂，从而促使广大教师不断学习、思考、实践、反思。

八、建议

虽然在研究中取得了一点成绩，但是后续研究还存有一些有待改进的地方。例如，研究团队缺少在单元整体设计过程中的更高位的目标设计意识。目前的研究已经大大激发了教师在教学中开展单元整体教学设计和实施的动机，也大大提升了学生的学习效果。但是，后续有条件的教师可以思考如何将指向学科育人的目标导向贯穿设计，确保达成预期的课程目标。

此外，倡导任务驱动与单元整体教学，那么，学习任务单也应该有单元主题性整体设计的意识。教师不仅要整体制定该单元的教学目标，还要能细化为分课时目标。基于此，我们要关注每个单元的功能和总目标，深层解读各单元各板块的功能，关注单元的核心知识，关注学生原有的学习经验和知识积累，关注课时划分和课时目标的定位。将单元大任务分解到每课时子任务中，完善以单元为单位的每课时学习单，按照单元主题、教学内容与学生的最近发展区，结合既定学习目标和不同维度的基础性任务，结合语用维度的实践性的任务，结合文化维度与难点问题的拓展性任务，精心设计任务单，更是需要教师用心去思考的。

参 考 文 献

［1］中华人民共和国教育部．2011．义务教育英语课程标准［M］．北京：北京师范大学出版社，2011.

［2］义务教育教科书英语（六年级上册）［M］．北京：北京出版社，2013.

［3］侯云洁．2014．小学英语教材与绘本整合的案例讨论［J］．英语学习（教师版），2018（5）.

［4］林燕．浅谈小学英语单元整体教学设计的原则［J］．新课程学习，2012（3）：38－39.

［5］吕世虎，吴振英，杨婷，等．单元教学设计及其对促进数学教师专业发展的作用［J］．数学教育学报，2016（5）.

［6］人民教育出版社．普通高中英语课程标准［M］．北京：人民教育出版社，2017.

［7］余文森．核心素养导向的课堂教学［M］．上海：上海教育出版社，2017.

［8］李祖祥．主题教学：内涵、策略与实践反思［J］．中国教育学刊，2012（9）：52－56.

［9］向双丰，洪金梅．英语主题教学自主学习模式的构建［J］．外语大课堂，2014（12B）：40－41.

［10］胡晓燕．英语主题教学模式与自主建构认知结构［J］．外语研究，2004（3）：48－50.

［11］陈晓波，刘彩祥，郑国民．对主题单元教学的几点思考［J］．人民教育，2005：15－16，19－22.

［12］赵红兰．开发主题单元课程提升学生综合学力［J］．江苏教育研究，2012（01A）：73－76.

［13］崔允漷．指向学科核心素养的教学即让学科教育"回家"［J］．基础教育课程，2019（2）.

●教学实践篇●

传承奥运历史　感悟奥运精神

北京版《英语》六年级上册

Unit 5 When did the ancient Olympic Games begin?

单元教学设计

北京史家小学　梁　红

一、单元（主题）指导思想与理论依据

《义务教育英语课程标准（2011年版）》（以下简称《课标》）对英语课程性质的描述体现了工具性与人文性高度统一的语言观。语言不能脱离文化而存在，语言学习是为了理解和表达意义，更好地认识自己、认识他人、认识社会和认识世界，从而促进人的全面发展。同时，《课标》还提倡整体设计教学目标，充分考虑语言学习的渐进性和持续性，合理利用教学资源。《普通高中英语课程标准（2017年版）》指出，重视以学科大概念为核心，使课程内容结构化，以主题为引领，使课程内容情境化，促进学科核心素养的落实。其中对核心素养中思维品质的描述是，关注学生思考问题的深度和广度，将学生思维能力的培养有机地融入教学活动中。儿童心理学家皮亚杰在认知发展阶段理论中提出，11～12岁的学生已具备一定的思辨能力。

基于以上理论支持，本单元将充分挖掘奥运话题在教学中的育人因素，从贴近学生生活的北京奥运会入手，给予学生富有情感教育的课堂学习，帮助学生形成正确的情感与价值观；通过丰富的阅读活动，在补充学生奥运知识的同时，锻炼学生高阶思维能力；最后通过冬奥会的畅想与综合实践课程，将本单元所学内容延伸至课外，学以致用，力求达到英语教学与学科育人的水乳交融，给学生双重营养，真正实现立德为先、树人为本，更好地适应现代社会学生发展的需要。

二、单元（主题）教学背景分析

（一）单元育人价值分析

本单元是北京版《英语》六年级上册第五单元，单元题目是"When did the ancient Olympic Games begin?"。教材中第五单元 Lesson 15 和 Lesson 16 的语境是 Lingling 和 Yangyang 谈论有关奥运的内容，语用知识为向他人简单地介绍古代奥运会和现代奥运会的常识；Lesson 17 的语境是 Sara 和 Yangyang 谈论北京奥运会，语用知识为向他人简单介绍北京奥运会，树立民族自信心和自豪感。除此之外，教材的复习单元 Lesson 27 中还提供了北京奥运会的情况、奥运会开幕式基本流程的阅读材料，以此引导学生感受奥运氛围与文化。

分析这些内容，不难看出教材编排可以分为谈论古代奥运、谈论现代奥运、谈论北京奥运会，从而了解奥运会发展历史、了解历届奥运会举办国家及城市、了解北京奥运会盛况，感受多样文化，树立文化自信，激发民族自豪感。但语篇中呈现出来的信息比较碎片化、浅层次，不利于学生深入思考与探究。基于学科大观念思想，提炼本单元主题为"Higher，Faster，Stronger——学习奥运历史，感悟奥运精神"。基于此，在不影响教材完整性与系统性的前提下，对学习内容进行了补充和整合。将原本的四课时扩充至五课时，每一课时都围绕奥运口号展开，学生能够在学习活动中体会奥运精神。纵观单元整体，前三课时从宏观上为学生呈现奥运知识，探究奥运意义，了解奥运的发展；接下来的两课时从微观角度，具体呈现北京冬奥会以及学科综合实践，从学生身边的奥运会入手，由抽象到具体，创设情境，让学生切身感悟奥运精神。

（二）教学内容分析

1. What

本单元题目为"When did the ancient Olympic Games begin?"，教材中 Lesson 15 和 Lesson 16 的语境是 Lingling 和 Yangyang 谈论有关奥运的内容，语用知识为向他人简单地介绍古代奥运会和现代奥运会的常识；Lesson 17 的语境是 Sara 和 Yangyang 谈论北京奥运会，语用知识为向他人简单介绍北京奥运。

2. Why

语言不能脱离文化而存在，语言学习是为了理解和表达意义，更好地认识自己、认识他人、认识社会和认识世界，从而促进人的全面发展。学习古今奥运知识，学生能够掌握奥运历史文化，感受奥运历史传承，了解奥运的发展，感悟奥运精神，从而能够从宏观上理解奥运的意义；学习北京奥运会，具象到微观层面，学生能够通过学习北京奥运会的相关知识，更加了解北京，了解北京奥运会盛况，感受多样文化，树立文化自信，激发民族自豪感。同时，在本课学习结束后，学生能够用英语为他人介绍北京奥运会的相关内容，做到学以致用。

3. How

基于本单元的教学内容，以及对文本内容的充分分析、深刻理解与深度挖掘，确定本单元主题为"Higher，Faster，Stronger（更高、更快、更强）"。在不影响教材完整性与系统性的前提下，对学习内容加以取舍和调整，将原本的四课时扩充至五课时，每一课时都围绕奥运口号展开，学生能够在学习活动中运用所学句型聊奥运、讲奥运，做到自主交流，提高语言综合运用能力。在思考与表达中，感受奥运历史传承，感悟奥运精神。

（三）学情分析

1. 基于前测的学情分析

本届六年级学生是 2008—2009 年出生的孩子，他们没有看到 2008 年前后举国欢庆迎奥运的情形，没有看过当时的奥运会盛况。据课前调查问卷显示，学生对奥运的认知浅显、片面，对奥运的了解仅停留在一些体育项目等方面。另外，学生对奥运历史、人文知识的兴趣不高。单元前测如图 1 所示。

单元前测

1. 你看过奥运会比赛吗？　　　　　　　　姓名：
是　　　　否

2. 提到奥运会，你想到的3个词是什么？

3. 奥运会你爱看哪些项目的比赛?或者不爱看?

4. 你知道哪些运动员的名字？（知道多少列多少）

5. 你知道哪些城市举办过奥运会?

6. 中国举办过奥运会吗？（如果选是，继续回答第7题，否直接回答第8题）
是　　　　否

7. 在哪个城市举办过?在哪一年?

8. 2022年冬奥会在哪里举办?
A . 平昌　B . 首尔　C . 东京　D . 北京

9. 奥运的发源地是哪里?
A. 美国　B. 加拿大　C. 希腊　D. 英国

10. 本单元要学习奥运历史、起源、文化等内容, 你有兴趣吗?
A. 特别有兴趣　B. 有一点兴趣　C. 一般　D. 没有兴趣

图 1　单元前测

2. 学习困难及对策

历年来，六年级学生对本单元的奥运历史等内容兴趣度不高，内容涉及的年代、人文知识较多，难度比较大。困难与发展并存。由于学生对奥运的认知不够全面，对奥运信息的了解呈碎片化，笔者通过整合对话，关联教学内容，帮助学生形成结构化、系统化的语言学习。同时，补充绘本阅读材料，力求通过丰富的阅读活动，拓宽学习内容，锻炼思维能力，促进语言发展。

由于学生对本单元学习内容兴趣不高，采用多媒体手段真实呈现奥运，如播放北京奥运会集锦视频等；开展丰富的活动，如模拟奥运火炬传递、制作奥运宣传册等，让学生感受奥运、体验奥运、畅想奥运，从而激发学习兴趣。

三、单元整体设计思路

（一）单元整体结构及说明

单元整体结构如图 2 所示。

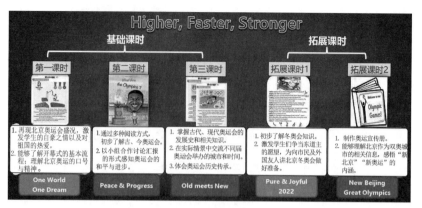

图2 单元整体结构

1. 第一课时：北京 2008 年奥运会

学习内容：以数字为主线，学习 2008 年北京奥运会取得的成绩。

核心素养挖掘点：①将"猜数字说意义"贯穿整节课，了解北京奥运会相关信息；②通过中国运动员获得的奖牌数量，激发民族自豪感；③以奖牌数的获得、奥运场馆的数量等为切入点，探究北京奥运会传递的奥运精神。

教学流程：①观看北京奥运会开幕式感受盛况；②谈一谈对北京奥运的了解；③带着问题观看课文视频，理解"a big sports festival"；④以中国在奖牌榜的排名变化，让学生感悟中国体育飞速发展，树立民族自信，探讨运动员拼搏的精神；⑤补充阅读语篇，了解开幕式流程；⑥依据板书内容，小组合作介绍北京，感悟弘扬拼搏精神。

学生活动：思考数字含义，自主探索、梳理信息、探讨意义。

2. 第二课时：奥运会概况

学习内容：阅读"What are the Olympics"绘本，学习奥运会基本知识。

核心素养挖掘点：①借助绘本资料，初步了解奥运会相关知识，如奥运会五环、火炬及口号等，激发学习兴趣；②学生能够自主表达心中的奥运会，从而理解奥运会精神。

教学流程：①绘本封面信息解读和提问；②Jigsaw Reading（互补式阅读），分组完成绘本学习；③Reading Circle（阅读圈），分享各自阅读部分内容；④梳理总结，提升意义，学生自主表达心中的奥运会。

学生活动：自主提问、小组交流、分工合作阅读语篇、梳理绘本信息、自主表达。

3. 第三课时：古、今奥运会

学习内容：学习古、今奥运会举办时间、地点、比赛项目与参与人员等。

核心素养挖掘点：①利用学习单学习古、今奥运会相关信息，如举办时间、地点、参与人员等；②引导学生关注古、今奥运会信息，找出不同点；③对比古、今奥运会不同，分析原因；④探讨奥运会意义。

教学流程：①Free Talk（自由谈话），导入复习旧知；②以学习单为任务，提取古、今奥运会相关信息；③对比古、今奥运会信息，发现不同；④比较古、今奥运会不同点，分析意义；⑤小组合作汇报古、今奥运会的发展；⑥归纳总结本课内容，给本课拟题目。

学生活动：自主学习、小组交流、思考表达、探讨意义、归纳总结。

4. 第四课时：北京 2022 年冬奥会

学习内容：以 Lingling 与 Yangyang 谈话为背景，谈论冬奥会举办时间、地点、吉祥物。

核心素养挖掘点：了解冬奥会吉祥物及其传递的意义。

教学流程：①Free talk，导入复习旧知；②以学习单为任务，提取冬奥会相关信息；③小组合作汇报冬奥会主要信息；④归纳总结本课内容，并自主表达对冬奥会的畅想。

学生活动：自主学习、小组交流汇报、归纳总结、思考表达。

5. 第五课时：冬奥会实践

学习内容：基于本单元学习，引导学生自主设计、讨论 2022 北京冬奥会宣传册。

核心素养挖掘点：①从多角度介绍 2022 年北京冬奥会；②深入思考和探究北京冬奥会传递的奥运会精神。

教学流程：①布置任务；②引导讨论 contents 页包含的内容；③各组领取任务，再进行组内分工；④各组完成创作；⑤分享交流。

学生活动：搜集资料、交流谈论、小组合作。

（二）单元教学目标设计及说明

通过单元内容分析，本单元学习内容缺乏生活情境，内容离学生生活较远，学习到的语言也不利于知识迁移和运用。因此，本单元的教学基本定位在以奥运会探索为主，通过会话、绘本阅读等多种学习方式，学习有关奥运会的文化知识，感悟奥运会精神，抒发民族自豪感，并努力通过制作奥运会宣传册、为外国友人介绍奥运会等多种方式进行奥运会知识的推广。单元目标如下：

1. 听、说目标

学生能听懂、会说本单元关于奥运会的举办时间、地点，了解奥运会的发展，并能在语境中恰当应用，建立起主动交流的意识。

①能听懂、会说 "How many... did...?" 及其答语，并能在情景中运用。

②能够了解奥运会的主要信息，如奥运会五环、火炬传递、奥运会口号等，并能小组合作进行复述；通过学习，学生能够使用 "I think the Olympics are..., because...." 自主表达自己心中的奥运，并说明理由。

③能够了解古代、现代奥运会召开的时间及起源，能听懂、会说 "When did... begin?" "It began in.... ." "When did people hold the first modern Olympics?" "They held them in 1896 in Athens. "，并能在实际情景中交流不同届奥运会举办的城市和时间。

④能够了解冬奥会的举办时间和地点，能够听懂、会说 "What are the mascots in the 24th winter Olympic Games?" "They are.... ."，并能在实际情景中交流。

2. 词汇目标

学生能听说、认读本单元 11 个词汇，如 history, ancient, modern, take part in, visitor 等，并能够在恰当语境中使用；能认读和理解本单元表示年份、举办奥运会城市、数量等的单词。

3. 阅读目标

能读懂转述主课文的语段，并尝试复述。

4. 主旨目标

能了解奥运会的发展，体会奥运精神。

5. 思政目标

了解中国在体育事业上的发展、体悟国家的进步，树立民族自豪感、爱国之情。

（三）分课时说明

基于本单元的教学内容及对文本内容的解读，结合主题特点，在不影响教材完整性与系统性的前提下，对学习内容加以取舍和调整，将原本的四课时扩充至五课时，每一课时都围绕奥运口号展开，学生能够在学习活动中体会奥运精神。根据学生生活经验，教师将 Lesson 17 调整为第一课时，了解北京奥运会，感受 "One World，One Dream"；考虑到 Lesson 15 和 Lesson 16 联系比较紧密，通过古今奥运文化对比，了解奥运会发展史，但两课内容整合后信息量较大，超出六年级学生的认知水平，因此，第二课时设计了一节绘本阅读课，旨在引导学生初步了解奥运会的发展史、五环代表的含义及火炬传递的意义，理解奥运精神 "Higher，Faster，Stronger" 的意义，感受 "Peace and Progress"，并能在课程末尾畅谈自己心中的奥运；第三课时为古、今奥运，整合了 Lesson 15 和 Lesson 16 的文本内容，学生通过时间轴学习古今奥运异同，了解奥运会的发展史，感受 "Old Meets New"；学生通过前三课时的学习，已经对奥运会有了一定的了解，在第四课时，教师创编对话，为学生呈现 2022 年冬奥会会话内容，旨在激发学生做好东道主，为外国友人介绍冬奥会相关知识，学生能够学以致用，同时感受 Pure and Joyful；第五课时，以综合实践的方式，小组合作完成奥运宣传手册的制作，并为大家介绍，感受 "New Beijing，Great Olympics"，激发学生运动热情，传承奥运精神。在课程教学层面落实 "立德树人" 这一教育战略目标。

四、第二课时的详细设计及设计意图说明

（一）课时目标

①通过多种阅读活动，如师生共读、Jigsaw Reading 等，学生能够理解并在交流中使用词汇 continents，ancient，modern，link；学生能够使用功能问答句 "What do they stand for?" "They stand for..." "They began in..." 进行交流，并理解其意。

②学生能够在学习单的指导下，完成自主阅读并形成一定的阅读策略，如寻找主题句，根据前后语句推测词义等；在小组合作学习与全班信息反馈中，积极思考并勇于表达自己的观点。

③学生能够初步了解什么是奥运会，完成四张学习单，并根据板书辅助复述课文内容。

④学生能够在阅读活动中，理解奥运格言的意义，能够运用 "I think the Olympics are...，because..." 自主表达心中的奥运，从而理解奥运精神，锻炼高阶思维能力。

⑤学生能够根据文本信息，说出自己心中的奥运，理解奥运精神。

（二）重点难点

教学重点：学生能够初步了解奥运会，完成四张学习单，并根据板书辅助复述课文内容。

教学难点：学生能根据文本信息，说出自己心中的奥运，理解奥运精神。

（三）学习过程（学习活动及设计意图）

1. Warm up：Review Beijing Olympic Games

T：We learnt something about Beijing Olympics just now. What do you know about it?

Ss：...（The opening ceremony，the medals，athletes，events...）

【设计意图】

通过 Free Talk 以及贴近学生生活经验的图片，引导学生回顾第 29 届北京奥运会。英语课程要力求合理利用和积极开发课程资源，给学生提供贴近实际、贴近生活、贴近时代的内容健康和丰富的课程资源。因此，在展开本节课话题之前，通过图片资源给学生提供线索，贴近学生已有生活经验，激发学生学习情感，复习了旧知，引发学生对本节课学习内容的关注以及推动后面教学活动进行有效的准备。

2. Pre－reading

（1）提示封面信息

T：These are all about Beijing Olympics. But what are the Olympics? Today，we are going to read this book. What do you know from the cover?

（What do you want to know？）

Ss：The title of the book. ／The athlete... ／The torch...

【设计意图】

揭示本课学习内容，同时引导学生获取书的封面信息，激发学生读书欲望。

（2）师生共读前言

T：What is this book about? Let's read the Preface together. （师生共读）

T：What do you know from the preface? ／How often do people hold the Olympics? ／ What do the history of the Olympics show?

Ss：Every four years. ／ It shows Peace and Progress.

【设计意图】

通过师生共读前言部分，获取整本书主旨大意；通过教师提出的问题，引导学生如何阅读，传授阅读策略，为自主阅读搭设台阶。

（3）Jigsaw Reading

T：How does it show? Let's go into the details. Look，this is the content of the book. Glossary，what does this page about?

Ss：The meaning of the new words.

T：The ancient Olympics and the modern Olympics. We can call this part the history of the Olympics. And part 2 is about the five rings. Next part is the Torch – relay. And the last part is about the motto of the Olympics. Since this book is focused on these 4 parts. Let's read in a group of four. Each one of you chooses one part to read. Are you clear? 30 seconds to decide. Go.

【设计意图】

课上采取四人一组，Jigsaw Reading 的阅读形式，高效完成整本书的阅读任务。

3. While reading

（1）阅读前教师布置任务

T：Please show me your decisions. Who wants to read Part 1, put up your hands. （The same way to check Part 2, 3, 4）

Students' activities：Show group decisions.

T：Look, there are four worksheets. They match with the four parts. When you read, finish your worksheets. But, about the last task on each worksheet, just think, later we'll discuss in teams. Are you clear? Now, take your worksheet and read your own part.

Students' activities：Listen to how to read each part, read the chosen part and finish the worksheet.

【设计意图】

阅读前，教师布置阅读任务，学生根据学习单完成自主阅读。

（2）学生分享阅读信息

T：It's time for us to share. Team one is for the first part, Team two is for the five rings, Team three is for the torch – relay, The last team is for the motto. Now, go to your team and share what you've got.

Share in teams.

【设计意图】

在自主阅读结束后，每个小组内的 Part 1、2、3、4 分别到对应的 Team 1、2、3、4 中，分享阅读信息，核对学习单内容，讨论思考题，表达阅读体会。

（3）小组交流，加深感悟

T：Go back to your groups and introduce what you got to your group members.

Introduce in groups.

T：Now, let's talk about it together.

Talk together.

【设计意图】

在 team members 的帮助下，每个小组内的 Part 1、2、3、4 学生都获取到了自己阅读部分的准确信息；每位组员在小组内进行分享，其他三名组员初步感知他人精读部分的内容。

（4）全班反馈

（Part 1）

T：The first part is about the ancient and modern Olympics. Who read part 1? Can you tell us what they mean? How do you know that?

T: Let's ask them about the ancient Olympics together.

Students' activities: Part 1 students explain the meaning of "ancient" and "modern".

T: What about the modern ones?

Students' activities: Answer when and where the ancient and modern Olympics begin.

T: What does the history show? How?

Students' activities: It shows Peace and Progress. Find one sentence in each part to support the idea.

(Part 2)

T: What are on the Olympic flag?

T: Let's move on to the next part. The five rings.

T: Who read this part? Can you tell us what the five rings stand for?

T: What does continent mean? The glossary says...

T: What are the five continents?

Students' activities: Students who read part 2 answer questions.

T: Which one should be on the flag? Why?

Students' activities: Explain the reason according to the text.

(Part 3)

T: There is an important activity about the torch. What is it? Now, let's watch.

T: We call this activity torch – relay. Who wants to try?

T: What is the meaning of this?

T: Why is it a link?

Students' activities: Students who read part 3 answer these questions and explain the reasons.

(Part 4)

T: After the Olympic flame is lit in the stadium, the Games begin. You can see many athletes try their best in the Games. What they do show the motto. Then what is the motto of the Olympics? Part 4 students, can you tell us?

T: What do the three words mean?

T: What does encourage mean?

T: What are athletes' dreams in your opinions?

T: In my opinions, to be higher, faster, stronger is athletes' dream. So why can't we change the motto into Highest, Fastest, Strongest?

Students' activities: Answer these questions and explain the reason.

【设计意图】

全班反馈。小组内每一位组员都能够做到精读一部分内容，泛读其余三部分内容。

4. Post reading

(1) Read through the book by oneself

【设计意图】

培养学生阅读整本书的意识。

（2）Retell the passage

T：Look，the Olympic Games have a long history. The ancient...

【设计意图】

通过复述，内化语言，培养学生语言表达能力。

（3）Understand the spirit of the Olympics

T：Today，we learn some facts about the Olympics. But they are not all of them. They have many other meanings. In my opinions，the Olympics are dreams，because the motto encourages the athletes to give their best in the Games and challenge themselves. What's your opinion？Now，discuss in your group and write one word on the paper depending on what we learnt today. Go.

【设计意图】

在 facts learning 结束后，教师再次提出"What are the Olympics？"反扣主题，引发学生思考，培养逻辑思维能力、评价及创新能力以及语言的综合表达能力。

（4）Homework

Read the other three parts and finish worksheets.

Writing：What do you know about the Olympic Games？

【设计意图】

作业布置是基于本节课个体阅读内容展开，课后完成其余三部分的精读任务；同时，以读促写，将本课所学用书面形式表达。

（四）板书设计

板书设计如图 3 所示。

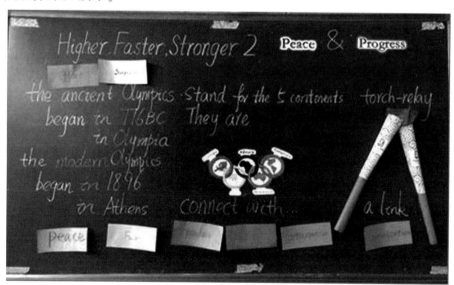

图 3　板书设计

五、教师反思

（一）基于教学内容，突出单元主题

本单元题目为 "When did the ancient Olympic Games begin?"，包含的新授课三课时分别涉及古代奥运、现代奥运以及北京奥运会。因此，教师基于本单元的教学内容以及对文本内容的充分分析、深刻理解与深度挖掘，确定本单元主题为 "Higher, Faster, Stronger"，力图通过 "One World, One Dream" "Peace and Progress" "Old meets New" "Pure and Joyful" "New Beijing, Great Olympics" 这五节课，鼓励学生运用所学句型聊奥运、讲奥运，做到自主交流，提高语言综合运用能力。

本课时的教学内容为绘本阅读课，考虑到第三课时阅读课的信息量很大，因此，在本课时（第二课时）的学习中，分散第三课时的难点，学生首先初步了解古、今奥运会举办的时间和地点；同时，教师补充和奥运相关的信息点，如奥运会五环、火炬传递等，学生通过师生共读、互补式阅读（Jigsaw Reading）等阅读活动了解奥运相关元素，体会 "Peace and Progress"；通过小组学习与全班信息反馈，使阅读内容完整，激发学生运动热情，理解奥运梦，体会奥运精神，学生能够自主表达 "我心中的奥运"，从而锻炼学生的高阶思维能力。

（二）基于学情分析，有效制定目标

学生对奥运会这一话题相对陌生，因此本单元第一课时以北京奥运会展开，相对贴近学生生活。通过多种活动形式，侧重学生语言表达能力，提升学生听说技能。二、三课时为阅读课，补充、整合与奥运相关的知识，通过多种阅读活动形式，如 Jigsaw Reading、Reading Circle 等，培养学生阅读策略。

（三）基于文本信息，拓宽学习资源

教师关注学生的已有知识与已有经验，将基础课时与拓展课时有机结合，关注资源开发与合理利用。从贴近学生生活场所的北京入手，学习北京奥运会，学生能够更加了解他们所生活的城市。第二、三课时为拓展阅读与课本资源整合阅读课，学生深入学习奥运会及和奥运相关的重要组成部分，具备了相应的奥运会知识。在第四课时 2022 年冬奥会会话学习结束后，能够用英语为他人介绍奥运会相关知识，做到学以致用。在本单元最后一课时，学生能够理解北京是目前唯一成功申办夏季奥运会和冬季奥运会的 "双奥" 城市，并以小组为单位制作奥运宣传手册，感悟 "新北京" "新奥运" 内涵。教师鼓励学生成为冬奥会志愿者，为市民及外国友人介绍奥运。

（四）基于整体教学，实现育人功能

教师结合 "Higher, Faster, Stronger"，制定整体单元教学目标，关注学生已有知识与经验，注重综合素养的提升。教师鼓励学生 "用英语做事情"，学生了解了北京是一座 "双奥" 城市，同时制作奥运宣传册，感悟奥运精神。教师重视学生文化品格教育，鼓励学生

成为 2022 年冬奥志愿者，为市民及外国友人介绍北京奥运，树立文化自信，培养爱国情怀。

六、点评

凸显内容重组及结构优化的单元整体教学

北京史家小学　褚风华

这是北京版《英语》六年级上册第五单元的教学内容。梁老师基于大观念设计单元整体，将零散而抽象的知识点有意义地联系起来，构建了合理的单元框架。

1. 通读教材，整体把握，有效调整内容

本单元先后谈论了古代奥运、现代奥运和北京 2008 年奥运会，单元话题为"奥运会"。根据话题与内容分析，新授内容的三课之间既有联系又有各自的学习目的，除去运动项目学生比较熟悉以外，其他内容均较陌生，离生活实际较远。因此，梁老师为了贴近生活、拉近与学生的距离，使学习内容便于理解，凸显层次与递进性，通过通读单元内容，经过深入思考：将第 17 课——北京奥运的内容调整到第一课时进行学习。

2. 分解目标，优化内容，鉴选学习材料

基于单元整体设计，梁老师把北京奥运盛况再现给学生。第一课时以数字为核心，围绕北京奥运会的时间、奖牌、场馆和参与国家的数量，并融入开幕式流程。在对话交流和汇报中，体现了"同一世界、同一梦想"（One World, One Dream）的主题。依据板书梳理的核心"数字"，向学生介绍北京奥运会的盛况。本节课激发了学生对祖国的热爱，有了对"奥运"进一步了解的愿望，也突出了会话教学的特点。在此基础之上，带着"到底什么是奥运"的思考，在第二课时，梁老师挑选了 *What are the Olympics* 原版绘本，同时作为奥运史的提前概览，分解第三课时的难点。学习内容围绕概述、五环标志、奥运会历史、火炬接力和奥运精神，通过多种阅读方式，进行初步感知，小组合作讨论中突出"和平与进步"（Peace & Progress）的奥运内涵。学生通读整本书，概括主要内容，完成两张学习单。学习单涵盖了五环标志和古现代奥运会发展过程时间轴。学生在体验中理解火炬接力"传递"的含义，提炼出每页的核心词，小组中阐明观点，设计并提炼奥运精神的关键词与奥运作品，也将入选宣传册，首尾呼应。本课时起着承上启下的作用。

来到第三课时，梁老师将抽象的原 15、16 两课进行整合，以语篇学习的方式呈现。以通过对奥运会历史进程的梳理来展望未来的奥运会为主线，并以"获得金牌或冠军是否最重要"为语言拓展，组织小组辩论并围绕奥运精神表达自己对奥运格言的理解，突出"古今奥运"（Old meets New）传承的主题。有助于学生理清奥运文化和背景，加深对奥运精神的理解。各课时之间环环相扣，相得益彰。

有了前三课时的基础，在第四课时梁老师适时补充了"冬奥会"会话课型。根据第一课时的学习方式，学生自主探究，以交流的方式设置时间、地点、项目、吉祥物四要素，激发学生争当东道主的愿望。主题图选用六年级上册教材的封皮，Lingling 和 Yangyang 在雪地里拉雪橇，符合谈论"冬奥会"的情景，补充吉祥物冰墩墩、雪融融所代表的含义进行交流，凸显家乡北京作为一座"双奥"城市的特点，再次激发作为首都青少年的自豪之情。

通过这四课时，学生在梁老师的带领下，初步感知"奥运"话题，在丰富的信息中了解了奥运的历史、展望了奥运的未来。在第五课时开展综合实践，从为"双奥"城市自豪到有当小志愿者的愿望，孩子们通过动手制作来完成要表达的思想，丰富手册内容。以手工作品、奥运历史发展、北京奥运会的盛况、2022 年冬奥会展望以及小组合作照片来充实手册内容，体现"更高、更快、更强"的单元主题。学生以小组汇报的形式再一次感悟奥运精神，提升自我，在合作中实践，落实单元任务。

单元整体设计学习的路径使学习方式和语言能力进行了整合，多种课型的结合，也充实了单元整体教学，是学生学习不可或缺的路径。

3. 明确单元训练目标，提升英语学习素养

梁老师基于单元主题、学情和文本，调整了教学内容和目标的制定，且拓展了学习资源，最终落实单元大任务。每个小课时都紧扣主题，围绕奥运会核心内容，与单元子主题联系紧密，并引导学生深入感悟奥运精神。在单元整体设计的学习下，完成对语言理解与表达、感知和体会的过程。

4. 依托单元主题任务，构建单元整体框架

本单元 1~5 课时学生都能够紧扣子主题，体现奥运精神。基于此，制定了单元主题"Higher, Faster, Stronger"，既便于学生理解，也巧妙地突出了奥运内涵。通过系统分析与整体设计，构建了单元整体框架，并在课程教学层面落实"立德树人"这一教育根本任务。

单元整体教学有效地将听、说、读、写素养有机整合，每个板块的教学目标也是相互联系的。本单元，梁老师基于单元主题，全面关注了单元目标，将其逐步分解为可操作、达成度高的小目标，让学生通过口语交际、持续阅读和综合实践等多个板块的整合学习，对奥运的认识由感性上升到理性，感悟奥运内涵，从而完成了语言综合表达的提升与学科核心素养的落地。

天气助规划　智慧享生活

北京版《英语》六年级下册
Unit 4 What's the weather like?
单元教学设计

北京市第一七一中学附属青年湖小学　陈俊伊
北京市东城区府学胡同小学　　　张　鹏

一、单元（主题）指导思想与理论依据

《义务教育英语课程标准（2011年版）》提出，语言既是交流的工具，又是思维的工具。英语课程承担着培养学生英语素养和发展学生思维能力的任务。本单元依据"主题—子主题"式的单元整体设计模式，在"天气助规划，智慧享生活"主题下，学生通过课堂活动，在听（思考），读（讨论），演（体验），写（分享）的过程中，提升思维能力和语用能力。

英语学科核心素养是要提升学生用英语做事情和问题解决的能力，能够根据特定的情景及条件选择合理的解决方案，使思辨和表达能力发展融为一体。本单元通过分析课文和拓展材料引导学生意识到天气对生活的影响，并意识到提前做好准备、制订适合计划的重要性，提高解决生活问题的能力。

二、单元（主题）教学背景分析

（一）单元育人价值分析

北京版《英语》六年级下册第四单元"What's the weather like?"的单元话题包括天气、旅行和健康，天气是我们生活中非常重要的一个因素，旅行也是学生生活中常有的经历，健康更是与我们日常生活息息相关的话题。它们属于生活类话题，包含了人与自我和人与自然的主题语境。学生对这几个话题有丰富的生活经历，在之前的学习中也对这几个话题有所接触，本单元的学习内容是以上几个话题的整合。本单元在各课时下分别探讨了天气对旅行的影响、天气对健康的影响以及天气现象的形成原因。

学生通过本单元的学习，逐步体会到快乐的旅行是基于旅行前参考多方面因素的充分规划，其中包括天气对携带行李、制订出行计划和游玩景点的影响，认识到天气对身体健康及饮食的影响，并进一步思考日常生活中不起眼的天气因素可能给人们生活带来的不便，以及如何正确地应对这些天气状况以保证身体健康、计划顺利。通过本单元的学习，逐步感悟"知天气，懂规划，享生活"的意义，达到会做事、会做人的目的。

（二）教学内容分析

1. What

北京版《英语》六年级下册 Unit 4 "What's the weather like?" 由三节对话课和一节阅读课组成。对话课分别围绕人物 Jim 来中国的旅行计划和 Baobao 淋雨生病的事件展开。在对话中，简洁地探讨了天气对人物旅行活动和日常生活的影响。阅读课文本是说明文，介绍了彩虹这一天气现象的形成原因和利用实验制作彩虹的三种方法。本单元的课文内容都与天气息息相关。

2. Why

本单元新授课对话内容创设学生同龄人之间的对话，围绕着天气和旅行、天气和健康两个方面，探讨了天气对人们的出游旅行、健康与饮食的影响。授课教师根据课文情景，结合学生实际生活体验补充了视听、阅读材料，使学生进一步了解根据天气原因做好旅行准备的必要性以及做好准备的方法。学生在单元各课时中逐步学习根据天气制订、调整自己的旅行计划与生活规划，以更好地享受生活。

3. How

本单元包含三节会话课和一节阅读课。

Lesson 13：会话课

Lesson 13 课本如图 1 所示。

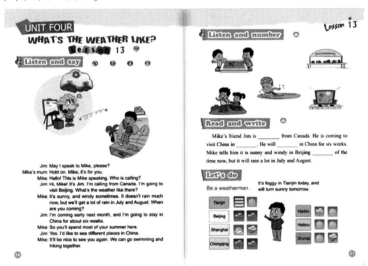

图 1　Lesson 13 课本

主要内容：

Jim 联系 Mike，告知自己来中国的旅行计划，询问天气。两人谈论天气和活动。

语法结构：

一般将来时、一般现在时。

重点聚焦：

旅行前的准备工作。

Lesson 14：会话课

Lesson 14 课本如图 2 所示。

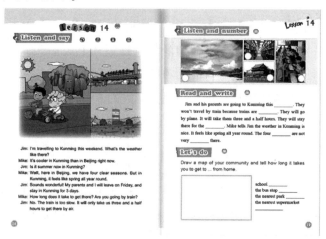

图 2　Lesson 14 课本

主要内容：

Jim 和 Mike 谈到了去昆明旅行的计划，探讨了两地天气的区别。

语法结构：

一般将来时、一般现在时。

重点聚焦：

旅行时的活动安排。

Lesson 15：会话课

Lesson 15 课本如图 3 所示。

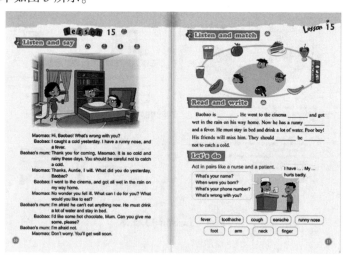

图 3　Lesson 15 课本

主要内容：

Maomao 探望淋雨生病的 Baobao，谈及注意身体和饮食。

语法结构：

一般过去时。

重点聚焦：

天气对健康、饮食的影响。

Lesson 16：阅读课

Lesson 16 课本如图 4 所示。

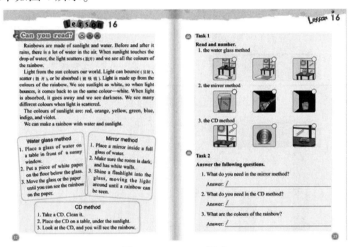

图 4　Lesson 16 课本

主要内容：

介绍了彩虹的形成原理和制作彩虹的实验步骤。

语法结构：

一般现在时。

重点聚焦：

天气现象的形成。

（三）学情分析

1. 基于前测的学情分析

基于本单元"天气"的话题，教师在课前设计并发放调查问卷，也对部分学生进行了访谈，了解学生旅行前需要根据哪些因素进行什么样的准备。关于天气的调查问卷如图 5 所示，调研结果如图 6 所示。

关于天气的调查情况

1. 你关注天气吗？

A. 每天看天气预报　B. 阴天时看天气预报　C. 从来不看，听家长的

2. 你认为天气对日常生活重要吗？

A. 很重要，影响到方方面面　B. 比较重要，会有些影响　C. 不重要，不影响生活

3. 请你想想，天气会影响到你什么？

A. 穿衣　B. 出行　C. 旅游　D. 饮食　E. 身体健康

F. 其他＿＿＿＿＿＿＿

4. 请写一写你知道的天气的英文：

＿＿＿＿＿＿＿＿＿＿＿＿＿＿＿

5. 你应该如何向他人提出建议呢？

＿＿＿＿＿＿＿＿＿＿＿＿＿＿＿

图 5　关于天气的调查问卷

你认为天气对日常生活重要吗？　　你关注天气吗？

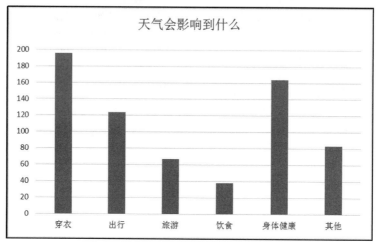

图6　调查问卷统计结果

【已有知识】

在已有知识方面，与本单元相关的天气、旅行和健康话题功能语句及相关词汇在三至六年级的学习中都有所涉及。在天气话题上，学生在北京版《英语》三年级上册 Unit 5 "It's a nice autumn day" 学习过 sunny, warm 等9个天气类词汇及描述天气的表达。四年级上册 Unit 7 "What is nature?" 一课中学习过气温的表达方式。在旅行话题上，在五年级上册 Unit 7 "What will you do in Chengdu?" 中，学生学习了 by plane, by train 等6种出行方式的表达，并学习了用将来时描述旅行计划。在五年级下册 Unit 7 "Are you going away for the holiday?" 中，学生学习了用 "It takes ..." 句型描述旅行时长，以及用 "I enjoy ..." 等句型表达选择某种出行方式原因。在健康话题上，学生在四年级下册 Unit 2 "What's wrong with you?" 学习过 stomachache, runny nose, cough, hurt 等病症的表达以及看病就医的句型；六年级上册 Unit 2 "What happened to your neck?" 学习过以过去式表达自己生病及受伤的原因。

调查问卷结果显示，对于有关天气情况的单词，大部分学生能准确地写出 sunny, windy, rainy, snowy, cloudy 等天气，部分同学提到 foggy, thunderstorm 及北京常见的 smoggy 等。对于提出建议的句型，大部分同学能写出 "You should..." " You can..." 的句型，部分学生能够写出 "You need ..." 等句型。

由此可见，对于本单元相关的天气、旅行、健康话题，学生在词汇、语句、语法和表达等方面已经具备了一定的基础。

【已有能力】

经过过去五年多的学习积累，学生在词汇、语句和表达上已经具备基础。在学习方式上也有了一定的积累，能够通过听、读的方式获取大意并提取细节信息。能够在教师引导下思考问题的本质，并讨论解决方法。从访谈结果来看，85%的学生能用"It's ... today."介绍今日的天气情况，并能够说出北京四季的气候特征。75%的学生知道介绍和谈论旅行计划需要用一般将来时的功能语句，并且能够用"I will ..." "I am going to ..."句式介绍旅行目的地、出行方式等内容。68%的学生了解说明自己的病症和原因要用一般过去时，并能够进行简单的问答。因此学生已经具备围绕本单元设计话题进行简单交流和表达的能力。

【已有经验】

本单元涉及的"天气、旅行、健康"三个话题对学生来说比较熟悉，学生有较丰富的日常经验及旅行体验。

由调查问卷可以看出，大部分学生认为天气对生活比较重要，并且倾向于在天气较为不好的时候查看天气。约25%的学生不在乎天气也不觉得天气对生活影响很大。在影响的方面，基本上所有学生认为天气影响穿衣，大部分学生觉得天气影响健康，但认为天气对出行、旅游和饮食有影响的人数逐渐减少。由此可见，学生能意识到天气的影响，但不能认识到天气的影响渗透到生活的多个方面。

在访谈中教师询问学生"旅行前需要考虑哪些问题？需要做哪些准备？"，访谈结果显示，学生认为旅行前需要考虑天气因素。也需要根据天气准备相应的物品，例如雨伞、太阳镜、口罩等。可见在实际生活中，学生是有基于天气因素进行相关准备经验的。

2. 学习困难及对策

调查显示，现实生活中部分同学不关注天气情况，因为家长会根据天气情况做好相应的准备。在旅行方面，很多家庭的旅行计划是由家长制订的，孩子较少有机会完整地自行拟订旅行计划，因此较少有综合考虑天气因素做好旅行前的准备、制订旅行活动计划等的意识。学生虽然有基于天气因素进行旅行准备的经验，但在课时内容中的体现并不充分，且学生在自主制订旅行计划上的经验较少，因此在教学设计中加上了 Luggage 这一部分。帮助学生搭设阶梯，理解全面的旅行准备体现在根据目的地天气情况准备好行李上。在健康饮食方面，平时也多由家长选择做什么饭，学生较少有自主选择权，但学生能够选择出对身体健康有益的饮食。

在课堂表现上，学生在思维与表达方面较为欠缺。不能较好地综合多方面因素用英语思考问题，在完整给出建议并介绍原因的方面有待提升。因此，在思维方面，通过追问的方式引导学生思考问题产生及建议背后的原因。在表达方面，通过在板书和课件中呈现句型结构和举例的方式，帮助学生搭建语言框架，鼓励学生自信表达。

三、单元整体设计思路

（一）单元整体结构及说明

如表 1 所示。

表 1　单元整体结构

项目	内容				
单元主题	**Unit 4 Knowing Weather, Live Better** 天气助规划，智慧享生活				
子主题	Knowing weather and make a trip plan		Knowing weather and keep healthy	Knowing weather and learn more	Knowing weather and be prepared
	Get Ready	Make a Plan			
课时分配	第一课时 Lesson 13	第二课时 Lesson 14	第三课时 Lesson 15	第四课时 Lesson 16	第五课时 Lesson 17
教学内容	了解旅行目的地天气情况，准备合适行李	根据旅行目的地天气，制订合理活动计划	关注天气情况合理安排自己的出行、起居和饮食	了解天气现象的成因，学会形成天气现象的方法	根据不同的天气情况，及时合理地做好相应的应对措施
学习内容	听取细节信息视听旅行经历分析失误原因介绍准备物品	听取细节信息阅读景点信息介绍旅行计划	听取细节信息扮演看病过程提出合理建议	读取细节信息实践制作方法书写实践过程	读取关键信息，讨论应对方法，制作应急海报，分享海报内容
能力关注	听说	听说读	读演表达	以读促写	综合实践

第一、二课时：13、14 两课内容都与旅行相关，课文内容是 Jim 和 Mike 的对话，补充视听材料介绍了一个未提前准备的旅人窘迫的旅行经历，补充阅读材料，以并列的方式介绍了四个旅行景点的开放时间、门票价格、交通信息及景点介绍等内容。学生通过学习课文内容和补充材料，明确旅行前需要了解天气信息、预备行李，并制订合理出行规划，通过帮 Jim 做旅行准备在真实情景中锻炼问题解决能力。

第三课时：在 15 课中，学生通过了解 Baobao 生病原因，知晓应关注天气情况保持身体健康，拓展视频为就医看病的对话，语言结构包括介绍症状、说明经历和给出建议，功能较为综合。通过看病情景角色扮演，练习提出建议的表达。

第四课时：在 16 课中，学生阅读文段了解更多的自然知识，书写制作彩虹的过程，以读促写。

第五课时：本课时依据单元主题选择了绘本 Tornadoes（《龙卷风》）作为补充阅读材料，Tornadoes 是一本非虚构类绘本，介绍了什么是 tornado 以及它的应对方法，进一步补充了单元内容。使学生通过了解特殊天气情况，知晓如何应对极端天气及预防伤害。

同时，六年级学生马上就要进入初中，在课堂教学中注重能力与技能的衔接，以任务单为依托，通过课堂活动在听、说、读、写方面进行训练，为进入初中学习奠定基础。

（二）单元教学目标设计及说明

本单元学习结束之后，学生能够达到以下几点要求。

①通过听对话、读课文的方式，获取细节信息，完整复述课文内容，了解天气对生活的影响。

②通过听力任务了解不同地区的天气差异，通过阅读任务获取景点信息，并制订合理的旅行计划。

③通过情景对话练习，练习关于生病原因的表达并给出合理的饮食建议。

④通过阅读文章了解彩虹生成的原因，并能写出如何通过实验制作彩虹。

⑤通过阅读绘本了解龙卷风，知道其应对措施，并知晓如何规避风险。

（三）分课时说明

第一课时：会话教学。通过听力任务学习教材 Lesson 13 的对话内容。延续 Lesson 13 Jim 来北京旅行的情景，创设 Jim 将在中国四个城市旅行。拓展听力材料介绍四个城市的天气情况，拓展视听材料为一个不看天气预报的人的窘迫旅行的小视频，学生了解根据天气准备行李的重要性。在产出活动中，学生依据不同城市的天气情况为 Jim 选择携带的行李。

第二课时：会话教学。通过听力任务学习教材 Lesson 14 的对话内容。延续 Jim 来中国旅行的情景，通过听力材料了解 Mike 为 Jim 制订的旅行计划，并综合天气情况讨论其合理性。在产出活动中，通过拓展阅读材料获取北京、昆明两地旅行景点信息。学生依据天气情况，为 Jim 制订合理的一日旅行计划。

第三课时：会话教学。通过阅读任务学习教材 Lesson 15 的对话内容。学生通过拓展视频了解看病过程，进行角色扮演操练看病情景中的功能句型，根据不同类型的病症给出合理的建议。

第四课时：阅读教学。通过略读了解文本大意，细读彩虹形成原因。学生通过实践活动了解制作彩虹的步骤，并动手操作。在产出活动中，学生通过书写实践过程学习按顺序操作的书写表达。

第五课时：阅读教学。学生通过阅读绘本 *Tornadoes*（如图 7 所示），了解龙卷风以及它的危害。小组讨论应对方法，在班级内分享。小组共同制作应急海报，并介绍应对方法。

图 7 *Tornadoes* 封面

四、第一课时的详细设计及设计意图说明

（一）课时目标

本课时学习结束之后，学生能够实现以下几点要求。

①通过听 Mike 和 Jim 的电话对话内容，获取 Jim 来北京的旅游信息，包括时间、天气情况和活动，并完整复述课文内容。

②运用"The weather in ... is ... ."表达某地的天气情况，并用"... should bring ... because... ."表达去某地旅行应准备的物品及原因。

③通过听力活动，获取不同城市的天气情况，了解同一时间不同地点的天气。

④通过观看视频，意识到天气情况是出行计划的重要部分，初步意识到天气在人们生活中的重要意义。

（二）重点难点

教学重点： 学生能够运用"The weather in ... is ... ."表达某地的天气情况，并用"... should bring ... because... ."表达去某地旅行应准备的物品及原因。

教学难点： 学生能够在旅行情境中，根据目的地的天气情况选择合适的携带物品并给出原因。

（三）学习过程（学习活动及设计意图）

1. Warm up（Read the title and free talk）

师生根据课题自由交流，复现有关"天气"话题已知已学的相关语言，引入本课话题。

T：What will we talk about today?

S：We will talk about weather.

T：What can you think of when you see "weather"?

S：Sunny, windy... .

T：When do you look at the weather report?

S：I look at the weather report before I go to school. / when I go out. ...

【设计意图】

通过谈话的方式引导学生对天气话题展开联想，从而引导学生进入本课时话题，并联想到天气可能对生活的影响，引入天气和旅行的内容。

2. Presentation

（1）Observe and Describe

引导学生观察图片，描述已知信息，引入对话学习。

T：Today we'll talk more about weather and travel. Please look at the picture. What do you know from the picture?

S：I can see Mike and a boy. The boy is in Canada. Mike is in China. They are making a phone call... .

T：What else do you want to know？

S：I want to know who is the boy. ∕I want to know why he calls Mike.

（2）Watch video and get general idea

观看对话视频，获取对话大意。师生问答补充旅行信息。

T：Let's watch and find out why they are making a phone call.

S：Because Jim is coming to Beijing.

T：Yes, Jim is coming to Beijing. What does he want to know in the phone call？

S：He wants to know about the weather in Beijing.

T：What else is important for a trip？

S：Time，Weather，Activities… .

T：Let's get to know more about Jim's travel plan.

（3）Listen and fill the detailed information

学生在教师的引导下听对话，获取旅行细节信息。

T：Please take out your worksheet, look at task 1. We'll listen to the dialogue for two times. First, we will listen and answer two questions. 1. When is Jim coming？ 2. What's the weather like？

T：Now let's listen for the second time and answer this question：What will they do together？

T：Please open your books and check your answer with your partner. You can talk like these （Jim will… ∕The weather is … ∕They will …）.

T：Now, let's share your answer in the class together.

S：Jim will come to Beijing next month. ∕The weather is sunny and windy.

T：Let's listen and check. Next month will be July, the weather in July will be sunny, windy and rainy. Let's read together.

Students read the weather together.

T：What about the activities？

S：They will go swimming and go hiking together.

此时应完成相关学习单，参考结果如图8所示。

😊 1. Listen and fill 听对话，完成表格内容	
Jim's Travel Plan	
Place	Beijing
Time	next month
Weather	☑sunny ☑rainy ☑windy ☐snowy ☐foggy
Activities	go swimming go hiking

图8　学习单：听课文对话，获取细节信息

【设计意图】

学生通过泛听了解 Jim 将要来北京，通过精听并记录获取有关 Jim 来中国旅行的时间、天气和活动。通过听的方式了解对话内容并在任务单上记录和选择相关的信息，提升听、记的语言技巧。完整输入课文后，学生通过看书自查，同组交流分享表格信息，有助于不同水平的学生通过读的方式补全表格内容。之后再在班级内共同核对表格内容。学生通过说出自己的答案锻炼表达能力，复习介绍旅行计划的表达。

3. Practice

（1）Listen and Follow

跟读练习，内化课文。

（2）Practice in roles

学生分角色练习朗读课文。

T：It's your turn to read in pairs. One will be Jim, the other will be Mike and Mike's mum.

Students read in roles.

（3）Read and Evaluate

班级展示，生生互评。

T：Let's read in class. When you read, make sure you read loudly, correctly and with feeling. If you can do three, you are excellent. Two are great, and one is good. Others please listen carefully and tell us if they are excellent, great or good.

Students read in class. The other students will listen and give comments and reason.

T：What do you think of their reading?

S：I think they are great. They read correctly and fluently. They can read louder.

T：Thank you for your comment!

【设计意图】

学生通过跟读、朗读活动内化课文对话内容。在朗读活动中，注重引导其他学生评价朗读的学生，让每个学生都参与到朗读中。朗读测评表帮助学生了解读课文时需要读得准确、流畅、声音洪亮，学生在评价他人的朗读时也会关注到如何更好提升自己的朗读水平。

（4）Retell the dialogue

学生根据板书内容，复述对话信息。

T：Let's try to retell the dialogue, you can use these sentences and information on the board.

S：Jim will visit Beijing next month. The weather will be sunny, windy and rainy. Jim and Mike will go swimming and go hiking together.

（5）Listen and get the weather information of different cities in China

学生听一段中国各城市的天气预报，获取不同城市的天气信息。

T：what cities will Jim visit? Let's listen. What are the cities?

S：Chongqing, Kunming, Harbin, Sanya

T：Do we know the weather in these cities? Let's look at Task 2. Listen, choose and fill in your worksheet. We'll listen for 2 time. For the first time, let's listen and choose the weather for these cities. ... This time, let's listen and write down the temperature. Please share your answer with your partner. You can use these sentences (The weather in ... is ... ./The temperature is ... .)

Students talk about answer with partners.

T：Let's check answer.

S：The weather in Beijing is sunny. The temperature is 27 to 32 degrees.

此时应完成相关的学习单，参考结果如图9所示。

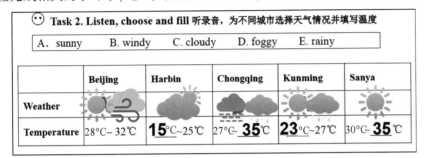

图9　学习单：听天气预报，了解不同城市的天气情况

【设计意图】

学生听不同城市的天气预报获取天气和温度信息，在核对答案的同时巩固了介绍天气情况和气温的表达句式，同时也了解了不同地域的气候。通过听力活动，了解天气的差异，为后续旅行准备做铺垫。

4. Production

（1）Watch video and free talk

观看 Jack 扫兴旅程的视频，师生共谈旅行失败原因。

T：The weather in different cities is different. Does everyone know that? Meet my friend Jack. Where is he from?

S：He is from Shanghai.

T：Let's watch his story. Please tell me what do you know from his story.

S1：Jack is cold. He didn't bring his jacket.

S2：Jack didn't see the weather report.

T：Yes. Jack knows that now! He and his friends have some advice.

T：Now jack knows and his friend gives him an advice. We can say "... should bring ... because ..." when giving advices. From Jack's story we know weather is different in different cities. And watching weather forecast can help us to prepare what we need.

（2）Discuss about Jim's trip to Beijing

根据课文提供的天气信息，师生讨论 Jim 来北京应带的行李。

T：What does Jim need in Beijing, Why?

S：Jim needs T-shirt and shorts because it's hot. Jim needs umbrella because it's rainy. ...

【设计意图】

学生通过观看外地人毫无准备来北京的失败旅程，探讨其失败的原因，得出出行前根据天气准备行李很重要的结论。接下来延续课文情景，根据课文给出的北京夏季天气和 Jim 与 Mike 将要进行的活动，讨论 Jim 来北京应该携带的物品，并为后续活动做铺垫。

（3）Think and Plan

根据听力活动获得的不同城市的天气信息，学生选取一个城市并为 Jim 选择应携带的行李，说明理由以及其他建议等。

T：Does he need these in all the cities? Please look at your worksheet, task 3. First, choose a city from task 2, write the city name and weather in task 3. Then choose what Jim needs in that city. Also think about tips. For example, in Beijing, sometimes we have sandstorm so we must wear a mask on sandstorm days. You have 2 minutes.

Students think and tick the luggage, write the tips for Jim.

此时应完成如图 10 所示的学习单。

Task 3. Choose the right luggage for the city 为不同城市选择行李

City: _____ Weather: _____

Clothes		Shoes	Others
☐ T-shirt	☐ shorts	☐ sneakers	☐ sunglasses
☐ shirt	☐ pants	☐ sandals	☐ cap
☐ raincoat	☐ swimming suit	☐ boots	☐ pills
☐ jacket	☐ _____	☐ slippers	☐ mask
☐ _____	☐ _____	☐ _____	☐ _____

Other tips:

图 10　学习单：根据不同城市的天气情况，为 Jim 选择合适的行李

（4）Share and Discuss

学生与组内同学交流为 Jim 选择的行李，之后在班级内分享，同学们共同评价推荐的行李是否合适。

T：Please work in groups of 4. Tell your teammate about your advice. You can talk like this. (The weather in ... is ... /Jim should bring ... because...)

T：Now let's share. You can talk like this.

学生提建议时可用表述，如图 11 所示。

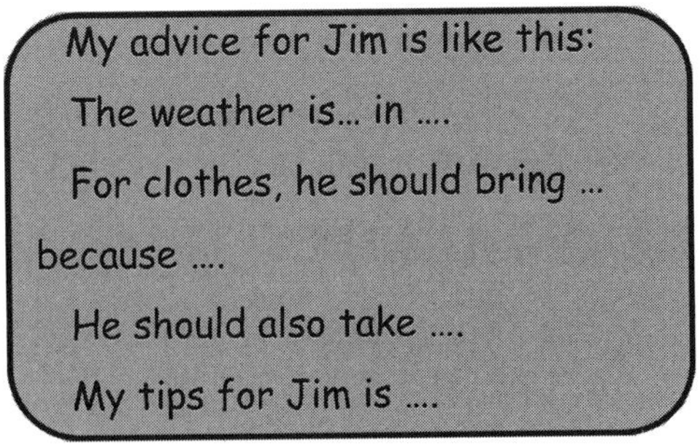

My advice for Jim is like this:

The weather is… in ….

For clothes, he should bring …

because ….

He should also take ….

My tips for Jim is ….

图 11　学生提建议时可用表述

Students gives a short presentation based on given structure and what he chose in worksheet.

T: Do you think this is a good advice? Do you think he needs to add something? Does any one chose the same city has a different idea?

【设计意图】

产出活动中，学生选择一个城市，根据听力活动中获取的天气信息独立为 Jim 的一个目的地选择行李物品并阐述理由。学生可依据课件上给出的语言架构，练习完整地表达给 Jim 推荐的行李及原因，并根据个人生活经验补充一些旅行提示。在学生个人展示后，教师追问其他同学对发言同学行李建议的看法并评价该学生的推荐，引导学生关注天气与做旅行准备的关系，共同为 Jim 推荐一份全面、周到的中国之行的行李。学生在真实的情境中表达，提升语言运用能力。

5. Summary

T: In today's lesson, we know that weather is important for travelling because it help us to prepare what we need. Now Jim has everything packed. But he has a new question. What can he do in all the cities? We'll find out more next lesson.

【设计意图】

总结本课内容，再次强调天气对制订周密旅行计划的重要性，并引出 Jim 的新问题：去不同城市可以做什么呢？为下一课时的旅行计划进行铺垫，体现单元各课时之间的衔接。

（四）板书设计

Lesson 13 板书设计如图 12 所示。

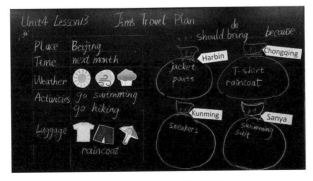

图 12　Lesson 13 板书设计

五、教师反思

（一）技能训练，注重小初衔接

本课教学依托任务单，学生泛听了解课文大意，精听并以记录的方式获取课文重点信息。然后学生通过同伴交流、小组合作、班级交流评价等方式练习口语表达。本课的课堂活动中在听、说的学习技能上下功夫，针对六年级学生设计的任务为继续学习初中的英语课程奠定基础。

（二）解决问题，提升思维能力

在本课教学中，学生通过课堂补充的视频材料，得出了解天气是做好周密出行准备的前提这一结论。再根据自己获得的天气情况，为 Jim 根据不同目的地选取行李，提出旅行建议。在活动中，学生需考虑到天气、不同地点、不同活动以制订合理的计划。教学中选取的地点有学生较为了解的哈尔滨、三亚、重庆和昆明，部分有旅行经验的学生能够说出去三亚要去海边，应带泳衣、防晒用品等物品。对于部分不太熟悉城市信息的学生，在天气预报的听力材料中包含对城市天气情况的简单介绍，学生也能对这些城市有所了解。学生在课堂活动中，根据教师搭设的阶梯，通过"了解 Jim 的旅行→了解 Jim 目的城市的天气情况→得知天气对旅行准备的影响→为 Jim 选取合适的行李"的过程，提升思维能力。

（三）多元评价，评价促进学习

课堂教学采取多种评价方式，其一是教师评价，在课程的各环节，教师通过评价语鼓励学生表达，建立学习自信。其二是生生互评，在课文朗读环节及产出环节，由学生自主评价同学的表现。在课文朗读环节，学生利用评价表可以检查朗读是否能达到准确、流畅和声音洪亮的标准。在产出环节，学生利用评价表可以检查为 Jim 选择的行李是否符合天气情况，是否符合旅行目的地可以做的活动等。生生互评让学生在听他人作品的同时能关注合理性，在评价他人的同时能了解如何改进自己的作品。其三是任务单评价，本课依托任务单，对课堂中的听力练习和准备旅行行李进行评价。教师可以在学生在课堂完成任务单的同时掌握学生的学习情况，并随时调整教学节奏。学生通过在课堂中核对信息、分享自己为 Jim 准备的行李和其他同学互相交流，并了解自己的掌握情况。通过多种评价方式，提升课堂效率，以评价促进学生更好地学习。

（四）任务单设计反思

在课时的学习中，学生依托任务单完成课堂活动。但现有的任务单上三项任务的排版和设计更偏重于技能训练，从任务单上较难看出本课的主题和单元的意义。因此，在今后任务单的设计中，应注重凸显主题意义的挖掘与呈现，避免任务单看起来像听力或阅读任务的罗列。同时，任务单的设计中也应更加注重各个活动间的联系，在本课的任务单中，虽然三个任务是有相关性与递进性的，但在任务单上较难体现出来，这也是今后应注意的部分。任务单的各个活动应是紧密相连的、指向主题意义的。这有助于学生理解本课的主题，更好地达成学科育人的目的。

六、点评

立足单元育素养　小初携手促衔接

北京市东城区教育科学研究院　江　萍

　　林燕（2012）在《浅谈小学英语单元整体教学的原则》中指出，单元整体教学设计要求，是依据教材编写的体系与方式，整体把握、统筹安排整个单元的教学内容，正确把握单元中各个部分之间的联系，合理安排学习内容，科学分解单元教学重难点，突出单元内各个课时的特点，形成侧重点不同的课堂教学形式，促进学生语言学习的整体发展。

　　基于这一理念，在针对北京版《英语》六年级下册第四单元进行教学规划时，教师立足单元整体，合理规划课时，融入育人价值，并在此基础上，提升学生的综合人文素养。在针对课时内容的设计上，教师立足真实语用，设计学习任务，引导学生通过学习相关内容，解决生活当中的实际问题。六年级的学生即将步入初中学，面对这一现实情况，在单元整体教学设计中，教师立足小初衔接，促进学生自主学习和综合能力的提升，着眼学生的长链条发展。

　　1. 立足单元整体，规划课时安排；培育学生素养

　　北京版《英语》六年级下册 Unit 4 标题为"How's the weather?"，单元教学内容围绕"Weather"的话题展开。与"天气"这一话题相关的词句和内容，在此前的学习中已有涉及，此时再度出现，旨在综合复习已学和已知。在进行单元整体教学规划时，教师从文本分析入手，梳理每一课时的侧重点：Lesson 13 和 Lesson 14 聚焦于"天气对出行的影响"，Lesson 15 聚焦于"天气对健康的影响"，Lesson 16 聚焦于"天气现象的成因"。在此基础上，教师提炼单元主题"Knowing Weather, Living Better"，并结合每一课时的侧重点细化出单元子主题：子主题 1 "天气影响我出行"包含 Lesson 13 和 Lesson 14，Lesson 13 侧重于出行前基于天气所做的相关准备，Lesson 14 则侧重于基于天气所做的行程安排；子主题 2 "天气关乎我健康"包含 Lesson 15；子主题 3 "天气令我更聪慧"包含 Lesson 16；子主题 4 "天气让我会生活"则包含本单元的拓展内容绘本 *Tornadoes*。

　　在这样的整体教学设计框架之下，随着五个课时的以此推进，学生将会围绕"天气与自己的生活"，从"出行规划"到"自身健康"，到"心智发展"，再到"舒心生活"，展开层次清晰、循序渐进、逐步提升的主题单元学习，并在此过程中，逐渐感悟"知悉天气信息，学会合理规划，乐享美好生活"的主题育人价值。

　　2. 立足真实语用，设计学习任务，解决实际问题

　　从文本分析入手细致梳理，提炼出单元主题，分化出子主题，并基于子主题细化课时之后，单一课时中各个学习活动的阶段目标就会更加清晰。在对本单元第一课时 Lesson 13 "出行前的相关准备"进行设计时，教师借助学习任务单，针对教学内容的不同板块，设计了不同的学习任务，具体如下。

　　任务一：听对话完成表格内容。学生通过听 Mike 和 Jim 在电话中的对话，获取 Jim 来

北京旅游的时间、天气情况以及活动；旨在帮助学生理解课文对话大意，明确相关的细节信息。任务一学习任务单如图 13 所示。

Jim's Travel Plan	
Place	Beijing
Time	
Weather	☐ sunny ☐ rainy ☐ windy ☐ snowy ☐foggy
Activities	_____ _____

图 13 任务一学习任务单

任务二：听录音，选择不同城市的天气情况，并填写温度。学生通过听力活动，获取不同城市的天气情况和温度信息；旨在帮助学生准确获取相关信息，并借助相互交流，巩固对本课核心语言的掌握情况。任务二学习任务单如图 14 所示。

A. sunny　　B. windy　　C. cloudy　　D. foggy　　E. rainy

	Beijing	Harbin	Chongqing	Kunming	Sanya
Weather					
Temperature	28℃ – 32℃	___℃~25℃	27℃~___℃	___℃~27℃	30℃ ~___℃

图 14 任务二学习任务单

任务三：为不同城市旅行选择相应的行李。学生基于不同城市的天气情况，选择旅行所应准备的物品，并简单表述原因；旨在引导学生综合运用相关语言，围绕旅行城市、天气情况、所做准备等方面进行真实表达。任务三学习任务单如图 15 所示。

综上所述，本课的学习活动全都围绕"天气与出行前所做的准备"展开，

City: _____　　　　Weather: _____

Clothes		Shoes	Others
☐ T-shirt	☐ shorts	☐ sneakers	☐ sunglasses
☐ shirt	☐ pants	☐ sandals	☐ cap
☐ raincoat	☐ swimming suit	☐ boots	☐ pills
☐ jacket	☐ _____	☐ slippers	☐ mask
☐ _____	☐ _____	☐ _____	☐ _____

Other tips:

图 15 任务三学习任务单

与课时目标的契合度高，明确体现本单元"知天气、懂规划、享生活"的整体设计意图，帮助学生通过对课时内容的学习，学会解决生活中的实际问题。

3. 立足小初衔接，促进能力提升，着眼长远发展

面对六年级学生即将进入初中这一现实情况，在对单元第一课时进行设计时，教师同样关注了与初中学习的衔接。除了话题选择和语言知识层面的思考之外，小初衔接还要更加关注六年级的学生在语言学习、听说技能和综合表达方面的衔接。在这方面，本课中的学习活动都明确指向对听、说能力的培养与训练，有效帮助学生在教师的指导下，更明确地进行听、说、表达，逐步提升相应能力；此外，本课时学习任务单的设计，在内容和形式上，都与初中英语的日常教学和考查测评衔接紧密，能够帮助学生快速过渡到七年级的学习中，不会有陌生感，从而更好地完成与初中的衔接。

今后再实施时，教师可以根据学情，从促进学生语言表达的准确性、逻辑性、丰富性的角度出发，为不同层次的学生设计、提供更具有开放性的表达框架，帮助学生锻炼、提升从文本中学习语言的能力，以及基于主题和语境适当选择语言进行自主表达的能力，从而更好地促进学生的长链条发展。

未来职业之旅

北京版《英语》五年级下册

Unit 6 What will you do in the future?

单元教学设计

北京史家小学 谢 添

一、单元（主题）指导思想与理论依据

《普通高中英语课程标准（2017年版）》首次使用了"大概念"一词，要求"重视以学科大概念为核心，使课程内容结构化，以主题为引领，使课程内容情景化，促进学科核心素养的落实"。

基于以上理论指导，教师在"大概念"的引领下，首先创设与学生真实生活相联系的情境，并将要解决的问题蕴含在特定的情境中，让学生通过对情境中的相关信息进行感知与理解，提出单元核心问题。其次，教师基于情境和核心概念，设计指向核心概念的结构化、分层次的子问题和任务。最后，学生根据子问题和任务开展有针对性的合作与探究等自主学习活动，构建核心概念。在整个教学活动中，评价活动贯穿始终，实现教学评一致。

二、单元（主题）教学背景分析

（一）单元育人价值分析

习近平总书记在全国教育大会时强调，"培养什么人，是教育的首要问题"。教师承载着传播知识、传播思想、传播真理、塑造灵魂、塑造生命、塑造新人的时代重任，是学生成长路上的引路人。教师要如何在学生懵懂的情况下结合学科内容，正确地对他们进行职业启蒙呢？这是值得每位教师深思的。

因此，教师在本单元的职业启蒙教育中不光简单地让学生了解社会分工中的各种职业及其技能，思考未来所要从事的某种职业；还要有意识地帮助学生去了解自己的职业理想，思考实现职业理想的途径，并鼓励学生从现在做起、从小事做起，引导学生在实现自己未来职业理想的道路中，坚定信念，勇往直前。

（二）教学内容分析

1. What

北京版《英语》五年级下册第六单元"What will you do in the future?"的单元话题为"职业"。该单元共包含三节新授课和一节复习课。其中，三节新授课分别呈现了课文主人公的三个生活场景。第一课是 Baobao 和 Mike 在公园里玩航模，他们互相询问和谈论将来想要从事的职业。第二课是 Guoguo 在 Mike 家看到了一些奖杯和足球，从而谈论起各自爸爸的

工作和将来自己打算从事的职业。第三课是 Mike 和 Lingling 去参观机械制造厂，由此谈论起自己的爱好和将来想要从事的职业，以及自己在哪些方面需要努力。

2. Why

通过本单元的学习，使学生从小树立理想，更加意识到要想实现自己的理想，将来从事自己喜欢的职业，必须具备相应的知识和技能，从小努力，从现在做起，坚定信念，勇往直前。

3. How

教师从了解职业、明确途径、坚定信念三个核心维度逐步推进，帮助学生不断学习理解、应用实践和迁移创新；同时关注学生的情感体验，指向素养提升和全人发展。

（三）学情分析

1. 基于前测的学情分析

本单元授课对象为史家小学五年级（10）班学生。

【已有知识】

通过四年的英语学习，学生已认识多数与职业有关的词汇，如 teacher, scientist, doctor 等，能运用"I want to be a ..."句型表达自己未来想要从事的职业；能用英语简单介绍家人或其他人的不同职业及其所从事的工作。

【已有能力】

学生具有主动说英语的意识、基本的英语表达能力，以及初步发展的运用逻辑思维去分析和解决问题的能力。

2. 学习困难及对策

【存在问题】

①部分学生对职业了解浅层化。

②部分学生逻辑思维有待提高。

③综合语言运用能力须提升。

【应对策略】

教师以教材语篇为基本学习材料，以主题为中轴，将课外阅读资源与其课内教学有机结合，横向整编，纵向梳理，通过渐进地实施以学生为中心的学习活动，螺旋提升学生认知水平，综合发展其语用能力，逐步推进并升华其主题意义。

三、单元整体设计思路

（一）单元整体结构及说明

单元整体结构如图 1 所示。

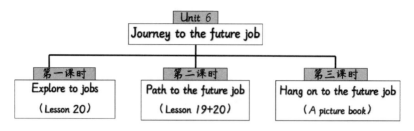

图 1　单元整体结构

教师对本单元教学内容进行如下调整。

①将教材内的第二课时 Lesson 20 调整为第一课时。通过此课的学习，学生能够了解职业，基于单元话题和词句谈论家人的职业情况，并构思自己的职业理想。

②将教材内的第一课时 Lesson 19 和第三课时 Lesson 20 优化整合为一课，作为本单元的第二课时。通过此课的学习，学生能够畅想自己的职业理想，并懂得想要实现理想，须具备相应职业的知识和技能，并意识到应从当下做起，寻找实现其梦想的途径。

③补充课外阅读绘本 *Salt in his shoes*。通过学习此课，学生能够懂得，追逐梦想的路并不总是一帆风顺的，需要有坚定的信念。

（二）单元教学目标设计及说明

经过本单元的学习，学生能够达到以下目标。

①运用一般将来时与他人谈论未来将要从事的某种职业，介绍自己理想职业所需具备的素养以及实现职业理想的途径。

②理解在追求自己职业理想的路上要坚定信念，勇往直前。

③懂得从现在做起、从小事做起，为未来职业理想做准备。

④开展个性化的表达，对 "My future job" 进行书面和口头表达。

（三）分课时说明

分课时说明如表 1 所示。

表 1　分课时说明

课时	教学目标
第一课时	在本节课结束后，学生能够： 1. 听、说、认读并理解重点职业词汇，如：a football player, an engineer, a lawyer, a designer, an artist, a doctor, a professor, a pilot, a writer 等。 2. 了解本单元涉及重点职业的相关能力要求，对职业有进一步认知，树立目标，明确未来努力方向。 3. 结合真实生活，运用 "My dad/mom is ..., and/but I will be ..., Because ..." 谈论家人职业及自己的梦想职业，并能进行段落书写。能够理解本课对话内容，快速在文中提取相关信息，并能够使用检索等方法，找到与自己想从事职业的相关信息，提升学习策略

课时	教学目标
第二课时	在本节课结束后，学生能够： 1. 听懂、认读、理解 a professor、a pilot、an engineer 等职业词汇，并能在谈论未来将要从事的职业时加以运用。 2. 懂得想要实现理想，须具备相应职业的知识和技能，并意识到应从当下做起，寻找实现其梦想的途径，会使用"A/an... should..., so I need to... ."的句型进行表达。 3. 懂得制订合理职业规划的重要性，引导学生懂得胜任一份职业需要长期的学习和辛苦的训练，培养学生自我管理能力
第三课时	1. 在本节课结束后，学生能够： 梳理故事情节，找出 Michael 遇到的问题，以及父母给予的相应解决方案。 2. 结合自身生活，讨论并预测 Michael 父母提出的解决方案的可行性和效果。 3. 基于文本和读后讨论，探究故事主题意义。思考：Michael 遇到的真正问题是什么？帮助 Michael 克服困难的主要因素是什么？妈妈的方案有没有对解决问题起到作用？ 4. 从自我兴趣和语言能力出发，选择适合的写作任务，表达对文本意义的理解

四、第二课时的详细设计及设计意图说明

（一）课时目标

在本节课结束后，学生能够：

①听懂、认读、理解 a professor、a pilot、an engineer 等职业词汇，并能在谈论未来将要从事的职业时加以运用。

②懂得想要实现理想，须具备相应职业质素（知识和技能），并意识到应从当下做起，寻找实现其梦想的途径，会使用"A/an... should..., so I need to... ."的句型进行表达。

③通过课外语篇阅读，探索实现未来职业梦想的多维途径，即身体上的准备、技能上的准备、精神上的准备，以此拓展思维的宽度。

④懂得制订合理职业规划的重要性，并引导学生懂得胜任每一份职业都需要经历长期的学习和刻苦的训练，培养自我管理能力。

（二）重点难点

重点：

①了解实现职业理想的途径有三类：physical preparation, mental preparation, mental preparation.

②能运用"I will be... . A/an... should..., so I need to... ."句型，谈论自己将来想要成为什么样的人，需要具备什么样的素质，以及需要怎样努力才能实现其职业理想。

难点：

学生能从不同维度去思考实现自己未来职业理想的途径，并用口头与书面的方式进行

表达。

（三）学习过程（学习活动及设计意图）

1. Warming – up

（1）Free talk：students' future job

T：Boys and girls, today we go on talking about Unit 6 Jobs. What will you be in the future? Would you like to share it with me?

S1：I will be a pilot, because being a pilot is pretty cool.

T：Sounds great. But I know being a pilot should have good eyesight, so you need to protect your eyes.

S2：I will be a doctor, because doctors can save people's lives.

T：You are right. Doctors are our heroes in today's world. If you will be a doctor, you need to know more about medical science.

S3：I will be a singer, because I like to sing.

T：Wow, you must have a beautiful voice. Don't forget to practice more.

【设计意图】

以本单元的"职业"话题为导入，学生基于自己的日常喜好、个人性格特征以及本单元第一课时谈及的父母职业影响等因素，畅想自己美好的未来职业，并在班中进行自主表达。此活动，一方面帮助学生复习前一节课有关"影响未来职业选择因素"的旧知；另一方面，学生在聆听他人未来职业理想时，不仅可以加深对同伴的了解，还可以从他人视角出发去了解某一职业的特殊性。在表达与聆听中，使学生感悟到：职业不分高低贵贱，每种职业都是我们日常生活中必不可缺的一部分。此外，学生在自由表达后，教师根据学生的职业理想给予肯定与建议，为后面课程师生一起探讨实现理想的有效途径做好铺垫。

（2）Think and Talk：the reason why we're talking about our future job now

T：Boys and girls, I'm very glad that you've already known what you will be in the future, but now, you are just kids, before you get your future job, look, you still have such a long time, why are we talking about it?

S1：Because we need to think about our future.

T：Have a think, after thinking, what will you do?

S2：We can do something or learn something we need.

S3：We can make a plan for our future.

T：You are right. We need to prepare for the future. Just like the early bird catches the worm, right?

【设计意图】

问题源于情境，思维始于疑问。基于实际生活寻找真实的问题情境，能够让学生更主动地调动自身已有的知识，发展学生的思维并解决问题。学生在前一环节畅谈完自己未来职业理想后（Future），教师基于学生当下实际的年龄（Now），提出疑问：那我们现在谈论职业话题的意义是什么呢？以此将学生的未来与现在建立联系，启发学生去思考，探究问题背后的主题意义，即我们现在需要为未来做一些准备。通过课堂师生互动对所探究的主题问题提出质疑与进行交流，使学生对接现实生活，逐步加深对单元主题意义的理解与探究。

2. Presentation

（1）Watch and Answer

T：Boys and girls. Today our friends Mike, Baobao and Lingling are also talking about their future jobs and what they need to do. Let's take a look.

初次观看视频，回答第一个主问题：What will they be in the future?

①Mike Qs：

a. What will Mike be in the future?

b. What does a pilot do?

c. Who also flies a spaceship too?

As：

a. Mike will be a pilot.

b. A pilot will fly a plane or a spaceship.

c. An astronaut.

②Baobao Qs：

a. What will Baobao be in the future?

b. What does a professor do?

As：

a. Baobao will be a professor.

b. A professor just like a teacher who teaches students at a university or a college.

③Lingling Qs：

a. What will Lingling be in the future?

b. Why does Lingling want to be an engineer?

c. Who else enjoys making things like Lingling?

As：

a. Lingling will be an engineer.

b. Lingling enjoys making things.

c. Mike, because he likes to make fantastic model planes.

【设计意图】

通过播放完整视频，使学生对所学内容有初步的整体感知，通过提出主问题"What will our friends be in the future?"，让学生先听出三位主人公未来职业选择的信息。之后，教师再提出"What does a/an... do?""Why does ... want to be a/an...?"等理解性的问题，让学生通过教师手中呈现的职业图片，或课文文本中的语句，或现实生活，了解三位主人公未来职业所需具备的素养、能力以及从事该职业的场所。此活动在培养学生听、观察、提取信息能力的同时，让学生在学习活动中记忆与理解职业的基础知识，为之后的写作——介绍自己未来的职业和所需的努力做好铺垫。

（2）Read, Find and Underline

阅读课文文本，回答第二个主问题："What do they need to do?"

①关于 Baobao。

T：Please open your book and turn to page 42. Look at the second picture, Can you find this sentence? You should study hard to be a professor.

Ss：Yes.

T：Underline it. That's what Baobao needs to do. How about Mike and Lingling? Please turn to page 46. Can you help me to find out what they need to do? I'll see who finds the answer fast. Let's begin.

（Ss Read, find and underline）

②关于 Mike。

T：What does Mike need to do?

S1：Mike needs to exercise a lot.

T：Yes, a pilot should be strong and fit, so Mike needs to exercise a lot.

T：What kinds of exercises does he need to do?

S1：Weightlifting.

S2：Running.

T：Correct. Boys and girls, you know, All these things to make your body strong are physical preparation.

③关于 Lingling。

T：How about Lingling?

S1：She needs to study hard.

T：That's it. The same with Baobao. Is study hard physical preparation?

Ss：No.

T：What preparation is it? Let me tell you. Actually, it is skill preparation which means to learn something for the future. Got it?

【设计意图】

教师提出课文文本的第二个主问题，即寻找三位主人公实现未来职业梦想的途径。考虑到主人公数量较多，实现职业梦想的途径既有相同点也有不同点，为减少学生回答问题的难度以及答案的重复性，教师选取 Baobao 为例做示范，引导学生关注本课重点语言点 "need to…"。之后，让学生带着相同问题快速阅读文本，寻找特定信息，并用横线划出相关句子。此活动，一方面培养学生搜集和处理信息的能力；另一方面培养学生的阅读技巧，如寻找关键词 "need to"。紧接着，根据学生寻找到的信息以及根据生活经验补充的相关信息，师生一起梳理细节信息并将其进行提炼与总结，概括出实现职业梦想的两条途径，即 physical preparation（身体上的准备）和 skill preparation（技能上的准备）。让学生在学习活动中既有独立思考，又有合作探究，最终促其深度理解并达成共识。

（3）Watch the video

T：Now we have found all they need to do for their future. Let's go over the whole dialogue again.

【设计意图】

再次让学生整体感知文本，熟悉文本的内容和脉络，整体把握语篇的基本信息。

3. Practice

（1）Read the dialogues by yourself

T：Now it's our reading time. Please read page 42 and 46 by yourself.

（2）Retell the dialogues

T：Boys and girls, would you like to challenge your memory? Please close your book, let's retell what we have learned. I want to be Mike, who wants to be Baobao? Who wants to be Lingling?

T：Now, I'm Mike. I will be a pilot in the future, because I like to make fantastic model planes. A pilot should be strong and fit, so I need to exercise a lot now.

S1：I will be a professor in the future, a professor should know a lot, so I need to study hard now.

S2：I will be an engineer in the future, because I enjoy making things. An engineer should be good at maths and drawing, so I need to study hard now.

【设计意图】

教师设计自我朗读和补全句子的两项活动，促使学生不仅有效地巩固与操练对话文本中的重、难点词句，还加深了对对话文本的理解。借助教师提供的必要语言支架，学生能学习、概括与整合所学文本内容，实现知识的充分内化。与此同时，必要语言支架的提供也为后续学生进行口头或笔头介绍某一职业理想和所需准备做铺垫。

（3）Extra reading

T：Boys and girls, from today's class, we know Mike will be a pilot or an astronaut in the future, so he needs to exercise a lot to be strong and fit. What else does Mike need to do to be a pilot or an astronaut?

S1：He also need to protect his eyes, because a good astronaut/pilot should have good eyesight.

T：Good thinking. What else?

T：No worries. Here I have a reading for you. Let's read to know more.

第一步：Read and Circle。

T：When you read, please circle out all we need to do to be an astronaut. 2 mins for you. Let's do it.

第二步：Share and Write。

T：Now, let's share your answers with your group members. Also, boys and girls, see! Each group has 3 pieces of papers on your desks. Right now you have found out many ways we need to do to be an astronaut. Please only choose 3 and write down each of them on these pieces of paper. Clear? 1 min for you. Let's begin.

第三步：Report and Think。

T：Which group wants to show your answers?

Qs：1. What do you find? / What preparation is it?

As：a. You need to study hard. That's skill preparation.

　　b. You need to exercise a lot. That's physical preparation.

c. You need to learn how to work with others. That's skill preparation.

d. You need to know the different parts of a spaceship and their jobs. That's also skill preparation.

e. You need to be brave. /You need to never give it up. That's mental preparation which means to make your mind strong.

T: Well, now we have found out all we need to do to be an astronaut. See, if you know more about your future jobs, you can do many things to prepare for it, right?

【设计意图】

教师补充课外阅读文本，既可引导学生使用阅读方法，即关注段落首句来获取信息，培养其阅读能力；又可拓展学生思维的广度和深度、补充课本内知识的缺失，即实现未来职业梦想的途径还有其他方式，如 mental preparation（精神准备），教师将课外阅读文本与课内知识相融合，最终构建学生的知识体系，使其整体化、结构化、系统化。

（4）Think and Talk

①Work in the whole class.

T: So Let's know more. Boys and girls, remember, last lesson we've already talked about some jobs. See, I put them together and turned into a book. Among these jobs, I like this job very much, what's it?

S: A football player.

T: Yes, Because being a football player is pretty cool. But how to be a football player? See! Here it says: if you will be a football player, you should be good at playing football. So what do you need to do for it?

S1: Practice a lot.

T: A good choice. Also, here is says, a football player should work well with team members. Then, what do you need to do?

S2: Be nice with others.

T: I like your point. So if we put all these little things together, maybe we can make a big dream.

②Work in groups.

T: Boys and girls, just think as this way. Each group, you need to choose one job you like from the book, then work together and have a think: what do you need to do to get that job in the future. Try to quick your mind.

Ss: ...

③Individual work.

T: Boys and girls, after knowing different little things we can do from now on, do you have any good ideas about your own future job? What's your future job? and what do you need to do for it?

【设计意图】

教师依托上一环节的阅读拓展，为本环节学生从 physical preparation、skill preparation 以及 mental preparation 三方面思考实现某一职业理想的途径打开思路。此外，考虑到语言是思维操作和表达的工具，因此，在习作前，教师引导学生先用口语表达清楚，再落实下一环节的用笔来写。通过创设真实情境，借助课本所学的语言支架，设计全班学生集思广益探讨某一职业实现途径、每个小组思考交流某一职业的实现途径，以及学生个人深思自己未来职业实现途径的三个递进性活动，有序推进，由易到难地让学生在相对完整、真实的情景中学习理解、体验、迁移语言，促使写作策略的运用和内化。

4. Production

（1）Writing time

T：Boys and girls, now it's your turn. Because you have finished your writing about your parents' jobs and your future job. Let's go on writing more about your future job and what you need to do for it. Please take out your writing paper and finish it in 3 mins.

（2）Sharing

T：If you have finished it, you can share it with your friends first. Then, we will share it in class.

【设计意图】

通过前面环节的铺垫，教师已经基本解决学生写作的难点，学生能够独立完成写作。此环节落实学以致用。之后，借助分享写作成果的活动，使学生之间相互借鉴，取长补短，同时使学生听的能力得到训练。

5. Ending

T：Boys and girls, today we mainly talk about what we need to do for our future job. Look, here are three kinds of preparations. What are they?

Ss：Physical preparation, skill preparation and mental preparation.

T：After class, please think over: which kind of preparation is the most important one?

Next class, We will talk about it.

【设计意图】

教师与学生一起回顾和总结所学内容。之后，教师针对所学的三种 preparation 提出开放性问题，即你认为哪一类职业准备最重要，让学生站在自己的角度去思考问题，并提出自己的独特见解，引发深层思考，将语言能力的培养与思维能力的发展融为一体，并助力下一节课主题意义探究的升华。

6. Homework

①Read the dialogue Lesson 19 and Lesson 21.

②Finish your own writing.

③Think over：What kinds of preparation do you think is the most important one?

【设计意图】

家庭作业是课堂教学的延伸与拓展，是检验课堂教学质量、巩固教学效果的重要手段。作业1重在复习课文内容。作业2重在将课堂上所生成的内容形成书面文字，提高课堂教学效果，内化本节课所学的语言知识和技能。作业 3 重在对课堂所学内容的延伸与思考，为下一节课升华主题意义进行铺垫。

（四）评价方式

评价方式如图 2 所示。

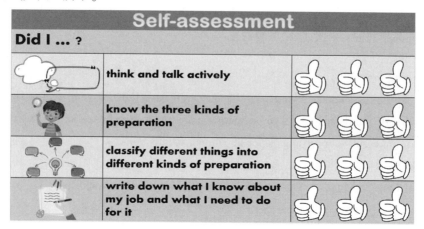

图 2　评价方式

（五）板书设计

板书设计如图 3 所示。

图 3　板书设计

五、教师反思

"大概念"视角下的教学与设计是从整体思维的视角和学科知识结构出发，引领教师的教与学生的学，从而提升学生的核心素养。本节课是教师在"大概念"视域下优化整合单元教学内容而进行的一次以读促写的尝试。

（一）搭建语言支架，促进读写结合

读写教学中的支架是教师为引导学生达成学习目标而提供的帮助，它要求教师把复杂的

学习任务分解成简单易行的步骤，根据学生实际情况提供适时、适合的帮助，并随着学生的不断进步，尝试逐步减少帮助，从而促使学生完成学习任务。在本节课中，学生通过对教材文本的学习，感知以职业为话题的单元知识和单元话题，但学生对语言知识还停留在初步感知和初步运用上，因此，教师结合教材文本内容为学生搭建了内容支架，挖空补全课文主人公的未来职业理想，以及为此所需具备的职业素质以及所需的准备。此外，为降低学生书写的难度并缩短课堂此活动的时间，教师让学生只进行口头描述。有了语言支架，教师既调动了水平稍弱的学生参与活动，又为之后的写作活动做好铺垫。

（二）解决现实问题，提升主题意义

英语课程提倡采用既强调语言学习过程又有利于提高学生学习成效的语言教学途径和方法，尽可能多地为学生创造在真实语境中运用语言的机会。在本节课中，教师结合主题及意义，创设真实情境，让学生在探讨当下谈论职业话题意义的过程中，使用本课的目标语言"A/an... should..., so I need to.... "。学生在畅想自己未来美好职业理想的同时，了解该职业需要具备的素质，懂得需要从现在开始，为未来进行准备。与此同时，学生在运用所学语言解决真实的问题时，也更加深入地理解本课的主题及其意义，真正达到学用结合。

（三）设计递进活动，助力语用能力

学生对主题意义的理解是一个不断深入、螺旋上升的过程，需要老师不断创设有助于学生学习理解、应用实践、迁移创新的学习活动，这样学生在活动中既可以加深对主题意义的理解，又可以提高综合语言运用的能力。在本节课中，教师设计了有层次、有逻辑、有内在关联的学习活动，如课外语篇的补充、探讨实现某一职业理想的途径等，学生的理解逐步深入与细化，对主题意义的探究也就更加深入。此外，将学生所学新知迁移到类似的职业情境中，使学生能举一反三、触类旁通，为最终学生书面表达自身想要成为什么样的人、这样的人需要具备什么样的素质，以及自己需要怎样努力才能实现职业理想进行铺垫，促进了其语言能力的培养和提升。

六、点评

意义引领视域下的深度学习

北京史家小学　王国玲

本课教师基于教材，围绕主题意义，通过承前启后的课堂活动、深度阅读和多功能的板书设计，既提高了学生的语用能力，又落实了育人的教育宗旨。

1. 基于教材，设计承前启后指向主题意义的课堂活动

作为本单元"Journey to the future job"主题下的第二课时，一方面，教师在对本节课的定位上，基于单元主题，做到了承上启下。在第一课时"了解职业"的基础上，教师将本节课定位为"探索实现职业愿景的途径"，指向单元主题意义，并为下一课时探讨提炼"坚

定信念"的主题意义进行铺垫。另一方面，在具体的教学活动设计中，教师很好地衔接了第一课时和第三课时的教学内容。在产出环节前的 Think and Talk 环节，教师将第一课时了解职业的活动卡片装订成了一本职业绘本册，让学生基于绘本呈现的 "A/An ... should ..." 句型结构，结合本节课所总结出来的 physical preparation, skill preparation, mental preparation, 三种途径，更有针对性地思考并讨论 "What do you need to do if you choose the job?"，无论从语言上还是结构上都提供给了学生足够的支撑。在课程的结尾，教师又以问题 "Which kind of preparation do you think is the most important one?" 引导学生进一步思考，为下一节课主题意义的探究留白。

2. 基于教材，开展由表及里提炼主题意义的深度阅读

本课将原教材中的第一课时和第三课时的会话课优化整合为一个课时。在对文本进行解读时，可以看出，教师从三个层面由表及里逐级对文本进行了解读。首先，在整体呈现文本后，教师通过问题 "What will ... be in the future?" 让学生通过听、看捕捉三位主人公的未来职业选择的信息。接着，教师让学生打开书，借助问题 "What does ... need to do to be a/an ...?" 引导学生通过阅读的方式寻找为实现梦想主人公需要做的准备。最后，教师引导学生将教材中寻找到的信息、学生根据生活经验补充的信息，以及课外阅读文本补充的信息进行提炼总结，得出实现梦想的三条途径：physical preparation, skill preparation, mental preparation。比如，Mike 想要成为一名 pilot，学生从文中通过阅读找到 "A pilot needs to be fit and strong, so he needs to exercise a lot."。同时，学生在教师的启发下，根据经验又补充了 running, weightlifting 等，教师借此启发学生思考：exercise, running, weightlifting 都是针对什么的准备，从而提炼出 physical preparation。从细节信息到总结提炼，教师通过有层次的处理，将会话文本进行了充分的挖掘，培养了学生的阅读能力和思考能力，同时清晰地呈现了主题意义。

3. 基于教材，梳理凸显主题意义的思维可视化板书

本课板书，教师从意义建构、语言支撑、逻辑关系三方面进行了设计。板书的最左侧从 Now 指向 Future，教师借此在课堂伊始便启发学生思考当下讨论未来职业的意义，"Prepare for the future" 的主题意义很自然地由此引出。紧接着，教师带领学生通过对文本的解读，将提取的信息有逻辑性地梳理于板书 "A/An ... should ..., so I need to ... ." 并提炼、呈现出三种准备途径，physical preparation, skill preparation, mental preparation。统观本课整体板书的设计，思维可视化特性显著，一方面可以通过关键信息帮助学生梳理文本内容；另一方面也可以为最后的写作产出搭建语言支架。

低碳生活　健康生活
北京版《英语》六年级下册
Unit 3 Let's live a low – carbon life
单元教学设计

北京市东城区培新小学　陈嘉熙

一、单元（主题）指导思想与理论依据

《义务教育英语课程标准（2011年版）》指出，英语学习要注重语言学习的过程，强调语言学习的实践性。核心素养的提出不仅强调关注学生语言能力的发展，还要关注学生思维品质的塑造，以及建构新概念的能力。

《普通高中英语课程标准（2017年版）》指出，英语学习不仅强调围绕主题意义探究设计和展开活动，还有对语篇意义的深度理解和语用功能的恰当表达，更加强调创设真实或接近真实情境的必要性。同时，单元整体教学要求教师依据单元内容特点、蕴含的核心思想及其相互关系对整个单元进行教学规划，具体包括单元教材以及学情分析、单元教学目标设计、单元教学过程设计，以及单元学习评价设计（王建平，2020）。

总之，"大概念"是学生完成学习后生成的新的认知结构、解决问题的思想和方法以及价值观念，是学生可以迁移到新的情境中用于解决问题的素养。"大概念"的提出强调以学科大概念为核心，使课程内容结构化，以主题为引领，使课程内容情境化（王蔷，2021）。

基于上述理念，教师在本单元教学中，以单元为整体进行教学设计，以主题意义为引领设计单元目标，以"大概念"为核心建构单元框架，以解决问题为目的设计学习过程，引导学生树立环保观念，从而实现学科育人的根本任务。

二、单元（主题）教学背景分析

（一）单元育人价值分析

本单元的话题是环境保护，主题意义是增强环保意识，落实环保行为。围绕主题意义，教师将单元任务制定为创造一个自己的环保主题日，宣传保护地球及环境。为此，教师整合、重组了整个单元架构，建构起从"What is Earth Day?"到"How do we protect the earth?"，最终到"What is your day to protect the earth?"的单元框架，帮助学生从增强环保意识到学习环保行为，最终到落实保护环境，完成单元任务，达成主题意义，实现学科教育。此外，整个单元的拓展内容围绕单元主题意义实现融合，各具体拓展环节以听、说、读、写等多种方式实现整合，使学生的语言能力、思维品质、文化意识和学习能力统一在对主题意义的积极探讨中得到发展。

（二）教学内容分析

1. What

本单元的话题是"环境保护"，由三节会话课和一节阅读课共四课时构成。其中，Lesson 9 和 Lesson 10 学习的都是保护环境、减少碳排放的做法。这两课主题意义一致，语言结构相对简单。因此，教师将这两课进行整合。Lesson 11 涉及了关爱、保护动物，主题意义在于帮助学生建立人与自然和谐共生的环保意识。Lesson 12 是阅读课，该课介绍了能源以及能源的使用，与学生思考减少碳排放的做法联系紧密，有利于丰富保护环境、减少碳排放的做法。Lesson 9 中的练习板块还涉及了世界环境日、世界动物日、世界水日、无车日等环保主题日。

2. Why

基于以上教学内容，教师确定了本单元的主题"Let's live a low – carbon life"，主题意义在于帮助学生增强环保意识，落实环保行为。围绕主题意义，教师将单元任务制定为创造一个自己的环保主题日，宣传保护地球及环境。为此，教师整合、重组了整个单元，建构起从"What is Earth Day?"到"How do we protect the earth?"，最终到"What is your day to protect the earth?"的单元框架。由此，学生从增强环保意识，到学习环保行为，到落实保护环境，完成单元任务，促单元主题意义达成、学科育人落地。

3. How

本单元以 4 月 22 日世界地球日为切入点，引导学生进入本单元的学习。Lesson 9 通过 Guoguo 和爸爸妈妈在"世界地球日"公示牌前的谈话，了解了世界地球日的日期、意义，以及保护环境的具体做法。Lesson 10 通过 Lingling 和 Yangyang 讨论家庭作业的对话，引入低碳生活的概念，学习减少碳排放、保护环境的具体做法。Lesson 11 通过 Lingling，Maomao 和 Mike 在登山途中休息的谈话，将环境保护聚焦到关爱、保护动物上，从而帮助学生建立人与自然和谐相处的共识。Lesson 12 是阅读课，通过科普类文本拓展对太阳能、动能和燃能的认识。

（三）学情分析

1. 基于前测的学情分析

【访谈调查】

①你知道世界地球日吗？还知道哪些环保主题日？

②你知道哪些保护环境的做法？能用英文表达吗？

③你知道碳排放吗？都知道哪些？

【已有知识】

学生知道 4 月 22 日世界地球日，知道世界环境日等环保主题日。有保护地球环境的意识，知道一些保护地球环境的做法。

【已有能力】

学生具备一定的理解与表达能力、建构新概念的能力，以及一定的逻辑思维能力、审辩思维能力、创新能力。

2. 学习困难及对策

【学习困难】

根据访谈调查，学生对环保知识以及环保主题日了解不多。他们知道一些环保做法，但有约80%的学生不会用英语表达；有约60%的学生不了解碳排放，不知道哪些行为会造成碳排放；更没有创造环保日的经验。

【应对策略】

①巧创单元设计。教师以单元为整体进行教学设计，以主题意义为引领设计单元目标，以大概念为核心建构单元框架，以解决问题为目的设计学习过程，引导学生在对主题的探究中建构知识和意义。

②巧设学习任务。教师通过情境、任务、活动的设计，帮助学生逐步建立人与自然和谐共生的环保意识，丰富学习减少碳排放、保护地球环境的具体做法，了解更多的环保主题日，引导学生创造自己的环保主题日。

③巧授思维方式。教师通过板书和学习单，帮助学生有逻辑地建构知识，形成概念。教师通过多种语言实践活动，帮助学生发展逻辑思维能力。教师通过单元任务，培养学生的综合语言运用能力和创新思维能力。

三、单元整体设计思路

（一）单元整体结构及说明

单元整体结构如图1所示。

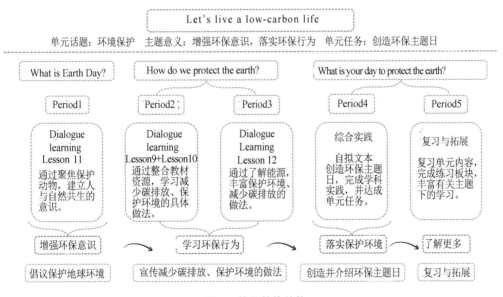

图1 单元整体结构

本单元的话题是"环境保护"，主题意义是增强环保意识，落实环保行为。围绕主题意义，教师将单元任务制定为创造一个自己的环保主题日，宣传保护地球及环境。为此，教师整合、重组了整个单元架构，建构起从"What is Earth Day?"到"How do we protect the earth?", 最终到 "What is your day to protect the earth?" 的单元框架，帮助学生从增强环保意识，到学习环保行为，最终到落实保护环境，完成单元任务，达成主题意义，实现学科育人。为此，教师在单元教学中分别设计了课时任务以及教学目标。

（二）单元教学目标设计及说明

通过本单元的学习，学生能够达成以下目标。

①运用本单元学习的主要内容，倡议珍爱地球。

②运用本单元学习的主要内容，宣传减碳、环保。

③综合运用本单元学习的内容，创造并介绍环保主题日。

④增强保护地球及环境的意识，并尝试在实际生活中落实。

通过第一课时的学习，达成单元目标①、④。通过第二、三课时的学习，达成单元目标②、④。通过第四、五课时，达成单元目标③、④。

（三）分课时说明

1. 第一课时："What is Earth Day?"

教材内容： Lesson 11 对话。

任务/目标： 倡议保护地球，增强环保意识，为学习环保行为做意义准备。

核心问题链：

①What is Earth Day and what's it for?

②What do they do to the earth?

③Why do we need to cherish the earth?

④What do we do to the earth?

⑤How can we save the earth?

以上课时是本单元的第一课时，子主题为 "What is Earth Day?"，子主题意义是建立环保意识。意识决定行为。因此，本单元的第一课时没有直接学习具体的环保做法，而是帮助学生建立人类与地球共生的意识。教材中的 Lesson 11 涉及了关爱动物。通过聚焦保护动物，建立人与自然和谐相处的共识。因此，教师将 Lesson 11 作为第一课时。本课时的安排在于帮助学生初步认识 4 月 22 日世界地球日，建构人与自然和谐共生的意义，从而增强环保意识，为学习保护地球环境进行意义准备。

2. 第二课时："How do we protect the earth? (Part 1)"

教材内容： Lesson 9 对话 + Lesson 10 对话。

任务/目标： 学习并宣传减少碳排放、保护环境的做法，成为"减碳达人"。

核心问题链：

①What's wrong with the earth?

②How do we protect the earth?

③What do they do to live a low-carbon life?

④What can you do to live a low-carbon life?

⑤Can you be a carbon reducer?

3. 第三课时："How do we protect the earth?（Part 2）"

教材内容： Lesson 12 阅读。

任务/目标： 了解能源以及能源的使用，丰富保护环境、减少碳排放的做法。

核心问题链：

①Why do people make carbon dioxide?

②What is fuel and where is it from?

③What are green energies and where are they from?

④How can we make use of the energies?

⑤Can you be a better carbon reducer?

以上课时是本单元的第二、三课时，子主题为 "How do we protect the earth?"，子主题意义是学习环保行为。基于第一课时的学习，学生已经初步了解了世界地球日，同时增强了人类需要保护地球的意识。到了第二课时，学生则了解了学习保护地球环境的具体做法。教材中的 Lesson 9 和 Lesson 10 关注的都是保护环境、减少碳排放的做法。这两课的主题意义一致，语言结构相对简单。因此，教师将这两课进行整合，作为第二课时。第三课时所讲的 Lesson12，介绍的是能源以及能源的使用，与学生思考减少碳排放的做法联系紧密，有利于丰富保护环境、减少碳排放的做法。以上课时的安排在于帮助学生了解世界地球日活动，即学习保护环境、减少碳排放的做法。

4. 第四课时："What is your day to protect the earth?"

教材内容： 自拟文本（绘本改编）。

任务/目标： 了解更多环保主题日，创造并介绍自己的环保主题日。

核心问题链：

①What do you know about Earth Day?

②What other special days do you know?

③Can you tell me more about Earth Day?

④Does everyone do what they think they should do?

⑤Can you create a special day to solve these problems?

5. 第五课时："What is your day to protect the earth?（Revision）"

教材内容： 教材练习板块 + 课外阅读资源。

任务/目标： 完成练习板块的练习，复习本单元的内容，丰富环保知识。

核心问题链：

①Can you listen and say?

②Can you read and write?

③What do you learn about protecting the earth?

④What else do you want to know about protecting the earth?

以上课时是本单元第四、五课时，子主题为 "What is your day to protect the earth?"，子

主题意义是落实保护环境。基于前三课时的学习，学生围绕世界地球日，增强了保护地球的意识，了解了碳排放，学习了保护环境、减少碳排放的诸多做法。到了学科实践课时，学生则有能力完成单元任务，创造自己的环保主题日，宣传保护地球环境。因此，教师聚焦 Lesson 9 练习板块中的 5 个环保主题日（世界地球日、世界环境日、世界动物日、世界水日及无车日），通过阅读绘本，丰富对环保主题日的再次建构。本课时的安排在于了解更多的环保主题日，创造并介绍自己的环保主题日，完成学科实践活动与单元任务。第五课时是复习拓展课，在完成学科实践活动与单元任务的同时，完成操练板块的练习，复习本单元的内容，丰富环保知识。

四、第二课时的详细设计及设计意图说明

（一）课时目标

通过本课时的学习，学生能够达成以下目标。

①通过完成学习单，获取低碳环保的做法。

②通过分类和复述，内化与阐释低碳环保做法。

③通过阅读资源，了解生活中的碳排放，丰富生活中的环保做法。

④通过宣传减少碳排放、保护环境的做法，尝试将其落实到生活中。

（二）重点、难点

①内化与阐释低碳环保做法。

②宣传减少碳排放、保护环境的做法。

（三）学习过程（学习活动及设计意图）

1. Warm – up

（1）Lead – in

T：What special day is it?

S：It's World Earth Day.

T：When is it?

S：It's April 22nd.

T：What's it for? / What does it tell?

S：It tells people to protect the earth.

T：What's the theme? Do you remember?

S：Cherish the earth.

【设计意图】

通过回顾世界地球日，导入本课时的学习。

（2）Watch a video

T：Look，what's wrong with the earth?

S1：We have more water.

S2：The weather is terrible.

S3：We have no food.

S4：We have bad health.

T：What makes it sick? Let's watch.

S：学生观看视频并回答"carbon"。

T：What do you think we can do to live a low – carbon life?

S1：We can plant trees.

S2：We can go to school on foot.

【设计意图】

通过观看视频，初步认识"碳"，引发对减碳行为的思考。

2. Presentation

（1）Get the main idea

T：What are they talking about?

S：They are talking about World Earth Day.

T：How do you know?

S：The poster is World Earth Day.

T：Look，they are different trashcans. Why do they sort trash/garbage?

S：Because they live a low – carbon life.

T：Are they talking about a low – carbon life? Let's listen.

S：They are talking about a low – carbon life.

【设计意图】

通过观察图片和完整输入，预测并检测对话大意，初步了解低碳生活。

（2）Get the details

T：What do Guoguo think what they can do? Let's listen.

S1：We can go by bus or by subway.

S2：We need more trashcans by the roadside.

S3：We can print on both sides of the paper.

T：What do you learn? Can you say?

S：（学生进行表达，内化部分语言。）

T：What do Guoguo's parents think what they can do? Let's read.

S1：We should stop using plastic bags.

S2：Don't litter in public places.

S3：Don't leave the water running when . . .

S4：Remember to turn off the TV when . . .

T：What do you learn? Can you say?

S：（学生进行表达，内化部分语言。）

【设计意图】

通过听、读对话，获取并梳理低碳环保的做法。

（3）Focus on language learning

①We should stop using plastic bags.

T：What is it?

S：It's a plastic bag.

T：What should we do?

S：We should stop using plastic bags.

T：What can we use then?

S1：We can use green bags.

S2：We can use old paper bags.

②Don't litter in public places.

T：Look, what does he do?

S：He litters in public places.

T：Cinemas are public places. What else are public places?

S1：Schools are public places.

S2：Museums are public places.

【设计意图】

通过观察图片和联系生活，理解目标语言，学习低碳环保的做法。

3. Practice

（1）Read and Retell

T：Let's read and role - play.

S：（学生朗读、表演对话。）

T：What can we do at home?

S1：At home, we can print on both sides of the paper.

S2：Don't leave the water running when...

S3：Remember to turn off the TV when...

T：What can we do in public places?

S1：In public places, we can go by bus or by subway.

S2：We need more trashcans by the roadside.

S3：We should stop using plastic bags.

S4：Don't litter in public places.

【设计意图】

通过朗读、表演、复述对话，内化语言。

（2）Classify and Say

T：What can we do to reduce the overuse?

S1：We can go by bus or by subway.

S2：We should stop using plastic bags.

T：What can we do to protect the environment?

S1：We need more trashcans by the roadside.

S2：Don't litter in public places.

T：What can we do to save the resources?

S1：We can print on both sides of the paper.

S2：Don't leave the water running when . . .

S3：Remember to turn off the TV when . . .

T：Can you tell us what we can do to live a low – carbon life?

S1：We can live a low – carbon life in many ways.

S2：We can reduce the overuse. For example,. . .

S3：We can protect the environment. For example,. . .

S4：We can save the resources. For example,. . .

【设计意图】

通过分类与表达，帮助学生有逻辑地内化并阐释所学内容，为学生宣传减少碳排放、保护环境做好准备。

（3）Read and Learn

T：What do you usually do in your daily lives?

S1：I always order takeaway food.

S2：I always ask for chopsticks.

S3：I always do online shopping.

T：Which of these do you think makes carbon? Why?

S1：I always throw away old clothes. . . .

S2：When we order takeaway food, . . .

S3：When we use throwaway things, . . .

S4：When we do online shopping, . . .

S5：When we throw away old clothes, . . .

T：What makes carbon?

S1：Making things (31%).

S2：Making electricity (27%).

S3：Farming (19%).

S4：Travelling (16%).

S5：Heating and cooling (7%).

T：Why do all of these make carbon? What do people use?

S：Fuel.

T：What can we do then? Let's read and tick.

S：（学生阅读资料，进行表达。）

T：What can we do to reduce making things?

S1：We shouldn't always order takeaway food.

S2：We shouldn't do online shopping everyday.

S3：We should buy local food.

S4：We shouldn't use throwaway things.

T：What can we do to reduce travelling?

S1：We can give old clothes to people.

S2：We can recycle papers, bottles, cans.

【设计意图】

通过阅读材料，学习更多低碳环保的做法，帮助学生进一步建构知识，为完成本课任务继续推进。

4. Production

T：Can you be a carbon reducer and tell people what they can do to protect the earth? Let's write and say.

S1：We can live a low – carbon life in many ways.

S2：We can reduce the overuse. For example, . . .

S3：We can protect the environment. For example, . . .

S4：We can save the resources. For example, . . .

S5：We can reduce travelling. For example, . . .

S6：We can reduce making things. For example, . . .

【设计意图】

通过成为"减碳达人"，宣传减少碳排放、保护地球环境，发展学生的语言表达能力以及建构新概念的能力。同时尝试将其落实到生活中。

（四）板书设计

板书设计如图 2 所示。

图 2　板书设计

五、教师反思

反观本单元的教学效果，教师围绕单元主题，以单元为整体进行教学设计。整个单元的拓展内容围绕单元主题意义实现融合，各具体拓展环节以听、说、读、写等多种方式实现整合，使学生的语言能力、思维品质、文化意识和学习能力在对主题意义的积极探讨的过程中得到发展。在教学改进方面，本单元的拓展活动可以综合考虑听、说、读、写等方面的技能和这些技能的综合运用。在设计活动中，教师关注了读和写，但是可以简化写的内容，从而更加关注学生的落实情况。在学生完成任务前，教师可以适当增加应用实践类活动，帮助学生扎实内化与运用语言。教师还可以根据不同学生的学习需求，丰富学生的语言知识和内容知识，给学生个性化指导。

六、点评

立足单元整体教学　发展学生核心素养

北京市东城区培新小学　张　颖

1. 教师具有单元整体教学的意识，适当整合教学内容

英语学习要注重语言学习的过程，强调语言学习的实践性。教师应不仅关注学生语言能力的发展，还要关注学生思维品质的塑造，以及建构新概念的能力。基于上述理念，教师以单元为整体进行教学设计，以主题意义为主线设计单元目标，以问题解决为目的设计学习过程，激发学生树立环保意识，达到学科育人的根本任务。

本单元的主题是"Let's live a low-carbon life"，主题意义在于帮助学生增强环保意识，落实环保行为。因此，教师将本单元的单元任务定为"Create a special day to protect the earth"，目的在于帮助学生将环保理念落到实际生活中。这种设计以学生的认知发展为基础，贴近学生的生活，由相互关联的小主题为每节课的教学目标，优化整合相关内容，便于教师站在整体的高度规划教与学的方式。

基于单元主题，教师对各语篇子主题进行了分析与提取。教材中的 Lesson 9 和 Lesson 10 讲述的都是保护环境的做法，这两课的主题意义一致，语言结构相对简单，因此，教师将这两课时进行整合。教师通过挖掘各语篇小主题之间、小主题与单元大主题之间的联系，整合、重组了整个单元，建构起从"What is Earth Day?"，到"How do we protect the earth?"，再到"What is your day to protect the earth?"的子主题框架。由此，学生从增强环保意识，到学习环保行为，到落实保护环境，达成单元主题意义，实现学科育人。

2. 课堂提问环环相扣，所有问题的设计指向学科核心素养

以学科核心素养为教学指向，创设连贯有逻辑性的教学情景，帮助学生将碎片化的知识进行无痕迹整合。授课中问题的设计需要有递进性，既设计基础性的问题，也有培养高阶思

维的问题。最后，教师还应通过问题链构建思维框架，帮助学生学会归纳、总结，培养逻辑思维能力。

六年级的学生已有一定的环保意识，为了让学生通过本单元的学习对环保有更深入的思考，单元一开课教师就提出了四个问题："How will the earth be different 50 years from now?""There will be（more / less）trash.""There will be（more / less）pollution.""The environment will be（better / worse）."这一系列问题引发学生思考 50 年后地球的样子，让学生带着思考进入本单元的学习。

在第二课时学习文本时，教师不仅关注学生是否收集到了文本本身的信息，还适时给出垃圾分类的英文名称"sort trash"，并让学生思考为什么要垃圾分类，引出低碳生活的概念。而后教师通过一系列的问题，带领学生一步一步反省日常行为。

T：What do you usually do in your daily lives?

T：Which of these do you think makes carbon? Why?

T：What makes carbon?

T：Why do all of these make carbon? What do people use?

T：What can we do then? What can we do to reduce making things? What can we do to reduce travelling?

这些问题引发学生更深入地思考低碳生活的内涵，带着需求阅读教师所提供的有关环保的材料，了解碳足迹对环境造成的影响。在完成本课"I am a carbon reducer"（我是环保达人）任务时，学生能从多方面来谈论环保行为，不仅能分享如何减少自己的碳足迹，还能说出为什么。

到第四课时的学习时，教师则提出了更尖锐的问题："Does everyone do what they think they should do?""Can you discuss with your partners?""Can you create a special day to solve these problems?"

我们发现，教师除了有 basic comprehension 的问题，还有 critical thinking 和 creative thinking 的问题，而每个问题的设计都直指小主题，进而为大主题服务。这样教师才能更加明确自己的教学目标，并能放手将课堂交还给学生，鼓励学生更好地阐述自己的观点、表达自己的意见及建议。此外，教师还要多给予学生鼓励性的评价，在学生掌握新知的基础上进行批判性思维的训练和创新能力的培养。

感受节日快乐　培养文化品格　落实育人价值

北京版《英语》三年级上册

Unit 7 When is Thanksgiving?

单元教学设计

北京市东城区景泰小学　田　虹

一、单元（主题）指导思想与理论依据

新修订的高中课程标准以核心素养来设置课程内容和目标，重视发展学生的学科能力，更凸显课程的育人价值。随着高中课程标准的出台，小学英语教学目标更注重培养学生的关键能力和必备品格，帮助学生树立正确的价值观及培养跨文化意识。育人价值的实现要落实在小学生英语学习过程中，落实在接触英语语言文化形成文化意识与能力、促进思维发展的过程中。

单元主题教学在培养学生核心素养方面有明显的优势，有助于达到知识技能的连贯性和整体性，有利于学生对知识技能意义的建构，综合技能运用的实践体验，以及理解和运用能力的提升。

因此，基于主题笔者进行了单元整体教学设计。在此单元节日话题下，通过框架，了解节日，并体验节日快乐，带给学生积极的情感体验。

二、单元（主题）教学背景分析

(一) 单元育人价值分析

1. 合理补充资源，实现文化育人

英语学科核心素养中的"文化品格"更关注学生对本文化和异文化的认识和比较，及跨文化的理解和交流。节日文化是了解世界文化的一个窗口，通过这个窗口，可以了解各国的风土人情、风俗习惯等。因此，借助这一桥梁能够拓宽学生的国际视野，坚定学生的文化自信。

北京版《英语》教材三年级上册 Unit 7 "When is Thanksgiving?"，以节日为主要内容，围绕中西方节日 Halloween（万圣节）、Thanksgiving（感恩节）、Christmas（圣诞节）、Chinese New Year（春节）的时间、风格、意义等展开。通过了解不同的节日活动，学生可以拓展文化视野，同时在不同形式的学习活动中理解节日文化，感受节日内涵，了解节日意义，培养民族自信。在教材提供的对话素材的基础上，教师围绕单元主题进行了多模态素材的补充，帮助学生更好地在单元主题下，借助框架，逐步完成了解节日文化、感受节日文化、传播节日文化的任务。在情境及任务中对比中西方节日，在比较中理解中西方节日文化的异同，体会节日所传递的家庭成员相互关爱的内涵。在充分学习与了解的前提下，通过比较，引导学生体验不同节日文化，感受节日内涵，树立欣赏文化、尊重文化的意识，增强学

生的文化认同感及民族自豪感，培养学生们的文化品格。以语言为载体，发挥其工具性和人文性特点的同时，真正地实现语言的交际性，有意识地培养具有国际视野及本土情怀的当代少年，逐步实现文化育人的目标。

2. 搭建话题框架，实现思维育人

思维框架能够有效地帮助学生提取信息，梳理思维脉络，培养学生的逻辑思维能力。三年级的学生更为感性，逻辑思维能力相对比较弱，会出现没有主次、顺序混乱的现象，因此在教学中，笔者在注重学生语言能力发展的同时，还注重对学生逻辑思维能力的培养。通过为学生搭建话题框架，系统整合知识，达到知识点、线、面的统一，培养学生系统全面地思考问题的习惯，帮助学生形成逻辑清晰的知识脉络，建构大概念知识体系，避免碎片化的学习。

教材中三节会话课分别从询问节日时间、对节日元素表达喜爱及提出庆祝建议等不同方面带领学生了解节日。围绕节日主题可谈论的内容十分丰富，因此在 Happy holidays 的单元主题统领下，各课时通过递进的方式帮助学生搭建语言框架，使学生能够从 date（日期）、greeting（问候）、decoration（装饰）、activities（活动）、food（食物）等不同方面了解、感受、谈论、介绍节日，培养学生按一定逻辑关系思考的能力。从学习理解，到内化巩固，再到迁移应用，在教学的各个环节中，教师逐步带领学生不断梳理框架，丰富内容及语言。整个单元教学过程中，教师基于本单元的学习内容，借助思维框架，培养学生的思维品质，发展语言能力，在单元结束的时候，学生能够通过总结、概括、对比等方式介绍节日。

（二）教学内容分析

1. What

这一单元的主要内容是描述中外节日，节日话题对学生来讲并不陌生，北京版《英语》教材在二、三、四、五年级都有所涉及。教材中单元核心内容是从节日时间、简单的节日元素及节日活动建议等方面谈论节日，三节新授课分别涉及了学生们从未接触过的 Thanksgiving、Halloween 和 Christmas，以及每年的 Chinese New Year。教材提供的学习任务是：学习如何询问 Thanksgiving，Halloween，Christmas，Chinese New Year 的节日时间，学习在圣诞节背景下对节日元素是否喜爱的表达及如何提出春节时庆祝方式的建议。复习课在巩固节日话题下，使学生了解字母 a, o, er, or 的发音规律。

整个单元围绕节日话题展开，既给学生介绍了西方的 Thanksgiving、Halloween 和 Christmas 的节日时间和特色，又带领学生深入了解了我国春节的节日活动。因此基于话题特点，笔者将单元主题定为学生易于理解并且更能够凸显单元核心内容的"Happy holidays"。整个单元教学过程，紧紧抓住愉快的节日这一主题，对教材内容及板块进行了统整、改编和补充，让学生在了解节日基本信息的前提下，丰富交流语言，拓宽学生对西方节日的了解，加深对我国春节文化认识的深度，体会全家聚在一起共同过节的快乐情感。

2. Why

语言学习是了解文化的载体，教材通过几个小朋友之间的交流，在已经学过的相关节日的名称和问候语等内容的基础上，增加了提出各种节日活动建议、表达喜爱、询问节日时间等内容。教材中本单元的核心内容围绕中西方的节日展开交流，目的是希望通过单元学习，让学生能够从不同方面了解节日文化，并感受到节日的快乐，体会家人团聚、互相关爱的情感，了解节日装扮等共性元素，同时也意识到不同节日有不同的特色活动。帮助学生养成跨文化意识，拓宽学生文化视野，培养学生文化认同感及民族自豪感，在学习中培养学生的文化品格、落实育人价值。

3. How

节日话题是学生们感兴趣的内容。纵观全套教材，在一、二、三、五年级都有关于节日的内容，而三年级是承上启下的年级，学习内容从一、二年级的简单信息，向五年级的深入学习过渡。因此在三年级上册本单元中，学生们在已经了解重要节日的名称的基础上，学习节日的日期询问及表达，学习如何对节日装饰表达喜欢并提出活动建议。在语言方面，承上启下，做好衔接；在内容方面，逐渐丰富，通过不同方面使学生了解不同节日。

学生在本单元前三课时中主要通过学习对话，学习中西节日的特色，并能进行简单区分及介绍。第一课时，通过学习 Yangyang 和 Sara 谈论中外节日的对话，了解中西方的一些重要节日，如春节、万圣节和感恩节；学习应用语言 "When is...?" "It's in... ." 能够询问回答节日的时间，了解表达万圣节、感恩节、圣诞节和中国新年的时间。第二课时学习 Mike 与小伙伴谈论圣诞树及圣诞礼物的对话，了解圣诞节的装饰，聚焦 "I like... ." "They are... ." 学生能够对节日装饰进行简单的描述并表达喜欢。第三课时，学习小伙伴邀请 Mike 来家里过春节，感受春节的节日氛围及节日活动，并运用 "Let's celebrate... ." 表达庆祝节日的喜悦及活动建议。

基于以上分析，笔者在教学过程中，设计了表演对话、拓展阅读、以读促写、实践活动等多种方式，引导学生从 date，greeting，decoration，food，activities 几方面充分了解感受西方万圣节、感恩节、圣诞节的节日氛围及特色，更加深刻地了解我国传统春节的节日内涵及意义，从而更深入地理解节日文化。

（三）学情分析

1. 基于前测的学情分析

【生活经验】

学生们对节日话题感兴趣，也具备一些简单的生活经验。基于对两个班共 65 人的课前调查，了解到大部分同学熟识圣诞、春节的元素，如圣诞树、春联等。但对于本单元涉及的万圣节、感恩节两个西方节日，知道的信息比较少，并不了解节日的具体日期、祝福语及特色活动。他们对这两个节日很感兴趣，想知道节日有什么特别，节日中小朋友会说什么、做什么、吃什么，等等。学生对我国传统的春节有切身体验，但是语言支撑不够，将生活经验转化成英语、运用到实际交际中还存在一定的困难。但他们有想让外国的小朋友了解中国节日的愿望。

【语言能力】

通过一、二年级的学习，学生掌握了春节、圣诞的节日名称，圣诞贺卡和圣诞礼物等相关词汇；能够表达新年、春节、圣诞节的简单问候，如 Happy Chinese New Year, Merry Christmas，以及表达简单的节日活动 sing and dance, watch fireworks 等，以及用 I like 表达喜欢。在本学期前面的学习过程中掌握了日期的表达，能够用英语询问并回答节日的日期。

2. 学习困难及对策等

节日内容虽然在一、二年级接触过，但多个节日融合在一起还是三年级学生第一次接触。根据三年级学生的思维特点，他们在表达时缺乏逻辑性，对某一特定节日了解及思考也并不全面。在谈论节日话题的时候，尝试让学生围绕特定节日进行不同方面的介绍，对学生从思维能力和表达能力上来说是一个挑战。

因此，有必要帮助三年级学生培养话题意识，借助框架帮助学生厘清、梳理节日话题的相关内容，了解不同节日文化。同时，补充歌曲、视频、语篇等丰富恰当的多模态学习资源，为学生进行学习内容的补充，结合教材内容，使学生在节日主题下学习更加全面化、系统化。为学生从思维及语言方面提供支撑，帮助学生从 date, greeting, decoration, food, activities 多方面进行梳理、内化、总结、比较，提高学生的语言能力，培养全面系统的逻辑思维意识及文化意识。通过不同课时逐步完成初搭框架、丰富框架、运用框架，最终，学生能够掌握谈论节日话题的框架，知道并能够从时间、活动、问候、装饰、食物等不同方面介绍节日。培养学生逻辑表达的意识，发展思维能力并帮助学生形成综合运用本单元知识进行表述的能力。

除此之外，在课前访谈中笔者还了解到学生们希望通过本单元的学习知道不同国家的同龄小朋友是怎样度过节日的；也希望通过本单元的学习，学会更多的表达方式，能够给外国的小朋友介绍中国的节日。

因此，笔者补充了适量的教学资源，寻求外教支持，录制了适合学生们语言水平的视频，由外教 Tom 带领学生了解感受西方节日文化。通过实践、体验等不同学习方式，带领学生了解感受地道的西方节日文化。同时设置向外教、外国小朋友介绍中国春节的任务，满足学生的学习需求，补充多模态阅读语篇，深入了解春节内涵及文化。借助框架了解不同节日文化，树立民族文化自信，培养文化品格，落实育人目标。

三、单元整体设计思路

（一）单元整体结构及说明

1. 单元整体结构如图 1 所示。

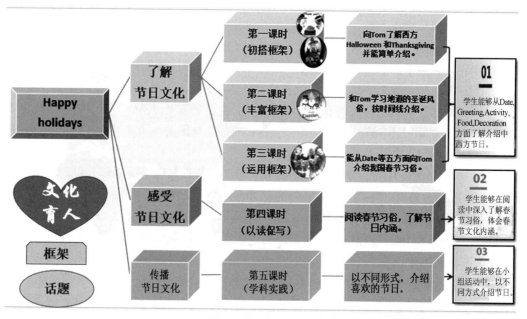

图1　单元整体结构

整个单元围绕节日话题展开，既有西方节日 Thanksgiving、Halloween 和 Christmas，又有中国传统节日春节。节日最大的特点也是共同点就是快乐愉悦的氛围。因此，笔者将单元主题确定为学生易于理解并更能凸显核心内容的 Happy holidays，遵循教学设计整体化、意义化、活动化的设计原则，笔者从节日话题、单元主题及语言学习三方面考虑，将"Happy holidays"主题分解为了解节日文化、感受节日文化、传播节日文化三个子主题，以层层递进的方式逐步推进单元教学。将三节新授课分别命名为 Interesting Halloween and Thanksgiving，Merry Christmas 和 Happy Chinese New Year，带领学生了解节日文化，体验节日快乐。

纵观本单元的五课时，在每节课中通过递进式的任务设计，以话题为背景，借助框架，发展学生思维的同时培养学生欣赏文化的意识。

（二）单元教学目标设计及说明

①学生能够初步借助框架，从 date，greeting，activity，decoration，food 五方面介绍 Thanksgiving，Halloween、Christmas，Chinese New Year。

②学生能够用"When is...?""I like... .""They are... . Let's celebrate... ."等句式问答节日时间，描述节日装饰，表达喜爱某个节日并对节日活动提出建议。

③学生能在学习、介绍节日的语境中通过听、说、读等活动理解和运用 october，november，december，january，silver，gold，ribbon，bell 等词汇，了解字母 a，o 及字母组合 er，or 在单词中的读音。

④学生能听懂、读懂单元内的三篇对话。能在小组内分角色表演对话，并尝试复述对话主要内容。

⑤学生能够在视听圣诞视频，阅读感恩节、万圣节、春节的小语篇，介绍节日等活动中，体验、感受不同节日带给人们的快乐及家人团聚所传递的情感，增强对不同文化的理解和对中华文化的认同感。

（三）分课时说明

前三课时为会话课，旨在带领学生了解节日文化。

第一课时：初搭框架。通过学习会话部分及操练掌握如何问答 Halloween 和 Thanksgiving 和其他节日的时间；基于学情，为学生补充了介绍 Halloween 和 Thanksgiving 的小视频，通过视听学习，学生了解两个西方节日中的特色活动及节日祝福语，体验节日快乐。在找一找、贴一贴、说一说的任务活动中进行节日特色内容的区分。最终能够利用框架，从 date，greeting，activities 三方面了解并尝试介绍 Halloween 与 Thanksgiving。

第二课时：丰富框架。通过学习教材会话及补充外教 Tom 介绍圣诞节的视频，学生了解在整个圣诞季不同日期的特色活动。延续第一课时框架，进行丰富，补充时间线索。了解地道圣诞文化。学生在动手装饰圣诞树、小组分享描述圣诞树的活动中体验节日愉快氛围。最终能够在节日框架中，沿时间线介绍圣诞的 activities，date，greeting。

第三课时：运用框架。学习教材会话部分，掌握如何提出节日的活动建议。教师从不同方面补充多模态阅读语篇。巩固延续前两课时的节日框架，学生能够自主地通过会话学习、分组阅读等方式从 date，greeting，decoration，food，activities 五方面梳理、总结春节文化特色内容并介绍春节。始终围绕谈论节日话题的框架展开学习，反复梳理话题框架，不断巩固与内化，培养学生按一定逻辑关系思考的能力，以及总结、概括、比较的能力。通过前三课，基础课时的学习最终达到前四个单元目标。

第四课时：以读促写，感受节日文化。基于在了解中西节日文化后，希望学生更深感受我国传统优秀文化的考虑，笔者补充了第四课时——阅读课时。在同学们所熟悉的节日框架基础上，围绕 food, decoration, activities, dates 补充我国春节文化的语篇。在阅读的基础上，以读促写，深入介绍春节节日内涵。结合学情设置给外教 Tom 和外国小朋友介绍春节的任务，帮助学生实现课前学习愿望。增强学生文化自信，培养学生爱国情怀，树立正确价值观，达成最后一个单元目标。

第五课时：传播节日文化。通过学科实践活动的方式，在小组合作中通过不同方式，如 chant, act, interview, poster 等介绍自己喜欢的节日。在汇报中学生们巩固及比较不同节日特色，增强对不同文化的理解和对中华文化的认同感，完成最后一个单元目标。

四、第二课时的详细设计及设计意图说明

（一）课时目标

①学生能够正确认读并运用单词：gold, silver, colorful, ribbon, bell。

②学生能够理解并朗读课文对话，并用 I like... /They are... /It's ... 描述自己喜欢的物品。

③学生能够了解并简单表述圣诞节的时间，以及圣诞前夕和当天的习俗。

④学生能够在感受节日快乐的同时体会关心朋友、感恩家人。

（二）重点难点

重点：

①学生能在情境中用"I like... ."" They are... /It's..."描述自己所喜好的物品，并能正确认读。

②能够了解并简单表达圣诞节的时间，以及圣诞前夕和当天人们做什么。

难点：

①会用"I like..."句式表达自己的喜好并用"They are... /It's..."主动说明原因。

②学生能够根据框架运用简单的语言向他人介绍圣诞节。

（三）学习过程（学习活动及设计意图）

1. Warm – up

（1）Sing a song

T：What's the song about?

S：It's about Christmas.

（2）Free talk

T：Can you tell me some about Christmas?

T：What do you want to know about Christmas?

S1：I know Santa.

S2：I can see Christmas tree.

S3：Christmas is in winter.

...

T：What do you want to know about Christmas?

S：When is Christmas?

T：Ok. Let's know more about Christmas. When does Christmas begin every year? Do you know?

S：...

【活动意图】

播放圣诞节歌曲视频激发学生兴趣，活跃课堂气氛。通过与学生一起谈论圣诞节，激活学生的已知，调动思维，让学生说出已知的信息，并提出自己想了解的信息。由 "When does Christmas begin?" 进入学习。

2. Presentation

（1）Watch and Learn：Watch a video

T：This is my friend，Tom. He's from England. Let him tell you something about Christmas.

T：When does Christmas begin?

S：December 1st.

T：What do they do from Dec. 1st?

S：They find Christmas tree.

T：How do they decorate the tree?

（2）Learn the first part of the dialogue

①Look at the picture.

T：Look！How beautiful the tree is！Do you like the tree?

S：Yes！

T：Why is there a Christmas tree?

S：Because Christmas in coming. It's in December.

T：Guess what they are talking?

S：They are talking Christmas. Christmas is coming.

②Play the flash.

T：Do they like the Christmas tree?

S：Yes！

T：What does Yangyang like? How about Lingling? Lingling says...

S：Yangyang likes the Christmas tree. Lingling likes the colorful balls.

S：Lingling says I like the colorful balls.

T：Can you make a new one? What will you talk about? What do you like?

③Try to make a new dialogue.

Show and Share

【活动意图】

通过视频介绍我们知道，圣诞节在 12 月 1 日就已经开始了，圣诞前夕要找到喜欢的树并装饰。从而引出对话，小伙伴们谈论圣诞树。学生们置身于圣诞的气氛中学习理解对话，明确圣诞前夕要做什么。在理解的基础上进行创编，表达对节日元素的喜欢。

（3）Say and Do

①Learn new words.

T：I like the Christmas tree. It's beautiful. Let's look what they are.

（巩固已学的单词 gold，silver，colourful。

通过实物、发音规律及以旧带新，学习 bell，ribbon. ）

S：They are colorful bells and ribbon.

②Let's decorate the tree.

T：What do they do from Dec. 1st? Do you remember?

S：They make a Christmas tree.

T：I find a tree. I like the colorful bells. They are gold silver and pink. I put them here.

（教师演示如何装饰圣诞树。）

T：You can decorate your tree in your group. You have a tree on the paper. There are many colorful balls，bells and ribbon in the box. You can paste what you like on the tree and say as you do.

Show and Share.

S1：I like the pink ball. I put it here.

S2：I like the silver bell. I put it here.

S3：I like the golden star. I put it on the top of the tree.

S4：I like the gifts. I put it under the tree.

T：Is their tree beautiful? Do you like it? What do you like?

S：I like the star.

T：So do I. It's shining.

【活动意图】

在了解圣诞前的风俗后，我们也来做一做。在装扮圣诞树的真实语境中学习词汇，表达喜欢（I like...）的同时增加"I put... here"，丰富学生语言。学生通过小组合作，展示装扮的圣诞树，在感受节日快乐的同时，进行交流。

3. Practice：Learn more about Christmas Eve & Christmas Day

（1）Watch and Answer

观看视频二，了解 Christmas Eve 及 Christmas Day 当天的活动。

T：What do they do after decorating the trees? Do you know?

S：Maybe they will have a dinner.

T：Good guess. Tom will introduce what they do on Christmas Eve. Let's watch.

T：What do they do on Christmas Eve，December 24th ?

S：They put gifts under the Christmas tree.

T：（出示图片一）What's the date ? Why?

S：It's December 24th. They put the gifts under the Christmas tree.

T：Can they open the gifts?

S：Yes/No... .

T：Let Tom tell you something.

（播放视频三）

T：When do they open gifts?

S：On Dec. 25th they open the gifts.

T：What else do they do?

S：They have a big dinner.

（2）Read and Answer

自学 second part of the dialogue.

T：（出示图片二）What's the date? Why?

S：It's December 25th，they open the gifts.

T：What are their gifts?

S：Maybe...

T：Open books page 52. What are their gifts?

Read and act.

【活动意图】

跟随 Tom 的介绍，学生逐步明确在圣诞前夜和圣诞夜当天分别做什么。根据所了解到的信息，学生分析判断图片一发生在什么时间，及时检验学生的理解程度并及时调整教学进度。图片二采取学生自读提取信息的方式学习，锻炼学生自主学习能力。通过不同学习方式，学习对话，加深对节日活动及对话内容的理解。

4. Production：Talk and Introduce

回顾、巩固圣诞节期间人们的活动。

（1）Focus on the date

T：When does Christmas begin every year?

S：From Dec. 1st.

T：When is the Christmas Eve?

S：It's Dec. 24th.

T：After Christmas Eve，it is...?

S：It's Dec. 25th.

（2）Focus on the activities

T：What do they do on the special days? What do they do from Dec. 1st?

S：They look for a tree and begin to decorate it.

T：What do they do on Christmas Eve，Dec. 24th?

S：They put the gifts under the tree and put chocolates in the socks.

T：When it comes to December 25th，what do they do?

S：They open the gifts and get together to have a big dinner.

T：Good job! Can you try to talk and review what they do on special days?

（3）Summary

T：Talk by yourselves.

T：Practice with friends.

T：Show in the class

S：They make a Christmas tree on Dec. 1st. They put gifts under the tree and put chocolates in the socks on Dec. 24th. And they open gifts on Dec. 25th , after that they have a big dinner.

T：Do you like Christmas？Why？

S1：I like it. It's a happy holiday. People get gifts.

S2：I like it because family love each other and get together.

S3：I think it's an interesting holiday. They do many things.

【活动意图】

通过 Tom 的介绍，结合旧知及今天所学，引导学生梳理并表达圣诞时间是什么时候、人们说什么、圣诞前和当天分别做什么。结合板书进行复述，以及小组内合作介绍，聊聊学生对圣诞的看法，理解这是一个表达爱的节日。

（四）板书设计

板书设计如图 2 所示。

图2　板书设计

五、教师反思

教师首先整合教材内容，贯穿时间主线。结合圣诞不同日期的特色活动将教材板块进行拆分及调整顺序。遵循圣诞节的时间线，学习并体验不同日期人们的活动。感受节日快乐，了解地道的节日文化。合理补充资源，穿插在教学活动中，使学生以教材为基础，开阔视野，了解更加地道的圣诞节日文化。而本课也有一些需要改进的地方，如在利用外教视频学习相关知识后，笔者可以根据学生课堂上的反馈及兴趣随时调整播放的次数。学生对视频资源感兴趣，更应充分地将每段视频加以利用，尽可能多地扩充学生知识面。

回归到整个单元，笔者也有几点反思。

①通过本单元主题教学，借助话题框架，如节日 date、greeting、decoration、activities、food 不同方面的内容，学生们对节日由开始的只言片语、碎片化的信息到习得掌握了谈论节

日话题的方法、思考问题的步骤，以及欣赏比较中西方不同的节日文化，达到了教学目的，提高了学生语言、思维能力，同时培养了文化品格，实现了育人目标。

②通过带领学生了解、感受、传播节日文化，层层深入，通过多样化、有设计的活动，在欣赏西方文化的同时更加强我国传统文化的宣扬，培养学生正确的价值观，努力培养具有国际视野、中国情怀和跨文化沟通能力的人才。

本单元在设计实施过程中也有需要改进思考的地方。如课前调查中学生表达有想了解外国节日及向外国小朋友介绍我国节日的愿望。通过单元学习，他们已经了解了国外的万圣节、感恩节、圣诞节，同时也深入掌握了我国春节的风俗。而如何更加有意义、真实地满足他们向外国朋友介绍、传播中国传统文化的愿望，有待进一步思考。笔者设想，我校邻近天坛公园，有丰富的人文资源，在允许的条件下，教学活动可以设计得更加开放，设计实践性的活动，鼓励学生们走出去，真正地与外国人交流，借本主题谈论中西方节日，传播我国节日文化。

六、点评

整体设计　阶段推进　助力学生文化意识的形成
北京市东城区景泰小学　乔　媛

以单元为单位进行整体教学设计能够帮助学生整体感知、理解单元主题，在意义引领下将知识与技能的发展融入语境和语用之中，实现学生语言知识的内化和语言能力的形成，促进学生语言学习和语言运用能力的发展，从而提升学生的学习能力和思维能力。田虹老师基于主题意义，对北京版小学《英语》三年级上册第七单元进行了整体设计，收到了较好的效果。

1. 分析文本，确定单元教学主线

研读教材，教师首先将零散的信息和新知识之间建立联系，形成基于主题的教学主线，指向学科结构化大概念的形成。本单元教材通过几个小朋友之间的交流，在已经学过的相关节日名称和问候语等内容的基础上，增加了提出各种节日活动建议，表达喜爱、询问节日时间等内容。但是交流内容不是很深入，有些信息不够丰富，不能为学生的交流提供必要的支持。因此，教师在梳理单元核心内容内在逻辑的基础上，确定了以"Happy holiday"为本单元的教学主线，并且根据学情对教学内容进行了调整和补充。从单元教学设计整体性、连贯性的角度出发，围绕主线，从找一找、说一说，到按照一定的顺序介绍圣诞节、春节，再到用不同的方式介绍自己喜欢的节日，由浅入深、层层递进、逐层深入。

2. 整体架构，制定单元教学目标

教师在制定单元教学目标的时候，注重体现单元教学内容、方法、过程的整体性。从语言运用能力的维度梳理和描述单元内容，在创设语境的同时，落实达成目标的过程与方法，关注情感态度、价值维度的目标，形成单元教学目标，做到单元显性目标和隐性目标的统一，从而实现学科的育人价值。单元教学目标的制定是单元整体任务的描述，而五个课时的目标是单元任务的分解，体现了单元与课时之间、课时与课时之间的协调统一与逻辑联系。

在单元整体目标的统领下，每一课时的框架逐渐丰富、完善。通过教师为学生搭建的"脚手架"，帮助学生逐步完成能听懂相关节假日的对话，能与他人交流节假日中的典型文化符号，能从不同维度介绍节假日的目标，凸显学生语言理解和运用能力的逐步提升。

3. 基于单元，设计重点学习活动

教师在单元框架结构的帮助下，整体设计、安排教学环节，在注重创设主题化语境的同时，又关注了每节课明确、具体的学习活动的支撑。教师在设计教学活动的时候充分考虑到了语言内容的综合与关联、语言的真实与适切，增强了语言学习的现实意义。教师从请外教给学生们介绍西方节日，到学生给外教介绍中国的春节，再到学生小组合作选择喜欢的方式给大家介绍一个喜欢的节日，活动呈现情景化、序列化的特点。单元内的活动设计关注语言学习从输入、内化到输出的逻辑性，以及学生语言能力从学习理解、应用实践到迁移创新的发展逻辑，将知识学习与语言技能的发展融入主题、语境、语用之中，凸显感知节日文化学习的内在价值。

4. 依托任务，开展学习效果评价

教师在教学过程中有清晰的评价意识，依据单元学习目标整体设计了评价方案和评价工具，可以反映学生学习活动和学习结果的评价标准、评价方式等。评价内容与方式符合学生的年龄特点、学习习惯和学业结果。教师依据教学目标，组织和引导学生完成多种评价活动，以此监控学生的学习过程，检测教与学的效果。每一个活动的设计，教师都给出了明确的评价标准，这既是活动检测的抓手，又是学生练习、准备的目标，教师和学生都能够做到心中有数，充分体现了以评促学、以评促教的目标。

回顾小学生活　畅想中学生活

北京版《英语》六年级下册

Unit 5 We are going to high school

单元教学设计

北京市东城区东交民巷小学　　　汪文琪

北京市东直门中学附属雍和宫小学　肖晨阳

一、单元（主题）指导思想与理论依据

《普通高中英语课程标准（2017 年版）》指出，英语教学要关注主题意义，制定指向核心素养的单元整体教学目标。课标中还首次使用了"大概念"一词，强调以学科大概念为核心，使课程内容结构化，以主题为引领，使课程内容情境化。"大概念"的提出为解决教学设计缺乏纲领性统领、内容碎片化、过程表面化和评价形式化等问题提供了重要思路和解决方案。

《义务教育英语课程标准（2011 年版）》提出要针对一个单元整体组织教学内容、整体设计教学方法、整体安排教学时间、整体设计形成性评价。单元整体教学有利于实现多样化教学方式的统一；有利于整合时间资源，使有限的课时产生乘法的效益；有利于学生合理认知组块的建构，促进知识的记忆、保持和提取，以及促进学生综合语言运用能力的发展；有利于提高教师处理教材的能力和课堂教学效益（杜娟，2006）。

基于以上指导思想，在英语教学中，教师应积极推动教学设计以"大概念"为统领，立足单元整体，关注主题意义，促进英语课程由聚焦语言知识点转向关注语言所承载的文化内容，由碎片化学习转向整合关联的结构化学习，提升学生的思维品质，确保英语学科核心素养目标落地课堂。

单元是承载主题意义的基本单位，因此，单元教学目标要以发展英语学科核心素养为宗旨，围绕主题语境整体设计学习活动。本单元的教学话题为"毕业"，教师通过对各课时话题的整合，以"回顾过去，展望未来"的主题意义为主线，设计具有综合性、关联性和实践性特点的英语学习活动，使学生通过学习理解、应用实践、迁移创新等一系列融语言、文化、思维为一体的活动，提高英语学习能力和运用能力，培养思维能力。同时，挖掘学科育人价值，使学生感受个人成长的变化，领悟毕业主题课程的意义。

二、单元（主题）教学背景分析

（一）单元育人价值分析

本单元是北京版《英语》六年级下册第 5 单元，单元话题是"毕业"，学生对这一话题有一定的期待。

教师通过意义操练，旨在让学生体会小学六年的成长历程和变化，畅想美好的中学生

活，体验毕业典礼，感受毕业情怀，成为一名有教养（回忆小学生活，感恩过去）、有志趣（畅想中学美好生活）、有情怀（抒发不舍和感恩之情）的小学生，关注学生的成长发展和课程的实践意义，做到学科育人。

同时，培养学生良好的思维品质，在学习中培养学生团结互助和自主探究的精神，从而提高学生的英语学科素养。

（二）教学内容分析

1. What

本单元内容选自北京版《英语》六年级下册第 5 单元，以毕业为话题，分别围绕 Lesson 17 毕业典礼彩排、Lesson 18 浏览中学网站、Lesson 19 参观中学校园和 Lesson 20 毕业演讲四个话题内容展开。具体每课时内容如下。

①Lesson 17：Graduation Ceremony。"回顾小学时光，感恩师生情谊"，在准备毕业典礼过程中，回顾和介绍自己的小学生活。

②Lesson 18：Features of High School。"了解中学信息"，谈论即将走进的中学生活，了解不同的中学生活，同时设想自己的理想学校。

③Lesson 19：Location of High School。"了解中学信息"，远观中学校园，谈论中学的位置、校园设施等。

④Lesson 20：Farewell Speech。"回顾小学时光，感恩师生情谊"，谈论此时此刻的感受，表达对老师和同学的不舍与感激之情。

基于主题意义，教师对单元内容进行了梳理与调整，同时补充了基于学生生活实际的阅读材料，开展学习活动。

2. Why

教师对本单元学习内容进行合理的分析与整合，提升本单元学习的系统性与综合性。将语言与内容融合起来，围绕毕业主题，基于内容进行语言学习，教师为学生创造出较为真实的语言学习与运用环境，培养学生语言的实际运用能力。

3. How

本单元复现的知识点有数量的表达、时间的表达、一般过去时和一般将来时的使用、安慰别人的语句、方位的表述、问路指路、体育及课外活动、表达喜爱和偏好等。学生能够在日常生活的具体情境中能就某事的时间进行交流，能就某个城市的方位进行简单的询问和讨论，能简单描述校园设施的特点，能介绍中美学生喜爱的体育活动，能用不同的方式问路并进行相应的回答，能表达自己的喜爱偏好等。教师通过呈现多种贴近生活的情境，使学生在情境中理解和运用本单元目标语言。

（三）学情分析

1. 基于前测的学情分析

本单元授课对象为我校六年级（2）班的 36 名学生，该班学生思维活跃，语言表达能力较强。从整体上看，经过五年的英语学习，学生已具备一定的语言基础，同时对事物有一定的评判能力。

为了了解学生学习的真正需求，在本单元开展前，教师结合学生即将毕业的事实进行了学情调研，了解学生学习的需求与困惑。学生即将毕业升入中学，对于毕业这一话题以及自己未来的中学都心存期待，在进行课前调研时，教师通过访谈的方式了解到，大部分学生充满积极性，他们希望更多地了解未来中学的相关信息。因此，教师设计符合学生身心特征的主题学习活动，创设服务于学生的课堂。

2. 学习困难及对策

本单元将回顾六年的小学生活、展望未来中学的内容，在理解的基础上综合运用语言进行表达和交流，这对于六年级的学生而言，还是有一定的挑战。同时，该班学生在英语学习中也存在两极分化的现象，个别学生不能自主开口表达，需要老师的引导与同学的帮助。

因此，教师通过意义操练，帮助学生理解和掌握所学语言；通过设计层层深入的问题，启发学生思考；通过为学生补充丰富的教学资源，开阔学生的视野，为口语表达积累素材；通过布置分层任务，借助小组合作体验等方式，培养学生合作学习与探究能力；通过为学生提供语言表达的支架，并将其呈现在教学课件中，促进学生自主表达；通过教师示范、学生示范等多种形式，鼓励每一名学生都参与到课堂中来。

三、单元整体设计思路

（一）单元整体结构及说明

本单元以"大概念"为视角分析教学内容、确定单元、围绕"大概念"系统规划进阶式教学目标、确定单元教学结构，力图为学生提供将知识转化为能力的重要途径。教师通过主线贯穿，对单元话题进行解读和再构，确定单元主题，并设计出具有课时特色的分课时子主题，使整个单元各课时在单元主题的引领下，又呈现各自的个性。教师创设了多元化的语境，让学生置身真实的语言环境中，开展真实对话。单元整体结构如图 1 所示。

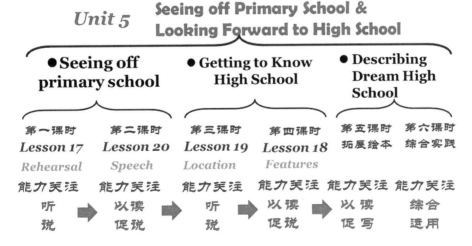

图1 单元整体结构

通过对单元主题内容的梳理、概括、整合，教师基于主题意义"Seeing off Primary School & Looking Forward to High School"回顾小学生活，感恩过去；畅想中学生活，展望未来，从 graduation & new school life 这一角度，以回顾、珍惜、了解、展望为主线，将课时内容进行了重新编排，确定了 Seeing off Primary School，Getting to Know High School 以及 Describing Dream High School 三个子主题，同时补充了绘本阅读材料"My High School Life"，结合综合实践活动，开展本单元主题学习活动。学生通过对本单元内容的递进性学习，能够逐步感受并体会毕业的深刻含义，最终能够综合运用语言，表达对过去小学生活的感恩与不舍，以及对未来中学的向往与憧憬，并为实现梦想而付诸努力。

（二）单元教学目标设计及说明

通过本单元学习，学生能够达成以下目标。

①理解、朗读并尝试复述课文对话内容。

②在讨论即将毕业的情境中，回顾自己六年小学生活，制作感恩卡片。

③通过网络调查、实地考察等方式介绍描述未来中学的位置、校园设施等，绘制理想的中学海报。

④在毕业典礼上的演讲，了解英文毕业演讲的格式，并模仿完成自己的演讲。

⑤设计一场毕业典礼活动，理解毕业的内涵，表达不舍和感恩之情，满怀信心地步入中学。

（三）分课时说明

本单元以毕业为话题，三段对话分别围绕准备毕业典礼、浏览中学网站、参观中学校园三个场景展开。这是一个承上启下的单元——架构小学与初中生活的桥梁，在这个单元中，既包含了回顾、珍惜小学时光的内容，同时还了解与展望了初中的生活。Lesson 17 关于 Ceremony 的预演中，最后有一句"I will say some words of thanks to the teachers."可以引出 Lesson 20 的毕业演讲，因此将 Lesson 20 排在 Lesson 17 之后。Lesson 19 是对学校的实地考察，更偏重于"Location"，而 Lesson 18 则更加侧重于了解实地考察无法了解到的信息，所以才要通过浏览网站和补充相关阅读来实现。基于此，将本单元主题确定为"Seeing off Primary School &Looking Forward to High School"，下设三个子主题，并调整了教材原有的课时安排。

本单元子主题 1 为 Seeing off Primary School，下设了 Lesson 17（Rehearsal）与 Lesson 20（Speech），关注学生英语听说技能的培养，以读促说。

本单元子主题 2 为 Getting to Know High School，下设了 Lesson 19（Location）和 Lesson 18（Features），关注学生英语听、说技能的培养，以读促说。

本单元子主题 3 为 Describing Dream High School，下设了拓展课时绘本阅读（"My High School Life"）和综合实践课时，以读促写，综合运用。

四、第四课时的详细设计及设计意图说明

本节课对话以 Sara 和 Yangyang 浏览中学的网站、谈论未来中学为背景，为学生复现了谈论一个城市的地理位置、上学方式、校园设施、喜爱的体育运动和课余活动等方面的内容，让学生了解未来的中学生活的同时，结合个人实际喜好，设想自己理想的学校。

本节课有四个学习板块：Listen and Say；Listen，Link and Circle；Read and Write；Let's do。其中，Listen，Link and Circle 板块以复习城市方位为目的，与本课时主题关联度不高，因此调至其他课时处理；Read and Write 板块结合课文内容的补充视频加以丰富，在本课时侧重于内容的综合梳理与口语表达；Let's do 板块结合本课学习目标，由制作 graduation scrapbook 调整为设计自己的理想中学海报，并进行展示交流。

在本节课程中，教师依据学生的认知特点，有意识、有步骤地指导学生开展了"听力理解，抓取关键信息""小组讨论""听读练习，巩固新知""自主阅读、提取信息""表演练习，运用新知"等学习活动，学生能够在循序渐进的学习过程中，基于教师创设的各种有利于学习的语言实践活动，理解、掌握并初步运用本课所学语言，谈论自己梦想中的中学，使学生的英语学习能力得到发展。

（一）课时目标

本课结束时，学生能够达到以下目标。

①听懂、会说、会使用本课中出现的 gym，website，club 等词汇；理解、朗读，并尝试复述课文对话内容。

②提取 Sara 的中学校园详细信息，并运用思维导图，从地理位置、校园特色、体育活动、俱乐部等不同的方面介绍 Sara 的中学的基本情况。

③通过小组活动，自主阅读、梳理、讨论身边有代表性的中学校园特色，并使用 It's in the... of...，It is...，It's famous for... /The popular sports are... 等语句描述中学校园信息。

④通过小组合作，表达对理想中学的畅想，树立为自己理想的中学而努力，初步进行自己人生规划的意识。

（二）重点难点

重点：

①使学生听懂、会说、会使用本课中出现的 gym，website，club 等词汇；理解朗读，并尝试复述课文对话内容。

②学生提取 Sara 的中学校园详细信息，并运用思维导图，从地理位置、校园特色、体育活动、俱乐部等不同的方面介绍 Sara 的中学的基本情况。

③使学生通过小组活动，自主阅读、梳理、讨论身边有代表性的中学校园特色，并使用 It's in the ... of ...，It is ...，It's famous for... / The popular sports are ... 等语句描述中学校园信息。

难点：

综合运用所学语言就理想中学进行交流。

（三）学习过程（学习活动及设计意图）

第四课时 Lesson 18 教学流程如表 1 所示。

表 1　第四课时 Lesson 18 教学流程

流程	具体活动
课前热身 呈现主题	活动一：Free Talk，呈现中学校园话题 活动二：观看教师自制的中学视频，直观了解中学生活
情境体验 获取信息	活动一：观察图片，提取情境信息，呈现中学校园情境 活动二：听取课文大意，梳理 Sara 中学校园信息各部分内容，呈现板书框架 活动三：听取课文细节，梳理 Sara 校园细节信息
内化语言 回顾课文	活动一：跟读课文，纠正发音，为呈现语言输出进行铺垫 活动二：观看课文补充视频，延伸课文内容，学生全面了解 Sara 的未来中学，丰富描述中学的维度 活动三：丰富板书思维导图，介绍 Sara 中学校园信息，为描述校园进行语言准备
联系生活 扩展阅读	活动一：阅读补充语篇，结合实际，分组阅读描述身边具有代表性中学校园的语篇（二中、工美附中、21 世纪国际学校），提取信息，组内讨论交流 活动二：组际间分享各组中学信息，综合运用语言，增加对各所中学的了解
小组探究 自主实践	活动：小组畅想自己理想的中学，进行口语表达，交流汇报，学生互评
课后延伸 作业布置	作业一：上网搜索自己向往中学的信息 作业二：绘制自己未来中学海报并分享交流

第四课时 Lesson 18 具体学习过程如下。

1. Warm up

（1）Free Talk about high school

T：This September，You are going to high school. Have you ever imagined your high school life？ What will high school life be like？

S：High school has more subjects/ big playground…

T：How do you know it？

S：I know it from my friends/ the internet…

S：I went to × × × School before.

【设计意图】

感知话题，激活思维，导入新课学习。由于本节课的主题是中学生活，结合学生的实际生活，使语言的运用真实自然，体现了语言的交际功能。

（2）Watch a video and know about high school

T：What will high school life be like? Do you want to have a look?

【设计意图】

通过观看教师自制的中学生活视频，让学生更为直观地感受并迅速了解中学生活，为本课的学习做好铺垫。

2. Presentation

（1）Talk about the key picture

T：Look! Our friends are also talking about high school. Who are they? Sara will go back to America and study in American high school.

T：What do you see about Sara's high school?

T：What do you know from the picture?

Ss：The playground is big. They have basketball clubs.

T：Yangyang and Sara are also searching information of high school. Where do they get the information? / What's her way of getting information?

S：She gets information on line.

T：Yes. That means they can search information on the school website.

【设计意图】

读图是学生必备的一项技能，通过观察主题图，从主题图获取信息，来引入主题课文，培养学生认真观察图片，并从图片中获取信息和自主表达的能力。学生对课文内容进行预测，为新内容的学习做好铺垫，同时激发学生的学习欲望。

（2）Listen for the general information

T：From the picture, you see these information. Are they correct? What else are they also talking about? Let's listen.

Ss：listen to the dialogue and check.

【设计意图】

动画呈现，整体感知，获取大意。整体听对话，记录重点信息，发展学生听的能力，通过听取大意，培养学生整体理解的能力，说出对话中都谈论了 Sara's high school 的哪些方面，分层发展听的策略。

（3）Listen for the specific information

T：Let's find more information about it.

Questions：

a. Where is Sara's high school?

b. How will Sara go to school?

c. What's special about her school?

d. What are the popular games?

e. What's Sara's school famous for?

随着答案讲解细节：California，in the west of，walk to school，gym（图片），并梳理出思维导图中的 Location/ Facilities/ Transportation/ Clubs/ Sports 等信息。

【设计意图】

借助学习单，学生通过有目的地听录音，获取细节信息。培养学生听力理解的能力，学习、理解、体验课文内容，从而内化知识。教师形成思维导图，帮助学生梳理知识，将文本信息和知识点进行归纳和发散，以此促进学生思维能力的提升，为后面的语言运用做好铺垫。问题链的设置，能有效帮助学生梳理文本细节信息，关注课文焦点，培养学生的思维能力。学习单如图2所示。

Sara's high school			
Location	California, in the _____ of the U.S.A.		
Transportation	not _____, _____ to school		
Facilities（设施）	□a large playground □a small playground	□a large gym □a small gym	□a big classroom building □a small classroom building
Sports	_____ and _____		
Famous for	_____ club		

图2 学习单

3. Practice

回顾课文，内化语言；补充视频，丰富内容。

（1）Listen and Repeat/Read in roles

【设计意图】

操练课文对话，并进行小组合作，以自己组喜欢的方式进行对话输出，以此达到正确认读课文对话的目标。

（2）Watch a video and more about Sara's high school & Describe Sara's high school

T：Can you describe Sara's high school?

S：Describe Sara's high school with the mind map. Sara's high school is in... . She will... to school because it's not... ... and... are both... , but ... is... ... and... are very popular. Sara's school is famous for its... . Her high school is a... school. The fees are ... . It has ... courses. The teachers... .

【设计意图】

通过补充视频，延伸课文内容，学生全面了解 Sara 的未来中学，丰富描述中学的维度；师生一起完善、丰富板书思维导图，帮助学生全面复述 Sara 校园主要信息搭设框架。通过教师示范、学生小组合作，利用思维导图输出语言，培养学生对所学语言的综合运用能力。

（3）Group work：Read the passages and know about the high schools near us

T：Do you want to know about the high schools around us?

　　教师分别为学生补充身边有代表性的公立学校、特色学校、国际学校，如图 3 所示，以及其中三所学校的英文简介和学习单，如图 4 所示。学生分组阅读，了解特色中学，提取信息，完成学习单，组内讨论。

（a）　　　　　　（b）　　　　　　（c）

图 3　不同学校

（a）公立学校；（b）私立学校（c）国际学校

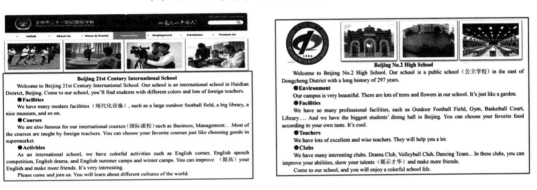

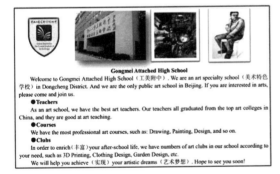

图 4　学校英文简介（部分）及学习单

【设计意图】

　　结合学生生活实际，教师补充描述中学校园的语篇（二中、工美附中、21 世纪国际学校），学生分组阅读提取信息，组内讨论交流，操练语言，发展学生阅读的能力并以读促说。

（4）Share your information with other groups

【设计意图】

　　各组分享中学信息，增加对各所中学的了解，进一步综合运用语言。

4. Production

（1） Group work – Talk about your dream high school

学生根据图5所示的内容进行交流，确定理想中学的面貌。

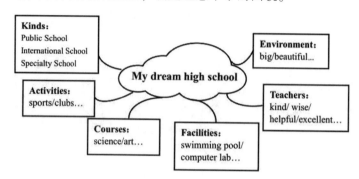

图5 我的"理想中学"架构

T：We have known so much about the high schools. What's your dream high school like? Please talk about your dream high school.

S：Let me tell you about my dream high school. I hope it is a … school. It's very… . The school has… . I hope there is/are… in my dream school because… . After class, I can… . I will … and make my dream come true.

（2） Make evaluation

学生在组内进行互评，加强生生交流。

【设计意图】

基于本课话题是谈论学生的"My dream high school"，在拓展环节，搭建真实交流的平台，运用本课思维导图的框架提示，让学生结合自己的个人喜好，规划未来，畅想并介绍自己未来梦想的中学，以此达到学生真正能学以致用的目的。

5. Summary

T：Now，Let's see. What's so special about high schools around us？ The high school life is so wonderful. Hope everyone can enjoy your high school life.

【设计意图】

呼应主题，总结本课所学，憧憬中学校园生活，树立学生为自己理想的中学而努力、初步规划自己人生的意识。

6. Homework

①Try to find more information about your dream high school from the website.

②Make a poster to introduce your dream high school.

【设计意图】

课后进行延伸，基于学生已有经验，深入介绍校园特色。通过自己查找资料、制作poster，并根据做的poster进行介绍，锻炼了学生语言运用的能力。

（四）板书设计

板书设计如图 6 所示。

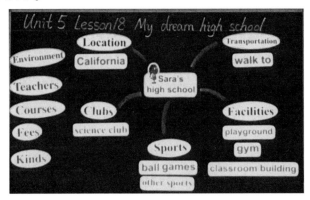

图 6　板书设计

五、教师反思

（一）围绕"大概念"组织教学，提升学生核心素养

单元教学设计始于"大概念"的确定。教师从单元具体内容出发，分析和挖掘具体内容背后的"大概念"，并以"大概念"为视角来梳理相关内容，结合具体内容特点和学生的实际情况，对知识进行整合，形成有意义关联的结构化的知识整体。由碎片化学习转向整合关联的结构化学习，确保英语学科核心素养目标落地课堂。教师厘清本单元内容之间的联系，单元话题围绕毕业展开，在"Seeing off primary school &Looking forward to high school"这一主题下，架构小学与初中生活的桥梁，既回顾了小学的时光，又了解与展望了初中的生活，旨在帮助学生真实、客观地了解和思考毕业的意义，能够以积极和阳光的心态规划未来的学习和生活，成就更好的自己，提升学生核心素养。

（二）以目标为导向，分层设计学习活动

新课程改革强调以学生的发展为中心，即以"学"为中心，这个"学"，不仅指学生，也指以学生为主体的学习活动。出发点就是围绕关注学生的学习活动，真正把时间还给学生，以活动促学生发展，让学生在学习中做自己的主人。本节课教师通过基础性任务、实践性任务、拓展性任务三种层层递进的任务驱动，为学生搭设台阶，达成教学目标。在本课教学中，教师将所有学习教学活动设计成不同的任务，让学生在任务驱动下自然地参与课堂学习。如在对话学习中，教师让学生通过学习单上的任务，抓取关键信息，理解对话内容；在语言操练中，通过补充文本，激发学生主动参与讨论；在 production 环节，通过思维导图促进学生与同伴交流，迅速完成任务。听说读写各有渗透又各有侧重，教学设计环环相扣，最终促使目标达成，发展学生自主学习能力与独立思维能力。

（三）丰富课程资源，促进学生深度学习

立足单元主题意义，丰富课程资源，拓展学习渠道，促进学生深度学习。本节课教师利

用了多种教学资源，如教材资源、视频资源、图片资源等，同时教师还适时补充了学生身边中学的相关信息阅读文本，以使教学内容更加符合学生的需要和贴近学生的实际生活，真正让教材内容与现实生活联系起来，调动学生的生活经验与认知，以此激发学生的学习动机，引导学生从多角度去观察、体验，充分发挥了课程资源的教育功能，从而有效地提高了课程的时效性。教师还高效利用学习任务单这一学习资源，并将学习任务单贯穿于整个课堂学习的始终，以任务为抓手，用活动促评价，促使学生更加关注学习内容，促进学生深度学习。

六、点评

立足单元主题意义　运用支架辅助学生深度学习

北京市东城区教育科学研究院　江　萍

教师基于"大概念"的结构性，设计了本单元的框架和目标，在单元主题、任务和文本的带动下分课时推进和实施。在单元主题"回顾小学生活，感恩过去；畅想中学生活，展望未来"的基础上，基于学生已知，创设真实情景，整合碎片信息，依托补充的阅读文本，运用任务驱动，设计循序渐进的语言实践活动，以第四课时展开了探究，引领学生在畅想中学生活的主题中实现对知识的理解和对主题意义的探究，在语言和思维有机结合的课堂中体验、理解和运用语言，从而促进学生英语学科核心素养的发展。教学设计的特色和亮点如下。

1. 听说结合，关注学习策略的培养

文本学习过程基于"大概念"，通过整体语境创设、预测听力，到基于教师自制的阅读文本，最后到基于真实情景的语用输出，充分体现了听说结合的教学思路，让听力服务于口语表达的任务顺利完成。

语言表达作为输出性语言能力，遵循着从准确表达、连贯表达到多样表达的发展层次。教师在教学中关注对学生学习策略的培养，有意识地引导学生学习并使用不同的学习策略，为形成适合自己的学习方法和可持续性学习打下基础。在听力活动中，教师借助图片、视频、提问等方式帮助学生聚焦并理解生词，利用问题引领学生获取信息和记录信息，并结合自己的生活经验表达自己的观点，达到以听促说、学以致用的目的。

2. 搭建支架，关注学生的实际获得

为了帮助学生实现"对于自己理想的中学生活"的自主表达，教师为学生提供了三种不同类型学校（公立学校、特色学校、国际学校）的简介，三种学校各有侧重，目的是想帮助学生从校园环境、硬件设施、课程设置、师资力量、特色社团等方面来进行表述，凸显不同的办学特色，从而更加有效地促进学生能够客观地选择与规划"理想的中学生活"，助力语言输出。整合了新旧知识的文本材料，既复现了旧知，也与真正的中学校园生活相符，遵循语言的学习规律，体现学习内容生活化的特征，促成学生对主题意义的深度理解，而且为口语表达提供了丰富的素材。

　　思维导图作为一种将知识可视化的图示工具，可以帮助学生厘清文本脉络，掌握知识框架。教师将语言学习融入意义理解，设计了围绕核心词"Sara's High School"，由"Location""Transportation""Facilities""Sports"和"Clubs"组成的框架图作为板书，同时补充了来自学生在思考之后自主表达的信息，逐步归纳、梳理、丰富可以帮助学生让理想的中学生活变成可表述的内容，这样的设计增加了思维可视化框架的层级，丰富了相关的信息，在此过程中，学生的自主思维能力和自主表达意识也得到了锻炼。用板书反馈课堂生成，用思维导图为支架，引导学生借助关键词语梳理、归纳文本的重点内容，学生在思考和解决问题的过程中，激发了学习的探究意识，提升了自主学习能力。

　　3. 注重思维培养，促进深度思考

　　本节课的各个教学活动中都体现了渗透思维能力的培养，学生不是被动地接受信息，而是积极主动地开展思维活动。例如，听前让学生预测听力内容，有利于培养学生的发散思维；让学生运用框架图的形式记录获取到的中学信息，让学生在小组内发表自己的观点，有利于学生逻辑思维能力的发展；语境的创设调动了学生的已有认知，促使学生把语言学习迁移应用到真实生活中，尝试用英语介绍自己梦想中的初中校园生活。

　　教师依托自编的阅读文本，借助补充的视频，激发学生的求知欲望，设计由浅入深的问题链，帮助学生建立思维路径，促进学生对文本的整体理解，通过师生互动、生生互动，结合小组讨论，促使学生的思考层层深入，提升了学生的思维品质。

心之向往的旅行

北京版《英语》五年级上册

Unit 7 What will you do in Chengdu?

单元教学设计

北京市东城区府学胡同小学   张   鹏

一、单元（主题）指导思想与理论依据

《英语课程标准（2011 年版）》在"实施建议"部分第二条指出，义务教育阶段的英语课程要注重语言实践，培养学生的语言运用能力。它倡导我们在教学中，要从语言实际应用的角度出发呈现和学习语言知识，创设接近实际生活的情境和语境，采用强调过程与结果并重的教学途径和方法，在循序渐进的语言实践活动中，逐渐培养和提升学生"用英语做事情"的能力。

《普通高中课程标准》指出，以学科大概念为核心，使课程内容结构化，以主题为引领，促进课程内容情境化，促进核心素养的落实。如何结合内容进行综合、梳理，挖掘知识的内在联系，将其融会贯通，使学生对知识的掌握更加准确，进一步地理解、记忆、建立知识网络体系，完善认知结构，从而发展语言技能，提高语言运用能力成为教学中应关注的问题。

基于上述理念与思考，结合假期即将来临的实践背景，教师创设"假期将至，向往旅行"的单元教学情境和"自主规划向往的旅程"的单元学习任务。随着单元课时的推进，学生逐步学会根据自己的兴趣和喜好来选择旅行目的地、交通出行方式，安排活动，合理规划行程，最终自主设计出自己向往的假期旅行。

二、单元（主题）教学背景分析

（一）单元育人价值分析

北京版《英语》五年级上册 Unit 7 单元标题为"What will you do in Chengdu?"，单元话题为"Travelling（旅行）"。关于此话题，学生在实际生活中有着丰富的经历。旅行能够开阔眼界、增长见识、丰富自身的阅历，对学生的健康成长有着重要的积极作用。美好、舒心、令人向往的旅行源于行前全面、周到、细致的规划，而周到细致规划的前提，是对丰富的旅行信息全面、充分的了解。

在"假期将至，向往旅行"的教学情境中，在"自主规划向往的旅程"的任务驱动下，随着本单元学习的不断推进，学生逐步学会根据自己的兴趣和喜好来确定旅行目的地、选择交通方式、安排所做活动、规划每日行程、做好相应准备，最终与大家分享自己设计的向往的旅行。在对单元主题意义进行探究的过程中，学生逐步感悟"知旅行信息 → 做合理规划 → 享美好旅行"的重要意义。

（二）教学内容分析

1. What

北京版《英语》五年级上册 Unit 7 "What will you do in Chengdu?" 围绕主人公 Lingling 一家人"前往成都的旅行计划"这一话题展开。出发之前，Lingling 与同学谈论前往成都的交通方式；飞往成都途中，Lingling 与邻座朋友谈论成都的游览内容；落地成都之后，Lingling 的家人向接机的亲友咨询具体的行程安排。

2. How

本单元教学内容由三节新授课和一节复习课共四个课时构成。其中具体包括以下内容。

（1）Lesson 23（新授课：会话）

Lesson 23 课本如图 1 所示。

图 1　Lesson 23 课本

主要内容：在出发前，Lingling 与同学谈论前往成都的交通方式。

重点聚焦：前往旅行目的地的交通方式。

功能语言：Are you going to ... by ...?

No，we are going by ... .

（2）Lesson 24（新授课：会话）

Lesson 24 课本如图 2 所示。

主要内容：飞往成都途中，Lingling 与邻座朋友谈论在成都的游览内容。

重点聚焦：在目的地所做的活动。

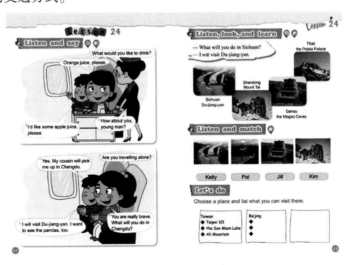

图 2　Lesson 24 课本

功能语言：What will you do in ...? /I will ... .

（3）Lesson 25（新授课：会话）

Lesson 25 课本如图 3 所示。

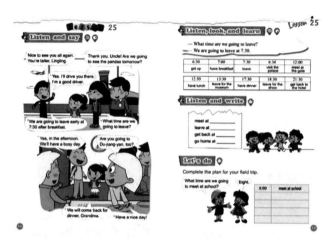

图 3   Lesson 25 课本

主要内容：落地成都之后，Lingling 的家人向接机的亲友咨询具体的行程安排。

重点聚焦：在目的地每日的行程安排。

功能语言：What time are we going to ...? We are going to ... at ... .

（4）Lesson 26（单元复习课）

Lesson 26 课本如图 4 所示。

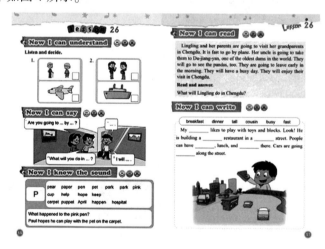

图 4   Lesson 26 课本

主要内容：综合复习本单元前三课时所学内容。

3. Why

从课时安排和教学内容上来看，本单元三节会话课围绕"出行方式""所做活动"和"日程安排"三个方面，对即将开始的旅行进行了规划，随后，Lingling 一家人开始了丰富多彩的成都之旅。由此可见，本单元旨在帮助学生理解"美好舒心的旅行源于行前细致周到的规划"。随着课时的不断推进,学生逐步学习、了解制订旅行计划时需要考虑的内容,学会正确运用相关语言,全面、细致、合理地制订自己的旅行计划。

(三)学情分析

1. 基于前测的学情分析

围绕本单元"旅行"的话题,从"知道的相关语言"和"期待的旅行内容"两个方面,对学生进行了前测调研,调研结果如图 5 所示。

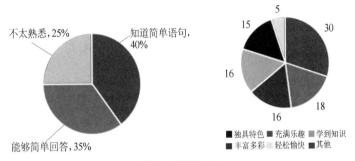

图 5　调研结果

(a)知道的相关语言;(b)期待的旅行内容

【已有知识】

"旅行"这一话题虽为学生首次接触,但该话题所涵盖的相关词汇、语句和表达方式,在此前的学习中已有所涉及,具体如下:学生在北京版《英语》五年级上册 Unit 5 "Where are you from?"这一单元中,学过相关国家、城市以及地点的名称;在二年级下册 Unit 5 "How do you go to school?"这一单元中,学过交通工具和出行方式的相关表达;在三至五年级有关"节假日"的单元中,学过所做活动的相关表达。由此可见,经过此前的学习,对于"旅行"的话题,学生在词汇、语句和表达方式等方面已经具备一定语言基础。

【已有能力】

经过此前五年的学习和积累,学生在词汇、语句和表达方式等方面已具备一定基础;从前测调研的结果来看,在"知道的相关语言"方面,对谈论旅行和规划行程所用的"一般将来时"的功能语句,40% 左右的学生知道相关表达方式,35% 左右的学生能够使用一般将来时的语句,针对出行时间、出行目的地、同行伙伴、出行方式和所做活动等方面,进行简单的问答。由此可见,学生已经初步具备围绕某一话题从某几个方面进行简单问答、交流和表述的能力,从而为综合运用已学、已知语言表述自己的旅行提供了可能。

【已有生活】

在现实生活中,大部分学生会利用节假日时间外出旅行;针对本单元的旅行话题,从前测调研的结果来看,30% 的学生希望旅行的地点能够独具特色,18% 的学生希望充满乐趣,16% 的学生期望学到知识,16% 的学生希望丰富多彩,15% 的学生希望轻松愉快。由此可见,学生具有比较丰富的旅行经历,这有助于围绕"旅行"话题展开真实交流。

2. 学习困难及应对之策

对于学生来说，现实生活中的旅行计划，大多由家长制订，对于旅行目的地、交通方式、所做活动以及行程规划等方面的安排，学生参与的机会并不多，在基于自身喜好自主制订旅行计划方面，学生的经验和能力仍显不足。

"心之所向，身之所往"，学生对旅行发自心底的憧憬与期盼是实现向往的旅行的重要前提。假期将至，为激发学生对开阔眼界、增长见识、感受美好旅行的向往，需要在单元整体教学框架中，补充信息更丰富、方式更有趣、活动更多样的旅行目的地，作为拓展课时，激起学生前往探索的兴趣与愿望，帮助学生基于丰富的旅行信息及自身喜好，全面、综合地运用已学、已知的相关语言，自主、合理地设计自己喜爱的旅行，为分享自己"向往的旅行"奠定基础。

三、单元整体设计思路

（一）单元整体结构及说明

单元整体结构如图 6 所示。

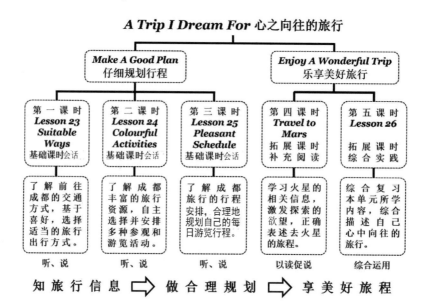

图6　单元整体结构

本单元主题是"心之向往的旅行"，学生将在"假期将至，向往旅行"的情境中，在"自主规则向往的旅程"的任务驱动下，随着课时的推进，逐步学会根据自己的兴趣和喜好来选择旅行目的地和交通出行方式、安排所做活动、合理规划行程、做好相应准备，最终自主制订自己向往的假期旅行计划。在对单元主题意义探究的过程中，随着学习的深入，学生逐步感悟"了解旅行信息，合理规划行程，乐享美好生活"的重要意义。

(二) 单元教学目标设计及说明

本单元学习结束之后，学生能够达成以下目标。

①通过对话学习，获取成都旅行计划中的交通出行方式、当地所做活动、行程安排等信息，并完整复述课文内容。

②根据自身的兴趣和喜好，谈论彼此喜爱的旅行交通方式、所做活动、行程安排等，并简单陈述原因。

③通过阅读补充文本，梳理、概括火星相关的信息，正确描述前往火星的旅行，激发探索的愿望。

④根据自身的兴趣和喜好，自主安排、合理规划，综合表述自己所向往的旅行，感受旅行的美好。

(三) 分课时说明

本单元主题定为"A trip I dream for（心之向往的旅行）"。向往的旅行源自全面、周到、细致的计划，因此，本单元主题下设两个子主题，分别为子主题 1"Make a good plan（仔细规划行程）"以及子主题 2"Enjoy a wonderful trip（乐享美好旅行）"。

子主题 1 "Make a good plan（仔细规划行程）"包含本单元原有的三篇会话，作为基础课时，具体安排如下。

1. 第一课时（基础课时：会话）

教学内容：Lesson 23。

重点聚焦：前往旅行目的地的交通方式。

功能语言：Are you going to ... by ...? /No, we are going by ... .

2. 第二课时（基础课时：会话）

教学内容：Lesson 24。

重点聚焦：在旅行目的地要做的活动。

功能语言：What will you do in ...? /I will ... .

3. 第三课时（基础课时：会话）

教学内容：Lesson 25。

重点聚焦：在旅行目的地的每日行程安排。

功能语言：What time are we going to ...? /We are going to ... at ... .

子主题 2 "Enjoy a wonderful trip（乐享美好旅行）"包含两课时内容，具体安排如下。

4. 第四课时（拓展阅读）

教学内容：Let's go to Mars! 具体如图 7 所示。

重点聚焦：了解火星信息，描述旅行计划；以读促说，综合表述。

Contents

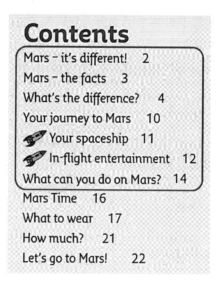

Our Plan to Mars

➢ Mars is / has … . So, we … .

➢ There are two ways to get to Mars, We want to take … , because … .

➢ On the way, we are going to … .

➢ When we get to Mars, I / we will … , because … .

➢ And we will also … .

Hello, everyone! We are going to Mars. Let's share our plan with you.

… .

… .

… .

… .

图 7   Let's go to Mars！课本内容

5. 第五课时（综合实践）

教学内容：Lesson 26 + Let's go to Mars! 剩余内容，如图 8 所示。

重点聚焦：综合复习所学内容，自主设计向往的旅行；综合运用。

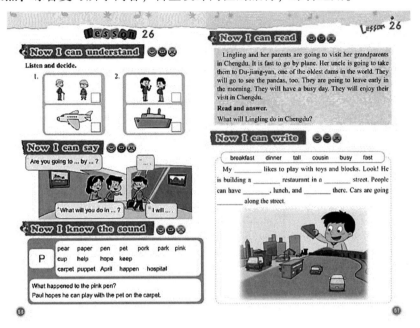

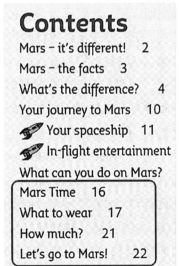

图 8 Lesson 26 + Let's go to Mars! 剩余内容

四、单元第四课时 Let's go to Mars! 的详细设计及设计意图说明

（一）教学内容分析

Let's go to Mars! 目录如图 9 所示。

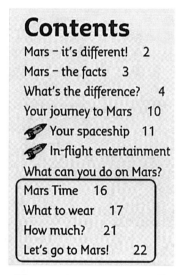

图 9　Let's go to Mars! 目录

本单元第四课时是一节补充阅读课。本单元前三个基础课时借助"成都之旅"的情境，内容涉及了制订旅行计划时选择交通方式、选定所做活动和规划行程安排三个方面。假期将至，为激发学生对开阔眼界、增长见识、感受美好旅行的向往，需要在单元整体教学框架当中，补充信息更丰富、方式更有趣、活动更多样的旅行目的地，作为拓展课时，激起学生前往探索的兴趣与愿望，为自主规划"向往的旅行"奠定基础。

基于上述考虑，本课补充的阅读文本选自《大猫英语分级阅读》系列丛书的"Let's go to Mars!"（《走，去火星度假吧!》）。绘本以"前往火星度假"为题展开，内容丰富，主要包括："Mars – the facts（火星的信息）、What's the difference?（火星与地球的区别）、Your journey to Mars（前往火星的旅途）、What can you do on Mars?（在火星上的活动）"。

从整体上来看，绘本的话题更真实、内容更翔实、信息更丰富、图片更可信；这些积极因素会极大地调动起学生想要阅读、想要了解、想要前往探索的愿望和积极性，同时也更有助于帮助学生借助文本所提供的丰富信息，自主运用已学、已知的语言，完整、连贯、综合地进行表述，提升综合语用能力。

然而，绘本篇幅相对较长，包含的内容也比较多，其中的一些与"旅行"的话题联系并不十分紧密。基于"让学生借助绘本所创设的情境，综合运用教材中学到的语言，完成相应的活动和任务"这一点考虑，最终，将"Mars – the facts（火星的信息）、What's the difference?（火星与地球的区别）、Your journey to Mars（前往火星的旅途）、What can you do on Mars?（在火星上的活动）"这几个部分予以保留，将"Mars Time（火星上的时间）、What to Wear（登陆火星的着装）、How Much（火星之旅的费用）"这几个部分的内容作为

对"火星之旅"的补充，调整为课后拓展阅读。

（二）学习者分析

通过对本单元前三个基础课时的学习，以及相关的学习积累，学生在知名城市、出行方式、所做活动、出发时间等方面已经具备一定的词语和功能语言的积累和储备。

在谈论旅行计划时，学生已经能够围绕确定目的地、选择交通方式、安排所做活动、规划每日行程、确定出行时间，以及选择同行伙伴等进行简单的问答，并简单表述相关的原因。

在现实生活中，学生经常利用节假日外出旅行，旅行经历比较丰富；因此，常见的知名旅游城市并不足以激起学生前往游览的愿望，无法充分满足他们对探索新地点的需求。此外，对于学生来说，现实生活中的旅行大多由家长代为规划，学生亲自参与的机会并不多，自主规划旅行的能力仍显不足。

因此，有必要补充一个信息真实、方式有趣、活动多样的目的地，激发学生探索的兴趣与欲望；在此基础上，引导学生在众多的旅行信息中，根据自身兴趣和实际喜好，基于自己的真实思考，进行合理的安排和规划，正确、灵活地运用已学、已知语言，综合表述自己真正向往的旅行。

（三）本课时教学目标

本课时学习结束之后，学生能够达成以下目标。

①阅读补充文本，借助相应方法，提取、梳理去火星旅行的相关信息。

②依据板书中的主要内容、图片和学习单中信息的提示，表述自己对火星的认识，以及对火星旅行的规划。

③基于梳理出来的火星旅行的相关信息，根据自身兴趣和喜好，经过思考之后，围绕火星概况、出行方式、所做活动以及相关原因等方面，自主表达自己的火星旅行。

④乐于与他人分享自己的火星之旅，并保持进一步探究火星信息的兴趣。

（四）本课教学重难点

教学重点：

①阅读补充文本，借助相应方法，提取、梳理去火星旅行的相关信息。

②依据板书中的主要内容、图片和学习单中信息的提示，表述自己对火星的认识以及对火星旅行的规划。

教学难点：

基于梳理的火星旅行的相关信息，根据自身的兴趣和喜好，围绕火星概况、出行方式、所做活动和相关原因等方面，自主表达自己的火星旅行。

（五）学习评价设计

本课时学习任务单如图 10 所示。

Travel to Mars 学 习 任 务 单

Task 1. How can we get to Mars?
Please read and match. ☆☆☆☆☆

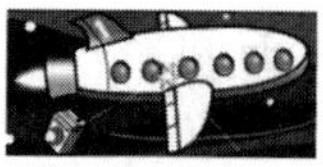

Mars Spaceship

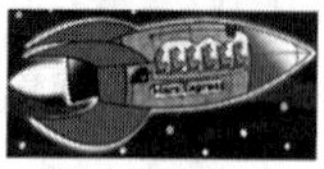

Mars Express

one week

two weeks

with a stop over on the Moon

nonstop from the Earth

（a）

Task 2. What do you know from the book?
Please tick ☑ the information you know. ☆☆☆☆☆

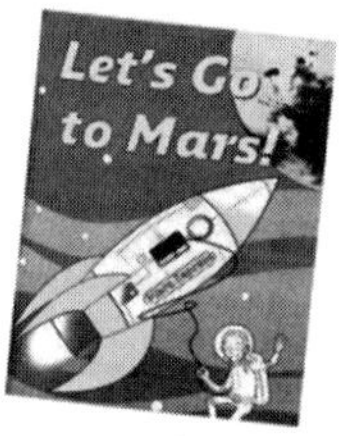

- I know Mars is □ 3rd / □ 4th plant from the Sun.
  The temperature on Mars is about □ 60°C / □ -60°C.
  Mars has air, water, and ice. But, most part of Mars is sand.
  And there is also very □ strong wind / □ heavy rain.
- I know there are 2 ways to get to Mars.
  Mars Spaceship takes □ 1 week / □ 2 weeks.
  Mars Express takes □ 1 week / □ 2 weeks.
- I know on Mars, we can do many interesting activities. My favourite are:
  □ make sandcastles □ race in the sand □ take pictures □ drive a sand yacht
  □ float with the wind □ hunt for water □ look for life □ enjoy sunset

（b）

Task 3. Can you share your plan to Mars?
Please talk with your partner. ☆☆☆☆☆

Our Plan to Mars
- Mars is / has … . So, we … .
- There are two ways to get to Mars, We want to take … , because … .
- On the way, we are going to … .
- When we get to Mars, I / we will … , because … .
- And we will also … .

Hello, everyone!
We are going to Mars.
Let's share our plan with you.

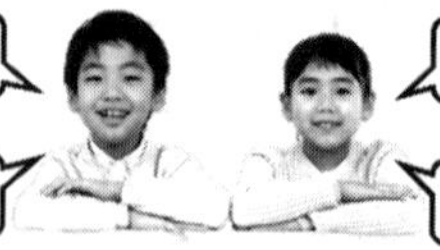

… .

… .

… .

… .

（c）

About Mars, I still want to know ______________________

（d）

图 10　学习任务单

（a）任务一；（b）任务二；（c）任务三；（d）课后

（六）教学流程

教学流程如图 11 所示。

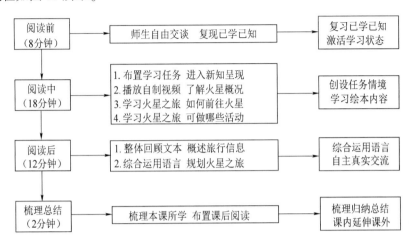

图 11　教学流程

（七）学习活动设计

1. Pre‐Reading：Free Talk

师生交流假期的计划，复习、复现有关"旅行"话题已学、已知的相关语言。

T：Holiday is coming. Do you have any plan for it?

Ss：I'm going to visit … .

T：How are you going there? /How long will it take? /Who are you going with? /What will you do there? /Why? …

Ss：I'm going there by … . /It will take … . /I'm going with … . /I will … and … there. /Because I think… . /Because I want to … .

【设计意图】

教师直接切入话题，通过师生交流假期中的旅行安排，学生复习旧知、复现与"旅行"话题相关的已学语言，为随后的学习做好铺垫。

2. While‐Reading

（1）Lead in

借助相关图片的呈现，教师通过描述，引出本课话题"前往火星旅行"。

T：As for me, I want to visit somewhere special. Let me tell you about my choice. This place is amazing! It is a place far away. We can only see it with a telescope. Its colour is orange. And in this place, we can see pink sky.

T：Do you know this place?

Ss：It's Mars.

【设计意图】

通过教师的描述和任务的布置，学生的思维被激活、兴趣被激发，随之逐步进入本课的教学情境当中。

（2）Get to know about Mars

T：What do you know about Mars?

Ss：I know … .

T：Let's watch a short movie, and get to know something about this planet.

播放自制小视频，介绍有关火星的概况。

T：Now, what do you know about Mars?

Ss：I know … .

T：Let's get to know more about Mars from this book.

Please read from P1 to P3, and circle the information about Mars.

学生自读阅读材料 P1 至 P3 内容，圈出关于火星的信息。

T：Have you got more information about Mars from this part?

Ss：Yes. I know … .

教师根据学生的反馈，板书呈现相关信息；随后，借助板书信息，梳理、复述火星的基本概况。

T：These are all the facts of Mars. Now, we know that in the space, Mars …

Ss：Mars is the 4th planet. The temperature on Mars is about −60 degree. Mars has air, water, ice, and sand. And the wind on Mars is very strong.

T：Now, please talk about the fact of Mars with your partner.

学生两人一组，根据板书上呈现的信息，复述火星的基本概况。

【设计意图】

通过教师提问，激活并发散学生的思维，借助小视频，向学生简单介绍火星；学生通过观看小视频，阅读相应部分的内容，训练学生提取信息的能力，并借助板书对相关信息进行梳理，复述火星的基本概况。

（3）On the way to Mars

T：If we want to visit Mars, what do you want to know about the journey to Mars?

Ss：I want to know … .

T：Let's start from "How to get to Mars?".

Q：How can we get to Mars?

T：Please read P4 to P5 quickly, and find out the vehicle we can take.

学生速读阅读材料 P4 和 P5 内容，找出前往火星所乘坐的交通工具。

T：How many ways can we choose to get to Mars?

Ss：There are two ways.

T：What are they?

Ss：Mars spaceship and Mars Express.

T：What are the difference between these two ways?

Please read P4 to P5 again, and underline the differences；

and then, match the information in Task 1 on the worksheet.

学生再读阅读材料 P4 和 P5 内容，标注两种方式的不同之处，完成学习单的任务一，如图 12 所示。

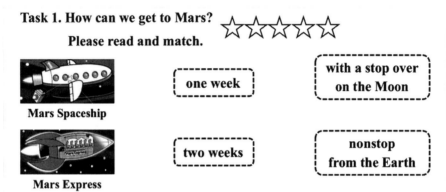

图12 学习单任务一

T：What are the differences?

Ss：Mars spaceship takes two weeks. It flies from the Earth first to the Moon, then to Mars. Mars Express takes one week. It flies from the Earth directly to Mars.

T：So, Mars spaceship has a stopover on the Moon, and Mars Express, nonstop.

根据反馈，板书呈现相关信息。

T：Which one would you like to take? Why?

Ss：I want to take … , because I want to … .

T：No matter which way to take, flying to Mars takes a long time. So …

Q：Is there anything interesting to do?

T：Please read P6.

学生自读阅读材料 P6 内容，找出飞往火星途中可以完成的活动。

T：What can we do on the way?

Ss：We can enjoy yummy food and exciting football match. We can also take a spacewalk.

教师根据学生的反馈，板书呈现相关信息。

T：We will do all these things in the space, in that case, something very interesting will happen. What is it? Do you know?

教师借助图片，呈现 "weightless" 的状态。

T：Do you know "weightless"?

Ss：It means there is no gravity.

教师播放宇航员在空间站中失重状态下生活的小视频，帮助学生理解失重的含义。

T：Now，would you like to enjoy such a life?

Ss：Yes.

T：What else do you want to do on the way?

Ss：I also want to …，because … .

【设计意图】

学生通过自读阅读材料中的相关内容，借助速读、细读等不同的方式，获取"如何前往火星"的相关信息，训练快速获取信息的能力；基于所获取的信息，根据自己的喜好，选择出行方式和旅途中想做的事情，并说明其原因；保持前往火星探秘的兴趣的同时，锻炼自主规划旅程的能力。

（4）Activities on Mars

T：When we finally get on Mars，what can we do?

Q：What can we do on Mars?

T：Please read P7 and P8. Let's see what we can do there.

学生自读阅读材料 P7 和 P8 内容，了解在火星上可以做的各种事情。

T：So，as we know，the activities we can do on Mars are … .

Ss：… .

学生借助课件的呈现，梳理相关的活动。

T：In all these activities，what do you want to do? Please talk with your partner.

学生两人一组讨论自己最喜欢的火星活动，随后给出反馈。

Ss：On Mars，I will …，because … .

【设计意图】

学生自读阅读材料中的相关内容，了解"火星上可做的活动"，根据自己的喜好，自主表述自己想要做的活动，并说明原因，综合运用所学语言进行表达，进一步锻炼自主规划旅程的能力。

3. Post Reading

（1）Review the whole book

T：Now，let's listen and review the whole book.

教师播放阅读材料录音，带领学生整体回顾所学内容。

T：What do you know from this book? Please tick the information you know about Mars in Task 2 on the worksheet.

学生根据自己对火星的了解与认识，勾选学习单任务二中的相关信息，如图 13 所示。

Task 2. What do you know from the book?
Please tick ☑ the information you know.

- I know Mars is ☐ 3rd / ☐ 4th plant from the Sun.
  The temperature on Mars is about ☐ 60°C / ☐ -60°C.
  Mars has air, water, and ice. But, most part of Mars is sand.
  And there is also very ☐ strong wind / ☐ heavy rain.
- I know there are 2 ways to get to Mars.
  Mars Spaceship takes ☐ 1 week / ☐ 2 weeks.
  Mars Express takes ☐ 1 week / ☐ 2 weeks.
- I know on Mars, we can do many interesting activities. My favourite are:
  ☐ make sandcastles   ☐ race in the sand   ☐ take pictures   ☐ drive a sand yacht
  ☐ float with the wind   ☐ hunt for water   ☐ look for life   ☐ enjoy sunset

图 13   学习单任务二

T：What do you know from this book？

T：I know … .

【设计意图】

在整体回顾所学内容的基础上，学生根据自己对火星的了解与认识，综合反馈火星之旅的相关信息，为随后的自主制订火星旅行计划奠定基础。

（2）Share travel plan to Mars

T：Now，it is the time for us to share our travel plans to Mars.

Let's first listen to some other students'plan.

教师向学生播放描述火星旅行计划的小视频，作为范例。

T：Can you also make a plan like this？Please work with your partner，and talk about your plans.

学生两人一组，仿照范例，围绕（基于火星信息的）相应准备、出行方式、所做活动、相关原因等方面，自主制订并共同描述火星旅行计划，完成学习单任务三，如图 14 所示。

图 14   学习单任务三

T：Any volunteers to share？

Ss：…

【设计意图】

学生在任务语境中，自然运用已学和已知的在相应话题下可以用到的语言，围绕火星旅行各方面的信息，灵活运用所学语言在真实情境中展开有意义的交流，提高综合语言运用能力。

4. Summary

梳理本课所学，课内延伸课外，铺垫下一课时。

T：In our lesson today，we learned … .

Ss：Some information about Mars，about how to get to Mars，and about what to do on Mars.

T：After class，please try to get more information about Mars，and in our next lesson，we will discuss more about how to make our travel plan to Mars fantastic. OK？

Ss：OK.

5. Homework

①Share your plan to Mars with your friends.

②Think about what else you want to know about travelling to Mars. Write it down on the worksheet，if you want.

课后作业如图 15 所示。

> **About Mars, I still want to know** _____

图 15　课后作业

【设计意图】

梳理、归纳、总结本课所学内容，布置课后作业，将课内所学延伸至课外，并为下一课时的学习做好铺垫，打好基础。

（八）板书设计

板书设计如图 16 所示。

图 16　板书设计

五、教师反思

(一) 选择文本适合，有效补充单元内容

本课补充的阅读材料选自《大猫英语分级阅读》系列丛书八级 2 中的 "Let's go to Mars!"。文本内容围绕"前往火星度假"的主题展开，话题的类型、所涉及的相关内容，以及各部分所包含信息的丰富程度，都与教材的话题和内容非常相似；因此，非常适合在完成单元内容学习之后，借助该绘本内容，对单元所学内容进行补充与拓展，帮助学生更加全面、扎实、系统地学好并用好与"旅行"话题相关的语言。

(二) 安排容量适度，激发学生探究欲望

"Let's go to Mars!"所包含的内容丰富且充实，在一节课的时间内很难实现全面且深入地学习所有内容；因此，教师对绘本内容进行适当且适度的调整。调整的依据源自单元中"旅行"话题所涉及的核心语言、功能语句、相关内容等；此外，将与学生的已学、已知和相关生活经验联系紧密的内容予以保留，将与教材内容联系不十分紧密和学生相对较为生疏的内容予以调整，从而有效保持了学生持续的探究兴趣和参与积极性。

在教学过程中，学生在"假期将至，交流分享假期计划"的情境中展开学习，真实交流，这也更加符合《英语课程标准》中倡导的英语教学需要"从语言实际应用的角度出发，创设贴近于实际生活的情境，在循序渐进的语言实践活动中，逐渐培养和提升学生"用英语做事情的能力"这一要求。

(三) 设计任务适宜，鼓励学生自主学习

本课教学关注学生自主学习能力的培养，借助问题的设置和学习单的使用，学生针对相关问题自主阅读文本内容，随后完成相应的任务，即通过"兴趣驱动 → 自主学习 → 完成任务"的方式展开教学。这样既保持了学生探究的兴趣，又保证了学习的真实性。学生带着自己感兴趣的问题，展开自主阅读、探究学习，随后通过相互交流和沟通，将各自获取到的信息进行综合、加工、补充和汇总，从而更好地完成相应的任务。通过这一过程，学生的自主学习能力也逐步得到锻炼和提高。

(四) 今后再实施

高年级学生更愿意接触题材真实、内容丰富、数据准确、知识性强的内容。但对于相同的内容，学生的兴趣点和关注点却不尽相同，这就导致他们想要阅读、了解的内容各有不同。对这种情况，在教学实施的过程中，如果一味按照预先设定好的模式，按部就班、一步一步地展开教学，而忽略了学生真实的学习需求，学生的兴趣就会降低，实际教学效果也会大打折扣。

较为理想的实施方式是，在充分调动学生的积极性之后，打破"教师提问 → 学生带着问题阅读相应内容 → 反馈获取到的信息"这种常规的模式，继而采用请学生根据自己的兴

趣点和关注点，自主地选择想要学习和了解的内容进行阅读，随后完成相应的任务，即"兴趣驱动 → 自主学习 → 完成任务"的方式展开教学。这样既保持了学生学习和探究的兴趣，又保证了学习任务的真实性。学生带着感兴趣的问题，以小组为单位，借助合作学习的方式，对相关内容展开探究学习，随后通过相互交流和沟通，将各自获得的信息进行综合、加工、补充、汇总，从而更好地完成相应的任务。在这一过程中，学生的自主学习能力也逐步得到锻炼和提高。

六、点评

基于主题意义提升学生关键能力

北京市东城区教育科学研究院　王桂云

本节课是一节绘本阅读课。教师基于"心之向往的旅行"这样一个单元主题，力求体现合理规划行程、乐享健康生活的主题意义。教师以改进教学方式和学生的学习方式入手，既研究如何提升学生的学科素养，又关注提升教师研究力，为我们的日常教学提供了借鉴。综合评析本课，突出的特点有以下几点。

1. 聚焦单元整体，在语境中凸显主题意义引领

张鹏老师抓住当今小学英语教学研究的热点问题"单元整体教学设计"进行研究，设计中关注了单元整体设计的统一性、系统性、连续性、递进性和巩固性。本节课呈现了单元整体教学设计的实施步骤与策略。整体确定教学目标、整体确定教学内容、整体处理文本，同时关注教学方法的高效实施。例如，教师根据研究提炼出单元整体教学设计的框架，在分析学情和教材的基础上，确定教学目标和分课时目标。教师整体创设语境开展活动，整体借助媒体训练学生技能，整体发掘内涵设计板书、布置作业等。

综合起来说，从语言学科特点来看，关注单元整体教学设计凸显了系统功能；从教材编写角度来看，关注单元整体教学设计，凸显整体功能；从教师教学角度来看，关注单元整体设计，凸显主导功能；从学生学习角度来看，关注单元整体教学设计，凸显主体功能。因此，本课时教师从整体入手，把听、说、读、写有机融合，对听说读写进行综合性的整体设计与训练。同时，语言的能力是从与他人交流过程中获得的，把学生作为真实生活中的背景进行主题式、话题式、情景式的教学，才能促进学生在真实生活中的应用。综合设计、综合体现这一思路，往往在日常教学中被教师忽略，而张鹏老师在这方面进行了很好的尝试。

2. 丰富教学内容，在文本中关注学科育人价值

教学中的育人功能是所有学科目的所在。学科育人的关键在于教师，只有通过教师的创造性教学活动，才能将教学内容具体化，为学生的道德认知、道德情感和道德实践打下基础。教师除了应具有教材意识，还要具有教学资源的意识，即借助多元的教学资源拓宽学用渠道的意识。

本课例老师从关注学科育人功能入手，在教材课时的基础上进行灵活变通，适时拓展和

综合语言实践活动的设计。在教教材的同时，体现了用教材去教，让学生对学习主题进行适度的挖掘与提升。同时，在原有基础上，使教学的容量、密度回归到更可行的轨道，使教材整合的内容更具人文性、科学性和思想性的育人功能。教师分析教材内容与教学目标、学生水平、学生兴趣爱好的关系，选取了《大猫英语分级阅读》中的内容，结合目前中国的航天科技与信息化发展，捕捉到学生的需求与兴趣点，整合调整、拓展教学内容，将课外资源融合到自己的教学中创造性地设计教学活动。因此，我们看到了一节生动的、有滋有味的课堂。教师从语言功能和目标、教材主题和课堂教学活动等维度提炼总结和体现自己对学科育人功能的理解，这也恰恰体现了教师的教材观、学生观和课程观。

3. 研究策略方法，在活动中提升学生关键能力

本节课是一节绘本阅读课，教师在教学实施中注重教学策略的方法设计。在课堂教学中将多种技能融合在一起，充分体现了语言的交际性和实践性。

我们以提问为例，教师借助趣味性的提问吸引学生注意，成为启发学生思维的导火线，从而激发孩子的求知欲，唤起孩子的探索精神，同时为展示课外阅读材料创造了机会。"我们怎么去火星？在火星上能做什么？"问题起到了激发学生思考、激活学生思维的作用，也让学生开启对文段的理解充满了好奇。教师充分运用了多媒体技术和提问艺术，将课堂交给学生来充分体现他们的学习过程和思想。运用多种手段辅助教学，让课堂更新颖活泼、生动有趣。在欢快的课堂氛围中激发学生的情感，使之在愉悦的心情下学习。回顾课堂教学中的片段，教师谈话导入，以景染情，有气氛。针对文本内容，有直接信息的提问，也有发散性思维训练，让信息碰撞有实效。结合新知插入宇航员在太空的视频，让学生身临其境，对文本中需要理解的地方有更深刻的认识。教师最后让学生设计一次去火星的旅行，将前几课时所学的内容集中凝练到一个活动中，让学生以小组为单位展开联想与交流。学生表现出不同的思想和语言能力，思维呈现了多元态势，学生的创造性思维得到了充分的发挥和体现，同时也超越了教材本身，展示了学生的综合素养。学生的所见所感、所思所想，也在课堂更富有情趣的情感经历中得到体现。

因文而雅　由文而化

基于十二生肖主题的中华传统文化在教学中的实践

北京版《英语》六年级上册

Unit 7 What are the twelve animals?

单元教学设计

北京市和平里第四小学　李仕然

一、单元（主题）指导思想与理论依据

《普通高中英语课程标准（2017年版）》指出，英语教学的价值在于促进人的心智发展，培养思维能力，塑造文化品格。英语学科承担着帮助学生理解中外文化，认同优秀文化，通过语言学习获得文化知识，形成正确的文化认知。

义务教育阶段英语课程标准中明确指出，语言具有丰富的文化内涵，语言的使用离不开特定的文化环境。英语教学应当有利于学生感悟中国优秀文化的精神内涵并形成积极的情感态度，面对多元文化具有开放的态度，树立文化自信，进而形成跨文化交际意识和初步的跨文化交际能力，努力培养兼具国际视野和本土情怀的学生。

本单元的教学内容为"中国生肖文化"，这一主题切合文化教学的理念。本单元的主题教学不仅侧重培养学生的语言能力，同时也更加关注学生对中华民族传统文化的理解，实施过程中注重发挥学生在学习中的主导地位，鼓励学生自主学习。

二、单元（主题）教学背景分析

（一）单元育人价值分析

随着英语学科核心素养正式提出，英语课程承担起"培养全面发展的人"和"立德树人"的根本任务，这也意味着英语学科从单一的语言能力的教学转型成为促进文化思维发展的学科，从学习英语以学习西方先进技术转变为以英语为媒介向世界讲述中国故事。

本单元所学习的十二生肖民俗文化起源于先秦，聚集了优秀的中华民族对天干地支、星宿图腾、动物习性等的理解，体现了古时劳动人民的聪明智慧。

作为新时代文化的传播者，首先要正确认识文化。在认识文化和学习文化的过程中，需要借助英语获取知识，内化加工，以及信息输出。对于义务教育阶段的六年级学生来讲，十二生肖民俗文化就在学生的身边，生肖的由来、生肖的排序、生肖的轮回和生肖所体现的人物性格，都与学生的现实生活息息相关。学生在对生肖民俗文化有了进一步的认识和学习之后，也要尝试放眼国际，西方对于一些生肖动物有着不同甚至相反的看法和认识，这就需要学生能够通过比较学习，认识到不同文化的特点，努力传播中国的优秀传统文化。

（二）教学内容分析

1. What

本单元的文本教材为北京版《英语》六年级上册 Unit 7 "What are the twelve animals?"，文本特点为依托情景对话的形式深入学习生肖习俗文化知识。

本单元的文本以对话形式为主，借由三课时的对话文本介绍了十二生肖动物的名称、轮回、排序、由来和每一种动物所代表的人物性格。

文本通过中国小朋友 Yangyang 向外国小朋友 Sara 介绍生肖由来的传说故事，向读者清晰地呈现了众多传说故事中的一个：玉皇大帝决定运用游泳比赛的方式筛选出入围十二生肖的动物，依据游泳比赛的先后顺序对入围动物进行排序，老鼠排名第一，也开启了十二年的轮回。

为丰富学生的认知，提升学生对传统文化的兴趣，结合学生对故事的已有了解，教师将第二课时中介绍生肖由来的对话文本，结合 The Great Race 创编成故事性的陈述文本，更加符合学生对于故事类文本的学习习惯。

2. Why

作为贴近学生生活的话题，学生对十二生肖民俗文化话题十分熟悉，并且乐于学习，但是学生的了解局限于趣味性的由来传说，对于其作为我国优秀传统文化的认识不够深刻。借由文本中的中国小朋友与外国小朋友交流介绍中国十二生肖民俗文化的场景，帮助学生在真实的语言情境中，学习语言知识，逐步形成跨文化交际的能力。

3. How

教材本文以对话形式呈现，语言简洁明了，易于学生在情境中对语言进行理解，三课时多以一般过去时的时态呈现，符合学生对故事和传统文化的交流用语。本单元的核心语言学习囊括了询问生肖的轮回周期、生肖动物的排序，以及借助生肖对人物性格进行比喻描述。

（三）学情分析

本节课的授课对象为六年级（6）班的 45 名学生，学生对于英语学习有着高涨的兴趣，积极探索思考，课上乐于表达、分享。

【已有语言知识】

二年级上册 Unit 4：monkey, rabbit, tiger, dog, ox, sheep, horse 等生肖动物名称；

三年级上册 Unit 3：I was born on May 2nd. 表述出生的句式；

五年级上册 Unit 3：the Chinese calendar, the first 等序数词表达；

五年级下册 Unit 6：strong, fit, cute 等描述人物的形容词。

【已有文化知识】

教师对班里学生进行了前测，大部分学生对生肖习俗文化话题十分感兴趣，能够准确回答出生肖动物的数量，能够依据母语中文的顺口溜准确背诵生肖动物的排序，借助口诀准确找到生肖动物的排序位置；通过家人和教师的讲授，了解了一些关于生肖动物由来的传说故事。

【学习困难】

个别学生对于生肖动物的数量不够了解，对于准确说出生肖动物的排序存在问题，同时学生对于运用英语描述生肖动物的传说故事存在困难，这也是教师在本单元需要突破的教学重点和难点。

三、单元整体设计思路

（一）单元整体结构及说明

单元整体设计思路如图 1 所示。

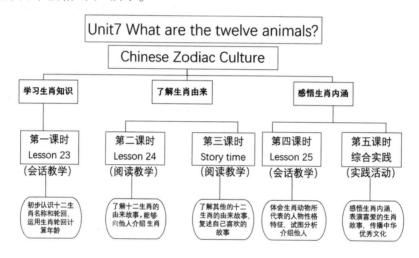

图1 单元整体设计思路

（二）单元教学目标设计及说明

通过本单元的学习，学生能够达成以下目标。

①在相应的情境中，听懂并介绍十二生肖的名称、轮回及生肖动物的内在含义。

②主动探究、理解生肖知识，培养阅读思维的逻辑性，发展有效学习策略。

③加深对中国传统生肖文化的理解和认同，不断增强跨文化交际的意识与能力。

（三）分课时说明

分课时说明如图 2 所示。

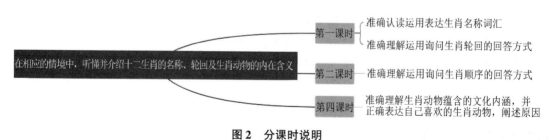

图2 分课时说明

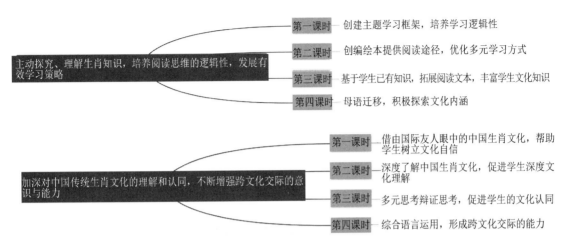

图2 分课时说明（续）

四、第二课时的详细设计及设计意图说明

(一) 课时目标

通过本节课学习，学生能够达成以下目标。

①在与他人谈论十二生肖的情境中，理解并运用询问生肖顺序的语言结构：Which animal was the first of the twelve? 及其答语 It was the rat。

②正确理解并朗读文本故事。

③了解十二生肖传统文化，向外国友人介绍中国传统文化。

(二) 重点难点

教学重点：

①在与他人谈论十二生肖的情境中，理解并运用询问生肖顺序的语言结构：Which animal was the first of the twelve? 及其答语 It was the rat.

②运用已有语言知识与能力，有条理地介绍十二生肖。

教学难点：

正确认读并理解 the Jade Emperor 和 decided。

(三) 学习过程

本课的教学流程如图3所示。

1. Warming – up：Know the birth – year animals

通过第一课时的学习，学生对于生肖动物的名称、准确排序、轮回频率有所了解，教师在上课伊始明确本单元中国十二生肖文化主题，运用自由交流的形式，询问学生基于单元主题的已有知识，充分调动学生的旧知，以及想要了解的更多知识，激发学生对本单元主题的深入探究欲望。

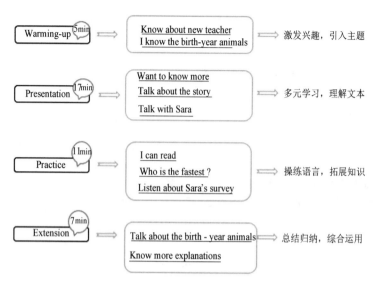

图 3 教学流程

T：We and Sara have learnt something about the birth – year animals in lesson 23. What do you know about them?

S：I know the names of the twelve animals

T：What are they？

S1：They are the rat, ox, tiger, rabbit, dragon, snake, horse, sheep, monkey, rooster, dog and pig.

S2：I know there are 12 birth – year animals.

S3：I know they come around every 12 years.

教师将话题核心词汇贴在黑板上，依据学生的回答，梳理黑板上的思维导图框架。

学生依据前一课的所学内容与生活已有经验，学生能够就生肖动物的名称、正确的排序、轮回频率等方面进行介绍。

【设计意图】

充分激活已学知识，知识复现，梳理单元知识框架。

2. Presentation

（1）Want to know more

教师出示课文主题图，引导学生依据话题提问。

T：In lesson 23, we know Sara is interested in the birth – year animals. Look, she is talking with Yangyang. What are they talking about?

If you were Sara, what would you want to know this time?

文本情景中呈现了与学生年龄相仿的外国小朋友 Sara 想要了解更多关于生肖动物的习俗文化知识，学生借助对话情景，试图将自己代入文本情境之中，作为文本的主人公回答外国小朋友的问题，同时借助问题，学生能够尝试以外国朋友 Sara 的角度来思考：在已经了解一部分生肖知识后，还想要了解哪些信息？试图帮助学生拓展思维，培养学生的思维创新能力。

预设 **Ss**：Who decided the order?

How did they decide the order?

Why did they have these 12 animals?

Why the rat was the first one?

When do we have this story?

学生不同维度的提问，反映出学生在课堂中积极参与教学活动，结合个人的思维方式，提出有针对性的、逻辑性强的问题。

教师播放文本第一句话，学生听后提取 Sara 的问题。

T：You want to ask these questions. How about Sara? What does she want to know?

Listen：Who decided the order of the birth－year animals?

Ss：Who decided the order of the birth－year animals?

学生在发散思维之后，教师通过播放文本教材的听力，带领学生回归到教材的文本内容，聚焦于本课的核心语言，引导学生带着任务进行后续的语言学习。

【设计意图】

促进学生深度思考，围绕单元话题从不同维度提出问题。

（2）Talk about the story

教师播放有声的故事书，学生观看动画，初步了解文本内容。

T：Which question can we find the answer?

板书上呈现学生和 Sara 的问题，学生再次通过自主阅读由课文改编的文本找到答案，并且尝试在同伴间分享信息。

T：This time，please read the whole by yourself. Try to find the answers of these questions.

T：Most everyone finishes finding，please talk about the answers you find in pairs.

教师通过视听教学资源与阅读教学资源的多元化教学方式，引导学生采用问题解决方式进行自主阅读，找寻答案，培养学生良好的阅读习惯。并且，在教师的引导下，学生的自主阅读更加有效。

Q：Who decided the order?

How did he decide the order?

Why were there these 12 animals?

Which animal was the first of the twelve?

（Answer：the Jade Emperor；held a swimming race；were faster；It was the rat.）

教师依据 Who，How，Why，Which 等方面，与学生共同完善 story map。

同时，教师关注 Jade Emperor 和 decided 的发音，突破本课难点。

学生任务单上呈现乱序的图片，学生依据文本内容进行正确排序，教师带读语言后进行独立的正确排序，通过反馈，教师再次解决发音难点。教师、同学检查学生的任务单，及时对学生本活动的学习掌握情况进行检测。

【设计意图】

学生通过图文阅读，用任务阅读的方式，深入理解故事。教师通过任务单和即时的学生反馈，调整教学，进而达到教学评一体的高效课堂学习。

（3）Talk with Sara

教师通过绘本阅读的方式，帮助学生更好地理解故事。教师播放课文中 Sara 的问句，引导学生回归对话情境，在对话交流的语言情景中进行问答语言练习。

Q：Who decided the order of the birth – year animals?

Please tell me one of them.

Which animal was the first of the twelve?

学生在对话情境中，再次巩固文本呈现的内容，并且巩固发音。

S：That's a good question. There are many different stories about it.

In one story, the Jade Emperor held a swimming race to choose animals for the names of the years. Those twelve animals were faster than others.

It was the rat.

【设计意图】

回归对话情景，理解对话语用。

3. Practice

（1）Read and Practice.

教师为学生提供充足时间进行跟读，同伴分角色朗读，全班朗读展示，有效利用时间进行学语言操练。

Listen and Repeat.

Read in roles.

Reading show.

【设计意图】

多种方式阅读练习，巩固内化发音，达成本节课的教学目标。

（2）Who is the fastest?

教师延续了文本中 the Great Race 故事的情景，以游泳比赛中动物的排序为背景，进行语言操练。

操练语言结构：

Which animal was the ... of the twelve?

It was the ... .

运用句型并借助板书，学生两人小组互相问答，之后全班进行快速问答比赛。

S1：Which animal was the second of the twelve?

S2：It was the ox.

S2：Which animal was the fifth of the twelve?

S1：It was the dragon.

学生两人之间随机地互相询问，既对核心语言进行了操练，又能够对生肖动物的排序进行进一步的巩固记忆。学生两人小组操练结束后，学生在全班进行竞赛，挑选出最快并准确回答出完整句的同学进行提问奖励。

【设计意图】

学生在文本背景中操练语言，同时趣味性的竞赛形式提高了学生的参与积极性。

（3）Listen about Sara's survey.

教师播放听力材料，材料中 Sara 以陈述形式介绍家人的出生年份与生肖。

学生将所听到的年份与生肖进行连线。

学生听力练习之后，两人一组对 Sara 家人的生肖年份进行介绍练习，之后全班反馈。

听力文本原文：Hello, everyone. My name is Sara. Let me tell you something about my family. My mother was born in 1978. Her birth – year animal is the seventh of the twelve. My father is five years older than my mother. He was born in the year of the ox. I have a younger brother. This year is his birth – animal year. Do you know how old is he?

【设计意图】

听力文本贴合本课教学内容，以听力形式巩固本课知识，并且以 Sara 为例，进行独白式的陈述性介绍，为后续学生的语言操练活动提供示范。

4. Production：Talk about the birth – year animals

通过本单元的教学，学生对于中国生肖动物有了进一步了解，学生也能够基于真实的生活经验及中国文化中含有动物的相关成语持不同的看法。然而，中西方文化中对于动物的看法不尽相同，以"龙"为例，中国古代人民认为龙是吉祥、权力的象征，掌管万物，因此古代皇帝以"龙子"自居。而在西方的文化体系中，龙是邪恶的代表，龙能够喷火，毁灭世界。教师以国外动画片段中"龙"的可怕形象为例，与学生探讨中西方文化中对动物的不同看法，深入理解不同文化，帮助学生对生肖动物有更加全面的认识，形成初步的跨文化交际的能力和意识。

学生借助两课的学习，能够从不同方面向国外友人介绍中华传统文化中对于生肖动物的理解，试图进行连贯的表达。

T：They have different opinions to some birth – year animals from various culture background. Taking the dragon as an example, we Chinese think it can bring good luck, and it also means the power of the Emperor. However, from western point, the dragon is the symbol of evil. They can set up fire, they can ruin the houses, they can eat people. Why people have different ideas? What do you think of the dragon?

S1：I think Chinese people are kind. They think everything in a good way.

S2：I think western writers like the horrible stories. They are interesting. So they describe the dragon as a bad animal.

【设计意图】

通过中西方文化差异，辩证思考文化背后的内涵，传播中国文化的优秀内涵。

（四）板书设计

板书设计如图4所示。

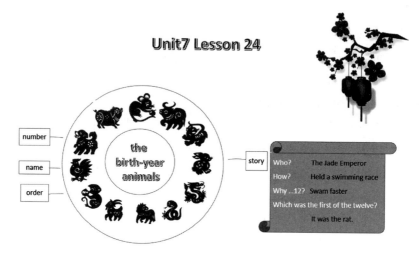

图4 板书设计

五、教师反思

（一）培养学生的文化品格，引导学生理解认同中华传统文化，弘扬宣传优秀生肖文化

在教学中，结合本课教学内容，引导学生关注语言和语用中的文化因素，学生通过充当"文化小大使"，向外国友人介绍中国生肖文化，引导学生理解认同中华传统文化。

（二）创设语境，注重语言实践，培养学生的综合语言运用能力

语言学习强调实践，学生应在语境中接触、体验和理解真实语言，并在此基础上学习和运用语言。在教学中，教师引导学生关注春节的衍生物，国际品牌的真实产品，介绍家庭成员生肖信息的任务，为学生创设在真实语境中运用语言的机会，学生通过接触、理解、操练、运用语言等环节内化语言。

（三）多种任务活动形式，学生自主选择，满足不同学习风格学生需求

在本单元的教学中，第五课时需要学生完成任选生肖典故进行表演的任务，在很大程度上帮助学生巩固内化语言知识，满足学生的学习兴趣，帮助学生理解生肖文化。但是考虑不同学习风格需求的学生，在下一次教学中可尝试设计不同的教学任务。

六、点评

<h3 style="text-align:center">基于单元整体教学　培养学生文化意识</h3>

北京市东城区教育科学研究院　王　伟

　　语言是文化的载体，是文化的外在表现形式。学生在学习英语的过程中，不断实践、体验、反思、发展，正确理解各种中外文化知识、辨别文化的精华和糟粕，逐步达到对中外文化的理解和对优秀文化的认同，形成一定的文化意识和文化修养，明确正确的文化行为价值取向，提高文化品格。本单元的教学立足单元整体教学设计，从挖掘文化信息、加深文化理解、增强文化意识三个方面层层深入展开设计与实施，在全面落实学科核心素养的同时，突出对学生文化意识的培养。

　　1. 依据内容确定主题，在主题语境中挖掘文化信息

　　研读教学内容，深度解析文本，确定主题意义对于单元整体教学设计非常重要。主题意义的确定能够使教师在教学设计的过程更加关注主题语境的设置。主题语境不仅制约着语言学习范围，还为语言学习提供了意义情境，并有机地渗透了情感、态度和价值观。在本单元教学中，教师充分挖掘主题语境中承载的文化信息，鼓励学生将其与生活联系起来，参与对文化内涵的深度探究。教师深读解读文本，分析出"本单元分别从十二生肖的名称、由来、动物所代表的人物性格、中西方文化的异同与分析展开，呈现层层递进的逻辑关系"。在此基础上，教师将本单元的主题确定为"中国生肖文化"，并且在各个课时中深入挖掘与主题相关的文化信息。如第一课时 Listen and Say 呈现了 Yangyang 与 Sara 交流的语言情境，学生在语境中初步感知十二生肖的文化知识，并学习相关的语言知识；第二课时主课文内容是 Yangyang 为 Sara 讲述十二生肖排序的由来；第三课时主课文内容是 Mike 与 Lingling 交流每个生肖动物所体现的品格。教师基于主题意义，从单元整体设计入手，很好地挖掘出本单元和主题相关的文化信息。同时，教师基于单元整体设计在第四课时还拓展了不同版本的生肖故事，延伸了中国生肖文化。在第五课时，增加了和生肖文化相关的实践活动，让学生自主地进一步学习中国生肖文化。教师从单元整体教学出发，依据教学内容挖掘丰富的文化信息，使整体设计更加聚焦主题，更加有利于教学目标的达成。

　　2. 遵循学生认知规律，在整体推进中加深文化理解

　　基于单元整体设计的教学十分强调遵循学生学习语言的认知规律。单元整体要以单元主题为线索，巧设单课话题，细化单课目标，精设教学内容，让课时和课时之间具有递进性。教师正是基于以上的认识与思考，从单元的整体教学设计入手，将五个课时在中国生肖文化主题下设计为初步感知生肖传统—继续探讨生肖由来—深入理解生肖内涵—拓展学习生肖故事—实践总结生肖文化的教学思路。这样的设计思路由浅入深，逻辑性强，符合学生的认知规律。在整个单元的学习过程中，学生不断学习中国生肖文化，不断丰富和深化对中国生肖文化内涵的理解。除此之外，教师还结合每个单元的主题，归纳各种语言知识点与相关的文

化知识点，助推学生对文化的理解。通过对英语文化背景知识的渗透和中外文化背景的对比学习，进一步深化对文化内涵的认识，从而使语言和文化相互促进、相辅相成，促进学生对文化的深入理解。

3. 创设真实语言情境，在学习活动中增强文化意识

语言是文化的载体，也是文化的反映。英语课程不仅是特定知识的载体，更是师生共同探求新知、开阔视野、体验情感、提高能力的载体。教师在教学中要系统地研读教材，充分利用教材资料，基于教材文本创设真实的语言情境呈现文化新知，从而提升学生的文化内涵。同时，教师还要充分结合教学内容，设计文化主题，开展富有趣味的文化实践活动，在学习体验中不断增强文化意识，促进学生跨文化交际的能力形成。本单元教学中教师设计了两个这样的学习活动，通过学生的体验不断增强学生的文化意识，学生能够在活动感知语言学习中的文化意涵，树立世界眼光，增进国际理解，认识世界文化的多样性。通过比较，深入认识中华文化，增强爱国主义和文化自信，不断提升传播中华优秀文化的能力。

愉快的周末生活

融思维于单元设计之中 引导积极健康的生活态度

北京版《英语》二年级上册

Unit 2 What do you do on Sunday？

单元教学设计

北京市东城区板厂小学 李 平

一、单元（主题）指导思想与理论依据

《普通高中英语课程标准（2017 年版）》提出了六要素整合的英语学习活动观，明确了英语学习活动是英语课堂教学的基本组织形式，是落实课程目标的主要途径，由学习理解、应用实践、迁移创新等一系列体现综合性、关联性、实践性等特点的活动构成。发展语言能力，提升思维品质，形成正确的价值观念，发展学习策略，学会学习，凸显学科育人价值。在核心素养的培养目标下，英语教学在关注学生语言能力的同时，更要关注学生学习能力、思维品格及文化意识的培养。

基于以上的理论指导，针对本单元的"Have a good weekend！"这一主题，在学生创新思维能力的培养过程中，进行单元整体教学。教师依据学生的认知发展水平、心理特点和现阶段具备的解决问题的能力，解决学生对于日常生活、周末活动这一话题表达中内容零散、无较强逻辑性的问题。这需要学生在学习英语阶段积累的知识逐渐在头脑中搭起一座从已知到未知的桥梁。所以在本单元的设计中对原教材的内容进行了有逻辑性的调整和补充，注重学生在真实语境中的体验，在话题探讨中鼓励学生更好地利用周末时间，引导学生养成积极健康的生活态度。

二、单元（主题）教学背景分析

（一）单元育人价值分析

在本单元课程前测问卷和访谈中了解到，部分学生周末户外活动时长较短，在尝试新事物、劳逸结合地合理利用周末时间方面存在较大的问题。另有部分学生对电子产品的热衷，导致户外活动少、视力下降等问题。因此，创设更贴近学生生活实际的情境，在话题探讨中，巧设课堂活动体验，感受和朋友一起的快乐周末，初步形成积极调整、安排时间的意识。领略周末的多彩活动，了解自己的不良生活习惯，学习如何合理安排周末时间。

单元整体设计主题语境贯穿始终，优化活动设计拓展学生思维，改变碎片化、表层化的做法，使课程走向整合、关联、发展的方向，实现对语言的深度学习（即语言、文化、思维

的融合）；从教学设计上，改变贴标签式的情感态度价值观教育，融育人目标于教学内容与教学过程之中，从而达到深度学习凸显学科育人。

（二）教学内容分析

本单元是北京版《英语》二年级上册第二单元"What do you do on Sunday?"，是继第一单元谈论"今天星期几"之后围绕周末活动的日常生活话题展开的。在一年级下学期时学生已经学过对一天中各个时段通常的问答，本单元话题是此话题的进一步延伸。教材语篇如图1所示。

图1　教材语篇

基于单元整体教学的设计，本语言功能单元"What do you do on Sunday?"的话题是weekends，从而进一步确定主题。对单课时进行深入解读、分析、整合后，搭建起以 Have a good weekend（愉快的周末生活）为主题统领，各语篇次主题相互关联、逻辑清晰的完整教学单元。由第一课时的语篇教学 Let's go to some wonderful places 展开，延伸到第二、三课时语篇整合提炼 Let's do some interesting things，拓展第三课时复习课 Let's have a good weekend，最后上绘本补充和综合实践课程相结合的第四课时。引导学生基于对各单独语篇小观点的学习和提炼，逐步建构对单元主题 Have a good weekend 的大观念。

（三）学情分析

1. 基于前测的学情分析

通过访谈，可以看出，学生关于周末生活这个话题已有不少积累，访谈提纲如表1所示。

表1　访谈提纲

被采访人信息：姓名_____　性别_____　年级_____　时长_____

访谈内容	访谈记录整理
1. 周末你更喜欢做以下哪种事情？	A. 看电视、玩电脑 B. 与同学参加户外活动 C. 看课外书 D. 其他_____
2. 你和朋友每周都能一起玩吗？	A. 能 B. 不能，因为_____
3. 你周末看电视或玩电子游戏的时间是多久？	A. 0～15分钟 B. 15～30分钟 C. 30分钟以上
4. 你户外活动时间平均每天是多久？	A. 不到两个小时 B. 两个小时以上
5. 你是否在周末尝试新事物？（例如做博物馆讲解员、垃圾分类员等。）	A. 有，是_____ B. 没有
6. 请回答以下问题： What day is today? What are the seven days of the week?	
7. 你能用英语以思维导图的方式表达出来吗？ （老师记录在黑板上，并举例提示，同学们相互启发完成思维导图。）	

已有知识与能力：绝大多数学生能够以思维导图的形式梳理、归纳学习过的内容，包括活动类词汇7个左右，地点类词汇5个左右。

大部分学生能够熟练掌握句型：What day is today? It's Sunday. 大部分学生能用英语表达出自己周末去公园玩等活动。

2. 学习困难及对策

【学习困难】

部分学生周末户外活动时长较短，在尝试新事物、劳逸结合地合理利用周末时间上存在较大的问题。而且部分学生对电子产品的热衷，导致户外活动少、视力下降等问题。周末活动安排统计如图2所示。

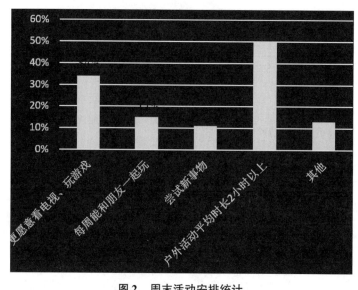

图2 周末活动安排统计

【应对策略】

教师深挖教材，调整教学内容，整合单元教学内容为两课时基础课时＋两课时复习拓展课。在此过程中，创设更适合学生生活实际的情境，巧设课堂活动体验，让学生感受和朋友一起的快乐周末，初步形成积极调整、安排时间的意识，领略周末的多彩活动，认识自己的不良习惯，学习合理安排周末时间。尝试开展丰富的活动，在话题探讨中，提升小学低年级学生辨析、梳理、概括信息的能力，鼓励学生更好地利用周末时间。

三、单元整体设计思路

（一）单元整体结构及说明

本单元通过体验丰富的周末活动和探讨如何度过愉快的周末展开，鼓励学生更好地利用周末的时间，度过愉快的周末时光。单元整体结构如图3所示。

图3 单元整体结构

（二）单元教学目标设计及说明

1. 单元整体目标

基于以上的学情分析，教师以关键能力和必备品格为出发点，制定相应符合学情的目标，以达到学科核心素养的培养目标。同时，解决本单元的关键问题：如何准确得体地表达周末活动；如何合理安排时间，以体会周末活动的丰富多彩。遵循英语学习活动观所设计的教学活动，将学科素养的目标落实到课堂教学中，具体包括以下几点。

①能谈论或介绍一些周末的活动地点和所做的事情。

②能结合个人生活实际，谈论或介绍自己的周末活动。

③能在拼读绘本的阅读中掌握发音规律并运用。

④感受周末活动的丰富多彩，乐于尝试新事物，有积极健康的生活态度。

2. 教学重点

学生可以梳理、整合有关周末丰富活动的表达，能和他人交流自己合理的周末生活。

3. 教学难点

鼓励学生周末尝试新活动，合理安排时间，培养积极健康的生活态度。

（三）分课时说明

第一课时：教师整合本单元出现的所有相关地点的词汇。学生在老师的帮助下，在活动中可以借助图片、关键词等进行合理的预测和推断，从而提升创新性思维能力并初步体会到周末活动地点的丰富多彩。以歌谣形式融合复习单元的部分语音教学内容：字母 e、字母组合 ey，学习其在单词中的发音。落实单元目标①、②、③。

第二课时：学生在丰富的活动体验下，就周末活动话题进行讨论和交流，更好地利用周末时间，尝试新事物。以歌谣形式融合复习单元的部分语音教学内容：字母组合 ee，ea，学习其在单词中的发音。落实单元目标①、②、③。

第三课时：在帮助 Andy 解决问题的过程中，认识到积极的生活态度的重要性，并了解如何规划自己的日常生活，不沉迷于电视、游戏等。复习单元知识内容，提示学生更好地利用周末时间学习、运动、娱乐等，丰富自己的生活。落实单元目标③、④。

第四课时：绘本学习，体验主人公如何礼貌待人。在话题探讨中引导学生通过合理安排时间、积极沟通，度过愉快的周末，并制作自己的时间安排表，从而丰富周末时光，培养积极健康的生活态度。落实单元目标④。

四、第三课时的详细设计及设计意图说明

本课时是本单元第三课时，为拓展复习课，主题为 Have a good weekend。在本课时重点要思考的问题是：怎样从单元整体教学角度提升学生的思维能力，引导其培养积极健康的生活态度。结合以上思考，本课从教材内容着手，立足于单元整体对教材内容进行统整和补充，旨在围绕主题创设情境下对活动进行优化，在学生锻炼语言能力的同时进行评价、交流。

（一）课时目标

①学生能够通过听力任务，获取地点和活动的细节信息并运用"I go to the park on Sunday."的句型进行表达。

②朗读含有字母 e 和字母组合 ea，ee，ey 的单词，了解其发音并能辨别。

③学生能够对应地点，联想、表达其适合开展的活动短语，并运用"What do you do on Sunday?""I often..."句型交流合理的周末活动安排。

④学生能够对比分析他人的周末生活是否积极健康，学习如何合理安排自己的时间，从而体验多彩的活动，并介绍自己的周末快乐生活。

（二）重点难点

1. 教学重点

学生能够对应地点，联想、表达其适合开展的活动短语，并运用"Do you...? Yes, I do. /No, I don't."和"What do you do on Sunday? I often..."交流合理的周末活动安排。

2. 教学难点

不沉迷于电子产品，学习如何合理安排周末时间，从而体验周末丰富多彩的活动，让周末更充实。

（三）学习过程

教学流程如图 4 所示。

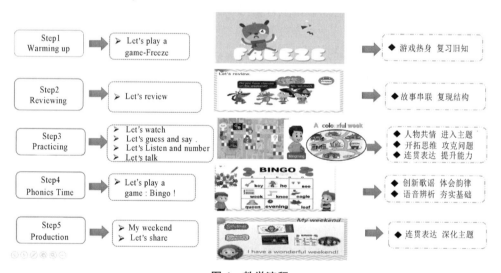

图 4　教学流程

1. Warming up

（1）Let's play a game – Freeze!

T：Firstly，let's play a game – Freeze.

When you see the phrases，you read and do actions.

Students look at the phrases，read loudly and stop when they hear Freeze.

T：Do you like this game?

Do you often play games on the weekend?

Ss：Yes.

【设计意图】

通过游戏热身，复现了本单元的谈论周末活动的部分短语。以激发学生兴趣、活跃课堂气氛的 Freeze 游戏激活学生的已知。复习已知并为教学目标③流畅表达做铺垫，如图 5 所示。

图 5　游戏 Freeze

2. Reviewing

T：Today we'll continue to learn Unit 2 Have a good weekend.

Do you remember our stories, do they have a good weekend? Let's review.

【设计意图】

教师借助本单元第一、二课时补充的情节，依托图片和人物情节串联本单元三篇语篇内容，用讲故事的方式师生共同整体复现故事内容和结构，为教学目标③的达成进行铺垫。

3. Practicing

（1）Let's watch

①Watch the video.

Video（视频）如图 6 所示。

图 6　视频（截图）

T：They all have a good time. Look, here's a little boy – Andy, does he have a good weekend?

②Talk about his problem.

T：Does he have a good weekend? Why not?

Ss：No.

S1：Because he watches too much TV.

S2：He plays video games a lot. （此处学生表达有困难，学生表达后教师及时给予帮助。）

T：Do you often watch TV or play video games?

But it's OK. Today let's help Andy and you together.

【设计意图】

教师引导学生观看 Andy 小朋友的视频，通过观看视频讨论、判断他的周末安排是否合理，让学生了解到，Andy 沉迷于电视、游戏，不愿意外出活动。在课前问卷调查中，班级学生中有同样沉迷于电子产品、户外活动时长短的同学，Andy 小朋友的引入贴近学生的生活实际，引起学生的共情，为解决本课教学难点进行铺垫。

（2）Let's guess and say

First, Let's take him out to see the wonderful places. 如图 7 所示。迷宫式的地点探索，学生通过头脑风暴联想可以在这些地点做哪些相应的有趣活动。

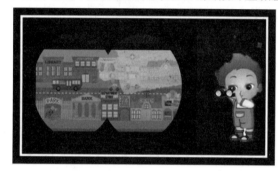

图7 有趣的地方

①Listen and guess. （如图 8 所示）

T：Let's listen. What place is it? （PPT 呈现农场动物叫声）

Ss listen and answer：It's a cat, dog, pig…

What can you do on the farm?

Ss：We can play with animals.

T：We can also do some farm works. Let's see.

图8 Listen and guess

T：So, farm is ... Ss：Farm is so fun! Interesting!

②Look and guess.

Show the related pictures on the screen.

Ss figure out the places through the pictures.

books – bookstore – read books and buy books

popcorn – cinema – see a film

animals – zoo – see animals

swimming pool – go swimming

And Andy shows a lot of hearts for the zoo. Maybe...

S：Zoo is his favourite place.

③Let's chant.

T：The parks are so interesting, we can...

Ss：Draw pictures, go boating...

And what other things can you do in the park?

教师通过课件呈现在公园开展的多彩的活动，并配以动感的节奏说唱学表达。

blow bubbles play in the slide fly a kite play football ...

T：And the best thing in the park is we might meet some...

Ss：New friends. We can make new friends.

T：Yes, playing with friends are so fun! So, how to have a good weekend?

（根据板书思维导图呈现总结如何度过愉快的周末。）

Ss：We can go to some wonderful places and do some interesting things.

【设计意图】

通过带 Andy 浏览丰富的地点，复习所学地点词汇。在浏览的过程中调动学生丰富的听、看等感官，在激发、维持学生的兴趣的同时让 Andy 和同学们一起感受到周末还可以去这么多有意思的地方，使他们对周末的活动有所期待。同时，关联相应地点所能做的事情，通过体验丰富、新鲜的活动，解决学生对于日常生活、周末活动这一话题表达中内容零散、无较强逻辑性的问题。提升学生创新思维能力，并为产出部分的连贯表达进行铺垫。落实教学目标③。

（3）Listen and number

T：Wow, there are so many interesting places. Andy says：But... How is Andy now? What's the matter with him?

He doesn't know how to arrange his time. Let's ask Mingming for help. （对应教材第18页）

T：Before listening, let's look at the pictures.

a. Listen and number.

b. Let's check.

【设计意图】

通过优化活动，继续深度拓展思维。在 Andy 开阔视野找到了兴趣之后，又一问题出现——他不知道如何安排一周的生活，通过这一任务驱动，邀 Mingming 介绍他丰富的一周活动，让 Andy 和其他有相同困惑的同学们意识到自己不良的生活习惯，感知如何安排一周的计划，同时，以听力理解的方式巩固语言，突破本课重点。这一活动是基于教材18页的听力活动，在围绕主题创设情境下对活动进行优化，在学生锻炼语言能力的同时进行评价、交流。

（4）Let's talk

①Finding out Andy's new problem.

T：This is Mingming's colourful week. Andy talks to Mingming. .

Andy 和 Mingming 的对话如图 9 所示。

图 9　Andy 和 Mingming 的对话

②Helping him to make new friends

T：How to make a new friend?

Ss：Talk with friends. And we can ask him to play together.

③Pair work：Making friends with Andy.

T：Good idea！Let's see. How to make new friends? （与新朋友的对话如图 10 所示）

We can ask about：

Ss：Do you go to . . . ? What do you do on . . . ? And we ask him to play together.

图 10　与新朋友的对话

T：Wow. Good for him. Boys and girls，do you want to make friends with Andy?

Let's go！

Make a new dialogue.

④Watch and find out.

T：How is Andy now? Oh，he turns off the TV. And he goes outside happily. What does he do on the weekend? Let's ask him.

Ss：What do you do on Saturday? Andy says：I play football.

Ss：What do you do on Sunday? He answers：I go to the zoo.

Ss：He has a good weekend.

T：Kids, do you often play video games or watch too much TV? It's not good. You can go out with your friends like Andy. We all can do many interesting things and have happy weekends！

【设计意图】

本环节通过 Andy 和 Mingming 聊天的情节，师生共同讨论 Andy 意识到了自己的不良生活习惯，然后继续帮助 Andy 解决没有朋友的问题。通过学生两人合作进行创编对话练习，对本单元的功能语言在情境中进行了迁移和创新，落实了教学目标③。同时在此环节通过解决 Andy 的问题引起学生的共情，体会到 Andy 通过丰富自己的周末活动交到新的朋友从而有了转变，落实文化品格的目标，凸显学科育人价值并攻克教学难点。

4. Phonics Time：Playing a game with Andy

T：Now Andy is playing Bingo game. Let's play the game together.（玩 Bingo 游戏如图 11 所示）

Ss listen to the game construction and play the game with partners.

Read the word and mark the square. If you make the squares in a column, row, or diagonal, you can yell out Bingo and win！

Ss read the words and mark the squares to win this game.

图 11　玩 Bingo 游戏

【设计意图】

通过趣味游戏，使学生在轻松愉悦的氛围中巩固字母及字母组合在单词中的发音。并通过游戏读准单词，复习语音词。同时，在本单元大语境中进行游戏活动，体现了主题情境贯穿始终，解决语音词难以融入主题的问题。落实教学目标②。

5. Production

（1）Andy's weekend

T：Today we help Andy and he has a good weekend. Now let's listen to his introduction.（Andy的周末如图 12 所示）

图 12　Andy 的周末

（2）My weekend

T：You can introduce your colourful weekend or draw your weekend and share with friends.

Ss has got some stickers in this unit, so they can stick or draw their wonderful weekend activities on the worksheet.

T：Let's share.

【设计意图】

通过制作自己和小组成员的周末活动，从而达到对语言的迁移和创新。本课贯穿始终的大主题情境中前期活动的铺垫和语言的积累，为学生的连贯表达搭好了桥梁。本单元贯穿始终的评价机制，即学生课上得到的本单元相关的活动地点和事情的贴纸，在本活动中不断得到呈现。落实教学目标④的要求。

（四）板书设计

板书设计如图 13 所示。

图 13　板书设计

五、教师反思

（一）针对学生需求，优化活动设计

通过课前问卷调查等学生分析，为解决学生的知识较零散无逻辑性问题，通过第一、二课时的学习，在复习课时设计了迷宫式探索地点的活动。通过多感官参与的探索活动出现活动地点后，教师在设计初期直接出示了地点所对应的活动短语词卡，在板书中把地点和所做事情关联呈现。但反思后发现这局限了学生的思维，没有让学生运用发散思维去联想更多丰

富的活动，没有结合学生的生活实际去丰富体验。

因此，调整后的设计通过启发式的提问、补充视频资源、学生发散思维进行表达等。丰富、新颖的情景与教师自制的单元知识内容整合的音频、视频内容，使学生在情景体验、参与活动的过程中开阔思维、合理猜测，从而有逻辑性地表达。通过单元整体的设计，在一、二课时和第三节复习课中注重补充活动地点和相应地点开展活动，丰富了学生的体验，领略了周末的丰富多彩，并为学生连贯表达搭好台阶。

（二）教学资源高效利用，促进学生思维发展

思维与语言是密不可分的，语言是用来传递思想的。因此，如何给学生创造表达观点、获得思维发展的机会就成为英语课堂教学中的重要任务。

站在学生学习内容的角度上，无论是学习语音还是学习词组、句型，教师都引导学生发散思维、举一反三，渗透学习策略，从而提高学生的语言能力和学习能力。例如，在第一课时学习 park，bookstore 等地点词汇时，引入单元其他课时中出现的 farm 等地点，在梳理知识点的同时，帮助学生在真实情景、教师自创的歌谣等活动中加深理解，更灵活地掌握其用法。

绘本阅读的过程充满创意，教师在引导学生通过观察图片、合理想象，学会猜测、判断与推理的过程中，锻炼学生自主阅读技能。同时，教师改编后的自制绘本更贴合本单元的主题，从单元目标出发，帮助学生了解主人公通过积极和妈妈沟通自己的周末时间安排获得了学习、娱乐多丰收的周末体验。通过绘本阅读的过程中，解决语音词难以融入单元大主题的问题，并在阅读中体会发音规律和方法，在一、二课时的学习理解、总结辨别发音规律，在复习课时的游戏活动中再次巩固提升，落实单元语音词汇学习的目标。

（三）围绕主题的确立，设计沉浸式的情景体验

通过课前的学生问卷调查可知，部分学生对电子产品过于热衷，从而导致户外活动少、视力下降等问题。教师在复习课的设计之初着眼于丰富学生的体验，让学生乐于享受周末活动，但后来发现，学生不能意识到沉迷电子产品这一问题，情感态度的目标成了师生"喊口号"。

因此，教师创设更适合学生生活实际的情境，巧设课堂活动体验，引入了 Andy 这一人物，感受他从沉迷于电视、游戏到认识自己的问题，再和朋友一起度过快乐周末的转变，让学生能够联想到自己的生活，认识自己的不良习惯，学习合理安排周末时间，初步形成积极调整、安排时间的意识。领略周末的多彩活动，鼓励学生更好地利用周末时间，学习、运动、娱乐、尝试新事物。

教学中仍需不断反思、改进的是在课堂教学过程中应更关注到不同学生在课堂上的收获及为学生搭建不同程度的展示平台。有针对性地对表达上有困难的同学进行及时巩固及再次检验。如何将个性化的、有针对性的检验、纠错、巩固活动与集体学习合理协调，需要再思考。

六、点评

优化活动设计　落实核心素养

北京市东城区教育科学研究院　董　伟

1. 立足单元整体，促核心素养达成

单元整体设计，主题语境贯穿始终，优化活动设计拓展学生思维，改变碎片化、表层化的做法，使课程走向整合、关联、发展的课程，实现对语言的深度学习，即语言、文化、思维的融合。

在本单元实施过程中，教师通过教学活动以创设更适合学生生活实际的情境，在话题探讨中，巧设课堂活动体验，感受和朋友一起的快乐周末，初步形成积极调整、安排时间的意识。

教师以关键能力和必备品格为出发点，制定相应符合学情的目标，以达到学科核心素养的培养目标。同时解决本单元的关键问题：如何准确得体表达周末活动？如何合理安排时间以体会周末的丰富多彩？遵循英语学习活动观所设计的教学活动，将学科素养的目标落实在课堂教学中。通过体验主人公积极调整自己的周末活动安排从而度过愉快的周末，意识到自己不良的生活习惯，感知如何度过愉快的周末。引导学生有合理安排时间的意识，摒弃不良的生活习惯，周末体验和朋友一起的快乐时光，意在鼓励学生更好地利用周末时间，学习、运动、娱乐、尝试新事物，凸显核心素养的育人目标。

2. 创造性使用教材，促语言能力落实

教师创造性地使用教材，进行板块转化、任务设置，促进学生语言表达能力的提升。从单元整体入手，将本课教材中的听说板块转化成一场真实的交流，帮助学生在积极的思考和表达中调动已知，适当拓展。有意识地为学生营造相对真实的语境，进行真实的交流。各个环节紧凑又巧妙地体现了环节间的联系和递进关系。这种较为真实的设计极大地调动了学生想要表达自己真实想法的热情，从而在真实的基础上促进了语言运用能力的提升。

3. 优化活动设计，促学习评价达成

围绕主题创设情境，对活动进行优化，在学生锻炼语言能力的同时进行评价、交流。本课注重评价主体的多元化，突出评价的激励和促学作用，关注学生的课堂学习表现，既包括注意力、情感投入、主动性，也包括对语言、文化或问题的理解和阐释的深度，语言表达的连贯性与丰富性，并设计了教、学、评一体化的有机评价机制。从教学设计上，改变贴标签式的情感态度价值观教育，融育人目标于教学内容与教学过程之中，从而达到深度学习的目的，凸显学科育人价值。

快乐的节日　快乐的生活

基于主题意义引领，关注学科育人价值

北京版《英语》三年级上册

Unit 7 When is Thanksgiving?

单元教学设计

北京市东城区回民实验小学　原　媛

一、单元（主题）指导思想与理论依据

《普通高中英语课程标准》（2017年版）提出，实践英语学习活动观，促进核心素养有效形成，明确活动是英语学习的基本形式，是学习者学习和尝试运用语言理解与表达意义、培养文化意识、发展多元思维、形成学习能力的主要途径。落实到小学阶段，教师应从英语学习活动观的视角重新审视课堂教学设计的合理性和有效性，整合课程内容，优化教学方式，为学生设计有情境、有层次、有实效的英语学习活动。以大情境统领课堂，克服情境创设碎片化，激发学生学习动机，英语思维能力，帮助学生形成知识的迁移与运用能力，提升学生的英语学科素养。（邓靖武，刘娜，2020）

二、单元（主题）教学背景分析

（一）单元育人价值分析

本单元所涉及的节日话题在三大主题语境中属于人与社会的范畴，包括了解不同民族的文化习俗与传统节日。对于中年级学生来说，恰当的情境创设更有利于学生理解语言，浓郁的文化氛围更有助于学生了解传统文化。因此，教师在教学中将戏剧元素融入课堂，助力真实语言情境的搭建，营造节日氛围。通过对比中西方节日的文化异同，突出节日活动所带来的乐趣，激发学生对我国传统文化的热爱，凸显学科育人价值。

（二）教学内容分析

本单元是北京版《英语》教材三年级上册的最后一个新授单元，第23课借阳阳和Sara之口介绍了中西方的重要节日，重点了解节日的时间。第24课在阳阳、玲玲和Mike共度圣诞节的情境中谈论节日的装饰。第25课则是以Sara和Mike在中国过春节为背景，借玲玲之口介绍春节的传统文化。

（三）学情分析

1. 基于前测的学情分析

自然情况

我校三年级学生活泼好动，参与课堂活动的积极性高。在戏剧教育的浸润下，学生乐于参与课堂戏剧活动，能主动表达，部分学生能用肢体动作搭建场景。在特定的场景中，多数学生能主动演绎并创编简单的对话。

已有知识能力

纵观北京版教材，学生在一年级上册就已经学习了春节、新年、圣诞节等节日的名称，掌握了简单的节日问候语；在二年级上册的学习中，还了解了简单的节日庆祝活动；在本册教材的前三个单元中，又学习了具体日期的表达。

2. 学习困难及解决办法

学习困难

部分学生对于节日的话题，还存在着表达片面、缺乏逻辑等问题。

解决办法

针对学生存在的问题，笔者将在教学中通过大情境创设，鼓励学生积极参与，并借助板书引导学生有逻辑地连贯表达。

三、单元整体设计思路

（一）单元整体结构及说明

单元整体结构如图 1 所示。

图 1　单元整体结构

（二）单元教学目标设计及说明

①能从节日时间、节日元素、节日活动、节日礼仪等方面简单描述中外传统节假日。具体包括：能够用"When is ... ?""It's ... ."交流有关节日的时间；能够用"I like ... ."交流自己所喜好的节日装饰物以及相关的节日元素；能够用"Let's celebrate ... ."提出庆祝某节日活动的建议，并能够谈论常见中西方节日的主要庆祝活动。

②能够通过绘本体会字母 a，o 及字母组合 er，or 在单词中的读音，并能尝试拼读单词。

③能在谈论中外传统节日时体会热爱祖国的情感意识，了解并尊重西方人的节日文化，感受生活的美好和节日的快乐。

（三）分课时说明

第一课时 Interesting holidays：通过交谈阐述了中西方各具特色的节日及时间，在交流中感受中西方节日文化的异同。

第二课时 Merry Christmas：以西方最重要的传统节日圣诞节为例，在谈论时间的基础上，补充有关节日元素的表达，通过和 Mike 一起装饰圣诞树的活动，了解并简单谈论西方人是如何庆祝圣诞节的。

第三课时 Happy Chinese New Year：延续上一课时谈论节日元素的话题，和学生在春节的大情境中谈论春节的时间、装饰物及庆祝活动，感受节日的气息，在和外国友人的交流中传播我们的传统节日文化。

第四课时 Holidays are fun：通过学习节日绘本 *My First Chinese New Year* 加深对传统节日的理解，拓展语言知识，了解节日习俗，体会节日文化。

第五课时 My favourite holidays：综合实践活动课，将语音板块以绘本的方式有机融入，结合单元实践活动海报开展"我最喜爱的节日"交流活动，培养学生综合语言运用能力，让学生在有情境、有层次、有实效的英语学习活动中不断发散思维并习得语言。

四、第三课时的详细设计及设计意图说明

本课时的主要内容是玲玲邀两位外国小朋友一起过春节。教师在本节课的教学中，拓展对话内容，有机渗入中国传统文化，借助玲玲之口带领外国小朋友共同感受我们的传统节日文化，学生能够在潜移默化中习得文化知识，理解文化内涵，并在多种多样的庆祝活动中体会春节作为传统节日的重要意义。

（一）课时目标

①能够用"Let's celebrate ... together."提出庆祝某节日的建议，并能在实际情境中与他人进行交流。

②能够在交流中了解中国的传统节日春节，喜欢中国的传统节日和与之相关的文化习俗，并能体会礼貌待客的语言和行为。

③能够借助框架描述春节的有关内容，体现语言的综合运用。

（二）重点难点

教学重点

①能够在语境中运用"Let's celebrate ... together."提出建议，并能在实际情境中进行交流。

②能够在不同情境中感受语言，表演对话。

教学难点

词语 celebrate 的读音及在特定情境中的运用。

（三）学习过程

教学流程如图 2 所示。

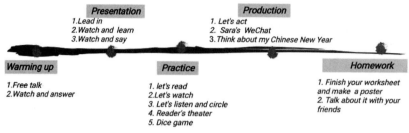

图2　教学流程

1. Warming up

（1）Free talk

激活旧知，感知主题，构建大情境

T：Last class we learned some holidays. What holidays do you know?

S：I know Thanksgiving/Christmas/...

T：When is Thanksgiving/Christmas/...? What can we do on this day? What do we eat/say?

S：It's in November/December/... We can ...

思维导图如图3所示。

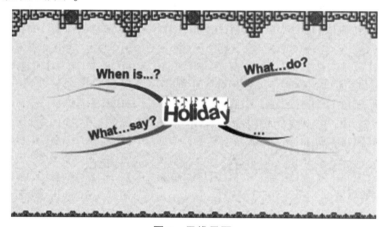

图3　思维导图

T：Today we will continue to learn holidays. Guess，what holiday we are going to learn today?

S：Chinese New Year.

T：Yes，we are going to learn Chinese New Year，and we also call it Spring Festival.

T：When is Chinese New Year?

S：It's in January or February.

【设计意图】

教师与学生就节日话题展开交流，根据框架提出节日时间、节日元素、节日活动等问题。在此过程中帮助学生根据框架有意识地复习、梳理关于节日不同方面的旧知。教师再根据学生的表达给予积极反馈，同时使学生明确本节课继续学习有关节日的话题。学生通过教师穿着猜测出今天的学习内容——Chinese New Year，初步感知本课主题，并为学生构建春节大情境。

（2）Watch and answer

观看视频，引起共鸣，引发思考。

T：I love this holiday, because we can do a lot of things to celebrate Chinese New Year. When I was a little girl, my favorite holiday is Chinese New Year. Do you know what did I do during my Chinese new year? Let's have a look.

文本内容：I wear new clothes to celebrate Chinese New Year. We have a big dinner together. I like to eat jiaozi. It's my favorite. We watched the Chun wan together. I can get red packets. I set off firecrackers to celebrate Chinese New Year. We watch the fireworks together. I visit friends with my parents.

T：Do you do these things to celebrate Chinese New Year like me? What do you do?

S：I can watch the fireworks/...

T：We can... to celebrate Chinese New Year. We all like this happy holiday.

T：Our friends Mike and Sara also like Chinese New Year. This is their first Chinese New Year in China. So their Chinese friends, Lingling invite them to her house to celebrate Chinese New Year together. Look they're coming. 如图 4 所示。

图4　Lingling，Mike and Sara

【设计意图】

此环节意在帮助学生复现所学动词短语，同时帮助学生理解本课难点词语 celebrate，也为后面的活动进行铺垫。在一系列问题的引领下，引起学生共鸣，激发学习兴趣，渗透了中国传统文化中的春节习俗。

2. Presentation

（1）Lead in

观察主题图，搭设情景一" Lingling invites friends to her house"。

T：What do you see from the picture?

S：I see the red lanterns/couplets/character Fu...

T：Well，there are many decorations. Look，here are some beautiful red lanterns. Let's hang them up.

【设计意图】

教师借助主题图将学生引入语言情境，学生通过观察图片，进入对话的学习，同时教师借助道具搭建出春节时各家各户张灯结彩的场景，如图 5 所示让学生自然而然地融入其中。

图 5　春节庆祝活动

（2）Watch and learn

整体感知，聚焦节日问候语。

文本内容：Happy Chinese New Year. The same to you. Let's celebrate Chinese New Year together. Great we'd love to. Look the right lanterns big and bright. I like them. Welcome to our house. Happy Chinese New Year auntie. The same to you. Sit down，please. Have some candy，please. Thank you.

T：How do they greet to each other?

S：Happy Chinese New Year! The same to you.

T：Lingling wants to invite her foreign friends to celebrate Chinese New Year. How does Lingling invites her friends?

S：Let's celebrate Chinese New year together.

【设计意图】

在学习对话的过程中，学生通过观看视频，整体感知对话内容，聚焦节日的问候语。

（3）Watch and say

聚焦节日活动，体会文化习俗，搭设情景二"Mum welcomes Lingling's friends"，如图6所示。

图6 情景二

T：How do they celebrate Chinese New Year?

S：They eat candy/ visit friends/...

T：They visit friends, eat yummy food and play games together.

T：If you were Mum or Lingling, what would you say?

S：Welcome to our house. Have some candy please...

T：Mum welcomes Lingling's friends. And Lingling treats her friends with some candy. They are very kind. And our Chinese are very happy to treat our visiting friends. It's our traditional Chinese culture.

【设计意图】

渗透到朋友家做客的礼仪文化，学习玲玲和玲玲的妈妈怎样作为主人接待客人，从而学习正确运用礼貌用语。同时学生在潜移默化中进入情景二，体会中国人热情好客的文化习俗。教师引导学生积极进行思考，将学生的生活经验运用到课堂和学习活动中，既有效地利用学生资源，又使习得知识的过程更贴近学生的生活。

3. Practice

（1）Let's read

巩固操练，内化语言。

Listen and repeat.

Read by oneself.

Read in pairs.

Read in roles.

【设计意图】

教师为学生整体呈现课文内容，学生通过模仿跟读、自读、分角色朗读等方式进一步巩固操练并内化语言。在朗读中，感受文本中人物的情感，带动学生的情感，再次烘托节日气氛，加深学生对春节这一传统节日的喜爱之情。

（2）Let's watch

延续课文情境，拓展课文内容，补充庆祝活动，搭设情景三"Let's have dinner together"和情景四"Let's watch the fireworks"，如图7所示。

Let's have dinner together. What a big dinner. Yummy. It's time four to one. It's cool. Look at the fireworks how beautiful. Let's go to the temple fire tomorrow. That's great.

T：What else do they do to celebrate Chinese New Year?

（a）   （b）

图7　情景三和情景四

（a）情景三；（b）情景四

（3）Let's listen and circle

have a big dinner/watch the Chunwan/watch the fireworks/go to the temple fair

T：What do you do to celebrate Chinese New Year ?

S：We eat jiaozi/wear new clothes/get lucky money...

【设计意图】

延续课文的主题语境，以视听输入的形式帮助学生进一步了解春节，并借助板书帮助学生梳理出更多的春节庆祝活动，有机渗入中国传统文化，学生能够在潜移默化中获得文化知识，理解文化内涵，并借玲玲之口向外国朋友传播了我们的传统节日文化。

（4）Dice game

T：During Chinese New Year, we also play games. Do you want to play? Let's play together.

Rules：When the game starts, you can say "stop", and the dice will stop. Then you can say something about the pictures.

【设计意图】

骰子游戏如图8所示，这项活动帮助学生巩固操练"Let's say/eat/go..."等建议句型，进一步巩固习得本课所学语言。同时也缓解了学生学习的疲惫感，激发学生的学习兴趣。引导学生在运用语言的同时，丰富对节日文化的理解，逐步形成文化品格。

图8 骰子游戏

（5）Reader's theater

读者剧场。

T：Do you like this story? Now，let's come to our Reader's theater. Choose your favorite character and read with your group members. Please remember these following rules.

1）Read aloud.

2）Read with your emotion.

3）Read and act.

【设计意图】

"读者剧场"是同学们熟知的台词训练活动，学生选择自己喜欢的角色，以小组合作的方式，通过表情和肢体动作，运用相应的情境语言分角色朗读，感受和主人公们一起过春节的快乐心情。帮助学生树立自信心，培养学生合作分享的品格。

4. Production

（1）Let's act

戏剧表演，应用实践。

T：During Chinese New Year，we can see many celebrations. Let's celebrate Chinese New Year together！

【设计意图】

在戏剧表演活动中，每个小组化身为一个家庭，任意选择一个情景来展示自己家的春节庆祝活动。戏剧活动帮助学生在体验中感受节日文化带来的无限欢乐，逐步实现对语言知识和文化知识的内化，助力学生将知识转化为能力，如图9所示。

图9 学生表演春节活动

图 9　学生表演春节活动（续）

（2）Sara's WeChat

Sara's WeChat 如图 10 所示。

T：Our friends Mike and Sara are very happy. They have a very good time in Chinese New Year. Sara writes a passage to their friends in America to introduce Chinese New Year. Let's have a look.

图 10　Sara's WeChat

（3）Think about my Chinese New Year

T：This is Sara's Chinese New Year. How about yours？根据自己的春节活动，填写图 11。

My Chinese New Year

Time	People say...	Activities

I feel_____

图 11　春节活动回顾

【设计意图】

通过阅读 Sara 在微信朋友圈中发布的一篇关于自己在中国过春节的感受，思考自己对春节的感受。通过交流自己对春节的感受，体会春节的内涵，凸显本节课的主题意义。

5. Homework

Finish your Chinese New Year's worksheet and make a poster.

Talk about it with your friends.

【设计意图】

根据框架的提示，完成学习单中自己对春节的感受，继续完成本单元实践作业 My favourite holiday 小报，为后续课时中谈论 My favourite holiday 做准备。比较文化异同，进而尝试在新的语境中运用所学语言和文化知识。

（四）板书设计

板书设计如图 12 所示。

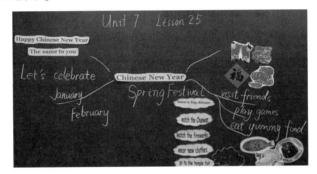

图 12 板书设计

五、教师反思

本单元主要谈论节日话题，学生在学习中会很自然地对比中西方节日文化的异同，教师在本单元的教学中注重传统文化在英语学科中的传承，通过节日大情境的搭建，借助戏剧元素的融入，和学生们一起在情境中学习、体验、理解语言，将操练的环节以戏剧游戏的形式呈现，突出学生课堂学习中的主体地位，有效落实核心语言。

（一）依托大情境创设，融入戏剧元素活动，培养创新能力

本单元的节日话题特别适用于创设大情境开展课堂学习活动，通过创设不同的节日场景，让学生在特定的情境中就节日的时间、装饰元素、特色活动等话题展开交流，有助于学生将所学语言与自己的实际生活情境相关联，内化语言并进行二次输出，突出语言学习的实效性。学生在充满生机、快乐与激情的课堂上，促成情感互动，借助角色模拟，展现对话情景，以戏剧呈现，使学生收获更多。有趣的戏剧活动不仅能够有效地提高学生对语言的理解力，还有助于发展学生的语言运用能力及其创造力和想象力。学生以小组为单位，自主选择角色，组织语言，完成场景搭建。这些活动都是在学生能够理解和应用语言的基础上展开的，学生在完成场景搭建的过程中充分发挥其想象力，用肢体动作展示出生动的画面，在组织语言、创编对话的过程中发展学生的英语思维能力。本单元在教学中自始至终以情境为依托，给学生创造具有节日气氛的课堂环境，充分利用学生生活常识，设计了多种形式的教学活动，着力让学生在"体验参与"的学习方式中接触、理解语言，感受成功。

（二）挖掘传统文化的意义，凸显学科育人价值

本单元谈论的话题是中西方具有代表性的节日，教师在授课的过程中，同样注重本单元的育人价值。教师在渗透春节习俗的同时，让学生受到中国传统文化的熏陶。针对三年级学生的年龄特点及生活经验，在课前调查了解到，他们对中国的传统节日——春节的了解并不深入。教师针对这一问题，改编教材，补充会话内容，从非文本及文本信息入手，通过学习理解、应用实践、迁移创新等活动，帮助学生感知、体验、理解节日文化。学生在英语语言学习的过程中，用英语来表达传统文化，从"被动学"到"主动学"，提高了学生对语言的综合运用能力。让学生通过一系列的活动体验过春节，在了解春节文化的基础上谈论春节的意义，有较强的育人价值。但是部分学生受语言所限，不能连贯表达，教师可以在谈论此话题前给学生搭设台阶，先让学生用一两个词说说自己对本节课中春节庆祝活动的感受，再升华到用一句话谈论学生眼中的春节，让学生渐进地表达自己的观点。

六、点评

借助情境舞台　探究主题意义　融入戏剧元素　弘扬传统文化

北京市东城区教育科学研究院　王文娟

本单元的话题是谈论中外传统节日，教师在此设计中基于主题意义引领，以节日板块划分大情境，在每一课时中依据学习内容有侧重点地搭建情境，学生根据不同情境完成了学习活动，情景的创设帮助学生在语境中体验、了解并比较了中西方节日的异同，激发了学生对传统节日的喜爱，鼓励学生在学习中主动传播我国的传统节日文化。

1. 以大情境统领课堂，有效落实核心语言

以大情境统领课堂学习，是重视情境教学、促进课堂学习有效发生的重要途径。学习过程的情境化应以统领课堂学习的大情境为背景，以知识迁移与实践运用为目标，以基于实际问题的解决为载体。以大情境统领课堂学习的教学有利于激发学生学习动机与思维能力的提升，帮助学生形成知识的迁移与运用能力，进而形成良好的认知结构。基于大情境统领课堂学习的教学避免了课堂情境的碎片化或无情境化，这对避免知识的零散化或僵化有重要作用。通过与核心问题相对应的大情境统领、基于问题链的对话教学，学生的学习更容易形成网络化的知识结构，进而形成良好的认知结构。

2. 戏剧元素融入英语课堂教学，助力大情境的搭建

学生运用语言和肢体动作搭建的场景，使文本内容立体化，戏剧活动不仅能够有效地提高学生对语言的理解力，还有助于发展学生的语言运用能力及其创造力和想象力。学生以小组为单位，自主选择角色，组织语言，完成场景搭建。在学生能够理解和应用语言的基础上

展开讨论，学生在完成场景搭建的过程中充分发挥其想象力，用肢体动作展示出如电视、钟表、鞭炮等生动的画面，在组织语言创编对话的过程中发展学生的英语思维能力。由于小组成员各有特点，有的善表达，还有的善表演，因此在小组的戏剧活动中学生们会自发地展示出每位小组成员之所长，充分体现出同伴间的合作、谦让和友爱。结合教学目标和大情境的搭建，学生能在真实的语境中运用所学的语言知识与同伴进行节日活动的交流，能主动参与小剧场展示活动，与同伴合作在特定情境中应用本单元语言，用自己的话有逻辑地介绍自己喜爱的节日，有效促进学生综合语言运用的能力及思维品质的提升。学生在多种多样的活动中体验到成功的欢乐和喜悦，点燃思维的火花，增强学习的主动性，能在主题语境中更好地学习、理解和运用语言。

3. 关注核心素养，培养文化品格，传承传统文化

英语课程不只是特定的知识载体，而是师生共同探求新知、形成能力、体验情感、感受文化的过程。在语言教学的同时，要重视学科育人价值的体现和渗透。在英语学科教育的过程中，丰富学生的文化知识、增加学生的情感体验、端正学生的文化态度、形成正确的价值判断、内化学生的文化品格、优化学生的文化行为是培养学生文化意识的重要内容。在教学中，教师应把培养学生对文化的敏感度和自觉性作为一个重要的任务，通过显性的教学活动和隐性的潜移默化让学生建立和提高对中外文化的敏感性和鉴别能力，进而提高跨文化交际能力。

教师在教学设计中，根据三年级学生的年龄特点以及已有生活经验，从非文本及文本信息入手，拓展对话内容，有机渗入中国传统文化，由主人公玲玲带领外国小朋友共同感受我们的传统节日文化，引导学生积极进行思考，将学生的生活经验运用到课堂和学习活动中，既有效地利用学生资源，又使习得知识的过程更贴近学生的生活。通过学习理解、应用实践、迁移创新等活动，帮助学生感知、体验、理解节日文化。学生能够在英语语言学习的过程中，用英语来表达传统文化，并在多种多样的庆祝活动中体会春节作为传统节日的重要意义。在潜移默化中获得文化知识，理解文化内涵，比较文化异同，形成正确的价值观，坚定文化自信，形成自尊、自信、自强的良好品格，具备一定的跨文化沟通和传播中华文化的能力。

垃圾分类从我做起

北京版《英语》六年级下册
Unit 3 Let's live a low – carbon life
单元教学设计

北京市第一师范附属小学　王金芳

一、单元（主题）指导思想与理论依据

《义务教育英语课程标准（2011 版）》提出，语言学习需要大量的输入，丰富多样的课程资源对英语学习尤其重要，英语课程应根据教和学的需求，提供贴近学生、贴近生活、贴近时代的英语学习资源，创造性地开发和利用现实生活中鲜活的英语学习资源，积极利用音像、广播、电视、书报杂志、网络信息等，拓展学生学习和运用英语的渠道。

从单元整体教学视角来看，教材单元中各个课时之间的主题逻辑与内容安排上存在一些不足，在一定程度上不能满足学生的认知与社会需求。因此，无论是从语言输入的质量与数量，还是教材单元主题内容拓展的需求，适当补充绘本资源都是十分必要的，因为英语绘本图文结合，语言地道，在内容上可从多个维度激发儿童认知、情感和意识的发展，是儿童阅读和语言学习的重要资源。（付春敏，2018）

教材（课本）与英文绘本各自具有不可替代的优势，二者互补可以丰富学生的学习内容，拓展学生的学用渠道。而基于教材单元话题拓展的小学英语绘本教学，是提升小学生英语阅读能力与阅读品格，并发展其英语学科核心素养的有效途径之一。同时，现代社会倡导"面对生活垃圾造成的突出环境问题，我们应该坚定绿色发展理念，加强生活垃圾分类制度建设"的理念。

基于以上理念，教师结合北京版《英语》六年级下册第三单元"Let's live a low – carbon life"补充了英文绘本故事阅读。

通过绘本故事的学习，能够帮助学生了解垃圾分类的常识，进一步培养学生的阅读策略及环保意识，促进英语学科核心素养的形成和发展。

二、单元（主题）教学背景分析

（一）单元育人价值分析

北京版《英语》六年级下册第三单元"Let's live a low – carbon life"是围绕"环保"话题展开的。其中，Lesson 9 的语境是 Guoguo 一家看到小区宣传栏中世界地球日的海报，思考能为环保做些什么，语用知识为表述特殊日期的意义，并告诉他人在公共场所如何保护环境；Lesson 10 的语境是 Guoguo 和 Yangyang 在家里准备打印作业时，谈论到了如何低碳生

活，语用知识为能够向他人介绍低碳生活的意思及具体实施方式；Lesson 11 的语境是 Maomao、Lingling 和 Mike 在远足时，看到动物并谈论如何保护动物，语用知识为能够运用感叹句形容动物。此外，本单元的 Lesson 12 作为复习课，还提供了三种常见能源，语用知识为了解生活中的常见能源。通过分析教材可以看出，各课时话题紧紧围绕单元环保话题而展开，学生要能够就如何低碳生活、保护环境进行简单的宣传，用实践行动来保护我们共有的家园——地球，进一步增强环保意识。

本单元内容贴近学生生活，但是对于如何将生活中的垃圾正确分类以保护环境，教材中没有提及，而这恰恰是与学生生活息息相关的。目前，我国将生活垃圾分类作为推进绿色发展的重要举措。因此，针对教材内容的缺失以及现代社会的需求，教师适时补充了 *How Can We Recycle Garbage*? 这一绘本资源，引导学生养成垃圾分类的好习惯。同时，巩固和提升对本单元内容的理解与运用。

（二）教学内容分析

How Can We Recycle Garbage? 选自 Lafafa English Town 系列，书中讲述了 Sam 一家和邻居 Chris 一家一起进行家庭清扫的故事。本文为记叙文，记叙了孩子们在清扫中，孩子的父母引导他们如何正确处理清扫出来的垃圾，突出了"人与自然——保护环境人人有责"的主题意义，同时也体现了垃圾分类从我做起的主题。

1. What

绘本主要讲述 Sam 在和家人及邻居一起进行家庭清扫时，Sam 和其他小朋友要将整理好的旧报纸、旧瓶罐等废物扔掉，Mrs. Peggy 引导他们把这些废旧物品进行分类再回收。于是，小朋友们在 Mrs. Peggy 的带领下，学会了将旧报纸、旧瓶罐、旧衣服、残羹剩饭等进行正确的分类，并了解了它们再回收的过程。故事结尾十分滑稽可笑，故事主人公 Sam 将妈妈的新靴子作为旧物回收，当成花盆并种上了植物。

2. Why

作者讲述了孩子们在家庭清扫过程中，学会了如何将垃圾进行正确分类，了解了垃圾再回收利用的知识。细心的父母引导孩子们利用家庭清扫这一生活情境，对孩子们进行垃圾分类保护环境的教育。故事结尾以幽默的方式记录了小主人公 Sam 的错误回收方式，让读者感受到了孩子的天真可爱。

3. How

本文是记叙文，讲述了 Sam 与家人及邻居在家庭清扫过程中，学会了垃圾分类的常识以及垃圾再回收利用的故事。

从内容结构上看，故事分为起因、经过、结果三个部分。第一部分为 P1 ~ P4，介绍了 Sam's family 和 Chris's family 一起进行家庭清扫；第二部分为 P5 ~ P18，讲述了生活中的垃圾如何再回收利用，其中部分垃圾的英文名称在教材中已经学习过；第三部分为 P19 ~ P22，故事主人公 Sam 将妈妈的新靴子作为旧物回收，当成花盆并种上了植物。

从语言功能角度看，本书主要使用的是一般现在时和现在进行时，语言简单精练。

从词汇角度看，整个故事都在围绕 garbage，recycle，recycling bins，make 展开，学生能够借助图片学习并理解词汇的含义。"We can..." "We should..." "Don't ..." 句型的重复使用，表示一种客观状态，旨在让学生理解陈述句的表达。

（二）学情分析

1. 基于前测的学情分析

本节课的授课对象是我校六年级的学生，经过六年的英语学习，他们形成了一定的英语表达能力，掌握了一些英语阅读技巧。学生通过六年级下册第三单元的学习，已经对环保具有一定的意识，能初步进行垃圾的回收，对保护环境的词组和句子也有一定的积累，如"print on both sides of the paper" "take our own bags when shopping" 等，这对于本课的绘本学习起到了很好的铺垫作用。同时，师生共同开展了一年半的持续默读活动，也带给学生很大的变化，比如，他们会主动去找英语类的读物去阅读，甚至下载一些故事视频的脚本去进行翻译，形成了一种语言学习的自觉习惯。在持续默读的活动中，孩子将英语语言的语感内化于心，养成了静心阅读的习惯，培养了英语学习的兴趣，感受英语阅读带来的兴趣和快乐，并逐渐养成在生活中学英语和用英语的意识。

教师通过对学生阅读兴趣方面的前测发现，90%的学生喜欢英文阅读绘本故事，他们能够根据自己的喜爱选择英文绘本。*How Can We Recycle Garbage*？这个绘本就是由学生提供的。

2. 学习困难及对策

六年级学生对于环保话题非常熟悉，掌握了一些环保的常识，但是对于如何正确进行垃圾分类、保护环境，这方面的知识还比较欠缺，甚至部分学生的环保意识淡薄、有不良的卫生习惯，破坏校园环境卫生的情况屡屡出现。

同时，学生在进行物品回收的时候，不太明确哪些能进行回收再利用，哪些可以减少使用；选购物品时会关注物品是否好看、包装是否精美，却忽略了有时精美的包装会造成资源浪费，好看的物品有时却不耐用，通过阅读本课绘本，进一步向学生传递环保概念，帮助学生塑造良好的品格，形成积极的情感态度。有些学生有环保的意识，但是用英文表达有一定的困难。本课通过阅读来开阔学生的视野、丰富学生的语言，学生在老师的帮助下建构表达框架，通过小组合作学习，以读促写。

三、单元整体设计思路

（一）单元整体结构图及说明

单元整体结构如图 1 所示。

图1 单元整体结构

本单元共分成六课时进行学习，其中前四课时为基础课时，学习教材内容；第五、六课时为拓展课时，进行绘本学习及制定低碳生活方案。

（二）单元教学目标设计及说明

本单元学习的育人价值在于引导学生学习环保知识，提升环保自觉性，为我们共有家园践行低碳生活的方式。因此，单元目标确定为以下几点。

①能够围绕"低碳生活"这一话题进行简要交流或谈论世界地球日、日常生活中的环保行为、保护身边动物等内容。

②能够使用"Do/Don't/ Let's"等引导的祈使句劝诫他人共同践行动物保护理念。

③能够通过阅读，提取有关能源和垃圾回收等信息，理解并阐释环境保护的意义，并结合自己的日常生活经验完成探索性练习。

④能够在分享制作活动中，获得积极的情感体验，树立低碳生活的意识，并努力践行低碳生活方式。

（三）分课时说明

单元课时分解如表1所示。

表1 单元课时分解

课时	所学课程	主旨	目标
第一课时	Lesson 9 Protecting the environment in public	通过谈论与环保主题相关的特殊日期，了解在公共场所如何保护环境	落实单元目标①

续表

课时	所学课程	主旨	目标
第二课时	Lesson 10 Saving the energy in our life	通过谈论节能减排的实施方式，树立低碳生活的意识	落实单元目标①
第三课时	Lesson 11 Caring for animals around us	了解人与自然和平共处的关系	落实单元目标②
第四课时	Lesson 12 Reading about kinds of energy	了解生活中常见的能源	落实单元目标③
第五课时	How can we recycle garbage?	通过绘本学习，了解垃圾分类，并被回收再利用的过程，增强环保意识	落实单元目标④
后续活动	Make low – carbon life proposal	分享制作的倡议书，向他人宣传低碳生活的理念	落实单元目标⑤

四、某一具体课时的详细设计及设计意图说明

（一）课时目标

①通过师生共读、同伴阅读与分享等活动，学生能够理解、表达生活中我们可以回收哪些垃圾，并了解回收过程。

②学生能够在问题引领下及小组合作学习中形成一定的阅读策略，积极思考并勇于表达自己的观点。

③学生在阅读活动和动手操作活动中懂得如何做到垃圾再回收，增强环境保护的意识。

（二）重点难点

重点：学生能够运用"We can recycle..."" We put them... in the...""We can make..."等与同伴交流并在生活中正确进行垃圾分类。

难点：借助思维导图，运用"We can recycle..." " We put them... in the..." "We can make..."描述垃圾回收分类的方法。

（三）学习过程

1. Pre – reading

（1）活动1 复习（Review）

教师首先提出与教材单元内容相关的两个问题，以此复习单元话题以及前四个课时中学习的内容。随后教师引出回收垃圾的主题，并引导学生根据自己已有认知说一说如何回收垃圾。

T：We have already learned Unit 3. What is it about?

S：It's about protecting the environment.

T：What should we do to protect the environment?

S：We should print on both sides of the paper. /We should not litter everywhere. /...

T：How do we recycle garbage to protect the environment?

S：We can put the old newspaper in the paper bin. /...

（2）活动2　自由交谈（Free talk）

教师借助植物放到旧玻璃瓶里这一实物，引发学生思考：植物除了可以装到旧玻璃瓶里，还可以放到哪里呢？

T：Look！I have a plant. I can put it in the bottle. If you have a plant，where can you put it?

S1：I can put it on the ground.

S2：I can put it in the flowerpot.

S3：I can put it in the. . .

T：Here are some pictures for you. We can put it in the egg shell /in the cans /in the plastic bottles /in the bags /in the noodles boxes /in the glass bottle. （边说边播放 PPT）

So we can recycle bottles，cans. . .　What other things can we recycle?

Ss：We can recycle...

（3）活动3　设置悬念（Set a suspense）

教师揭示故事结果，设置悬念，激发学生的阅读兴趣。栽在鞋里的植物如图2所示。

T：Today Let's share a story about How can we recycle garbage. Look！The plant is in the shoe. Why? It looks so special. So strange. What do you want to know about it?

S1：Who put it ?

S2：Whose new shoe is it?

S3：What happened?

图2　栽在鞋里的植物

【设计意图】

教师在读前环节设计了三个活动：一是通过教师提问，复习本单元的学习内容；二是通过师生自由交流复习所学的词汇；三是通过激发学生自主提问，教师从学生的提问中摘录关键词如 Who，Whose，What 等写到黑板上，引导学生说一说自己想要了解的故事的信息。此环节既有效地激活了学生已有的知识，又通过提出问题让学生的思维活跃起来，促进阅读好奇心和阅读动机。

2. While – reading

（1）活动1　师生共读故事结尾（Learn the end of the story together）

师生共同以看视频的形式读故事结尾，解答学生提出的问题，为学习故事做铺垫（P19 – P22）。

T：Let's listen and read the ending of the story together.

T：Who put it? Whose shoe is it? What happened?

S1：Sam put it.

S2：It's Sam's mum's shoe.

S3：Sam wants to make a flowerpot with the new shoe.

T：Why does he make a flowerpot with mum's new shoe?

S4：Because he wants to recycle some things.

（2）**活动 2** 个人自主阅读（Read the part from P1 to P18 by themselves）

学生整体观看一遍故事中间部分，了解故事大意。教师将故事中回收的 paper，cans，plastic，glass，plants and clothes 以思维导图的形式呈现，如图 3 所示，帮助学生梳理内容，提取主要信息。

T：What things can we recycle? Read the story by yourselves from P1 to P18.

S1：We can recycle paper and cans.

S2：We can recycle plastic，glass and plants.

S3：We can recycle clothes.

T：Now，Let's listen to the story.

图 3 思维导图

【设计意图】

学习故事时，教师采用了倒叙的方式，师生共读故事结尾高潮的部分，揭示结果，激发兴趣；同时，学生带着教师设置的悬念，听读故事，学生在教师的问题引领下，整体听读故事，把握故事脉络与结构。在思维导图的帮助下，教师引导学生梳理故事文本结构，提炼语言框架。此环节与教材资源整合，激发学生在原有认知的基础上阅读绘本故事，既培养了学生的阅读策略，也为后续的自主阅读进行铺垫。

（3）**活动 3** 小组阅读（Read in groups and finish task 1）

教师布置任务，学生用 Jigsaw reading 形式细读故事，了解故事的细节。

首先教师把全班学生分成小组（6 人一组），引导他们以小组形式分别选择 the green bin，the yellow bin，the red bin，the black，the brown bin。每个垃圾桶后面标好页码：P7 ~ 8；P9 ~ 10；P11 ~ 12；P13 ~ 14；P15 ~ 18。

其次，小组共同学习所选的部分内容，并填写表格内容，完成任务 1；如果遇到困难，与同伴商量。

T：What other things can we recycle? Where can we put them? How can we recycle them? Let's work in groups.

First, 6 students in a group. Each group chose one bin and read the part by themselves.

Second, read and finish Task 1.

Third, if you have questions, discuss with your partners.

任务 1 学习单如表 2 所示。

表 2　任务 1 学习单

Recycle things	Where to put	Colors of the bins	How to recycle
			1. _____ 2. _____

【设计意图】

此部分是整个教学设计的核心。因为故事中，每种垃圾分类再回收的过程介绍篇幅相对较长，如果采取一问一答的方式，比较枯燥，会让学生不能完全集中精力完成任务。再加上该绘本中六种垃圾分类再回收的过程是使用句型 "We can recycle..." "We put the... in the..." "We can make..." 进行介绍的，是平行结构，所以教师利用 Jigsaw reading 的形式，合理分配阅读内容，让学生小组合作在有限的时间内快速阅读指定内容，并通过完成学习单，培养学生提取关键信息的能力。同时，更加调动了每个学生的参与性，激发了学生自主学习的能力。

（4）**活动 4**　同伴阅读并分享（Read and share in new groups）

学生再次组成新的小组，互相运用绘本故事中的语言，交流不同垃圾回收再利用的信息。

T：Let's make new groups and share your part with "We can recycle..." "We put the... in the..." "We can make..."

①The same numbers make a new group 如图 4 所示。

②Share your part in your group.

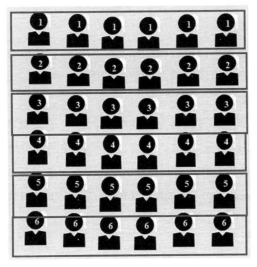

图 4　**The same numbers make a new group**

【设计意图】

拼图阅读在故事类绘本中使用，可以让学生有更多的参与机会。对于拼图阅读学生并不陌生，在学习本单元第四课时有关生活中的四大能源时，教师就引导学生尝试运用过。最为关键的是学生通过小组合作，培养了合作学习、共同探究、解决问题的能力。同时，通过思维导图任务，帮助学生梳理并整合信息。学生在小组活动和全班交流活动中，促进语言内化。通过组与组之间的信息差交流，激发了学生阅读其他部分的欲望，培养了合作学习的习惯，学生能够在倾听和讨论中完成学习，同时发展了学生的逻辑思维能力。最后，通过在全班分享的形式，锻炼学生的语言表达能力。

3. Post – reading

（1）活动 1　板书梳理（Retell according to the mind – map）

教师引领学生借助黑板上的思维导图梳理故事内容，思维导图如图 5 所示。

T：What things can we recycle? Where can we put them? How can we recycle them?

Ss：We can recycle... ／We can put them in the... ／We can make... with...

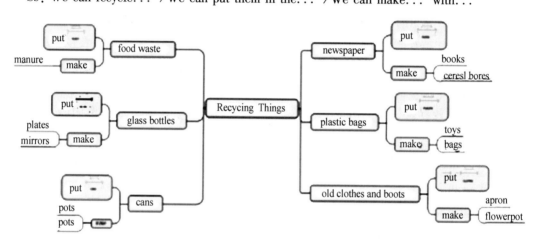

图 5　思维导图

【设计意图】

学生借助板书复述生活中可以回收哪些物品，如何做到垃圾分类以及如何回收。这既是对所学内容的梳理整合，又培养了归纳总结信息的能力，并进一步内化语言。

（2）活动 2　垃圾分类

首先，学生以小组为单位，每组桌上有 6 个不同颜色的垃圾桶和几张回收物品的图片，如图 6 所示，学生将这些图片进行正确的分类，动手体验回收垃圾的过程。然后，小组以顺时针的方向，轮流观看并评价其他小组的垃圾分类是否正确，如果出现分类不正确的现象，学生要运用 "They can not put the... in the ... bin. " " We can put them in the... bin. " 提出合理的建议。

Recycle the things and put them in the different bins.

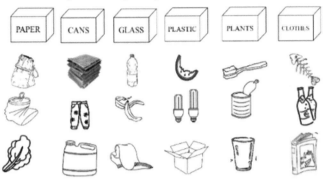

图6 需回收的物品

T：There are 6 recycling bins on your desks. Put the pictures in the different bins. After that，Let's check each other.

S1：We can recycle. . . ／We put . . . in the. . . bin.

T：Do you have any different ideas?

S2：They cannot put the... in the ... bin. ／They can put them in the... bin.

（3）活动3 Summary

学生以小组讨论的形式，说说生活中如何做到再回收垃圾。所用句式如图7所示。

T：If you have some old things，do you know how to recycle them? Please discuss with your partners. And share your ideas.

S1：I have. . . at home. ／at school. I know how to recycle it I can put it in the recycling bins. I can make. . . with it.

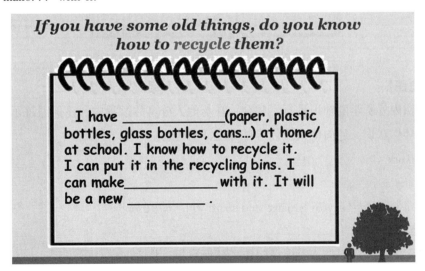

图7 所用句式

【设计意图】

此环节属于创新迁移类的活动。在任务驱动下，教师引导学生针对绘本故事背后的价值取向进行挖掘，加深学生对环保主题和环保意义的理解，进而使学生在真实的生活中，基于所学的知识结构，通过合作、探究的方式，综合运用语言技能，进行多元思维，创造性地解决生活中的问题，理性表达自己的观点，实现深度的学习，从而促进能力向素养的转化。同时通过组间的评价，进一步发展学生批判性思维的能力。此环节达成了本课时的教学目标③。

4. 后续活动

学生在教师引导下梳理所学内容后，教师鼓励学生课后制作垃圾分类的小报，下一节课进行全班分享，这样将垃圾分类保护环境的知识的学习延伸到课后。课后小报如图8 所示。

图8　课后小报

【设计意图】

学生将课内外所学的知识进行了整合，在与他人分享的过程中，不但锻炼了语言表达能力、增强了环保意识，还向他人宣传了低碳生活的理念。

5. Homework

①Read the story again.

②Make a poster to recycle garbage and share with your friends.

【设计意图】

在本单元的后续活动中，学生还制作了环保海报，从 reduce，reuse，recycle 三个方面宣传生活中的做法。学生增长了环保知识，丰富了环保体验，加深了对环保社会意义的理解，适应现代社会倡导的环保需求。在与他人分享的过程中，表达了自己的观点，提升了用英语做事情的能力。

（四）板书设计

板书设计如图 9 所示。

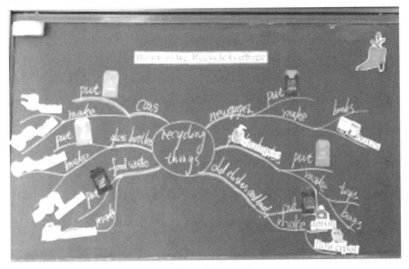

图9　板书设计

五、教师反思

（一）以倒叙的形式讲述故事

学习故事时，教师采用了倒叙的方式，师生共读故事结尾高潮的部分，揭示结果，激发兴趣，增强故事的生动性，学生能有更高的热情参与到故事的学习中。同时，学生带着教师设置的悬念进入故事学习中，这样更能引人入胜，同时也避免了讲故事的平淡和结构的单调。最后学生听读故事，并在教师的问题引领下整体听读故事，把握故事脉络与结构。

（二）运用思维导图梳理故事

学习故事中垃圾回收部分情节时，教师借助思维导图，引导学生梳理故事文本结构，提炼语言框架。此环节与教材资源紧密整合，激发学生在原有认知的基础上阅读绘本故事，既培养了学生的阅读策略，也为后续的自主阅读进行铺垫。在学完故事后，教师又引导学生借助黑板上的思维导图梳理所学的内容并复述故事，不但激发学生丰富的联想力，激活学生的思维，而且锻炼了学生的口语表达能力。

（三）采用阅读策略阅读故事

本课采用教师导读、自主阅读和小组合作的学习方式学习故事。首先，教师引导学生自主提出问题，带着问题进行探究，并在教师的任务驱动下，了解旧物该如何回收、怎样回收、为什么要回收。在小组合作时，通过 Jigsaw Reading 的方式，学生进行自主阅读和小组合作探究学习。因为故事中，每种垃圾分类再回收的过程介绍篇幅相对较长，如果采取一问一答的方式，既比较枯燥，学生也不能完全集中精力完成任务。再加上该绘本中的六种垃圾分类再回收的过程是使用句型"We can recycle…""We put the… in the…""We can make…"

进行介绍的，是平行结构，所以教师利用 Jigsaw Reading 的形式，合理分配阅读内容，让学生小组通过合作在有限的时间内快速阅读指定内容，并通过完成学习单，培养学生提取关键信息的能力，进一步训练阅读策略。学生们通过交流自己读到的信息，开阔视野，丰富语言，促进表达，从而解决了本节课的核心问题，提升了学习能力。在小组合作学习中，学生不仅获得了知识，培养了语言表达能力，还提高了学习的自主性。

反思本节课，教师应当鼓励学生利用业余时间通过网络搜集更多的垃圾回收再利用的知识，学习积累更多的有关垃圾再回收的词汇，丰富学生的已有认知，再鼓励学生结合该绘本内容进行深层次的表达。同时，在课堂的设计上，形式及内容还可以再丰富一些，关注不同层次水平的学生，为他们搭设不同的学习和展示的机会，让他们尽可能多地参与课堂活动，培养他们的自信。对于中等以及中等以上水平的学生，在实施的过程中，教师可以进一步放手让其多进行一些语言输出活动，进一步锻炼其语言运用能力。

六、点评

绘本与课本结合促学生深度学习

北京市东城区教育科学研究院　江　萍

近年来，老师们逐步摸索出一条绘本与课本结合的学习思路，即根据各年级教材的内容和话题，选择合适的英语绘本与之结合，并通过这样的结合，丰富英语课堂资源，激发学生学习兴趣，使学生掌握语言学习方法，提高语言学习效率，同时结合学科教学内容帮助学生形成关键能力和必备品格。本节课授课教师基于这样的思考进行了有益的尝试，在单元主题意义探究的活动中实施英语绘本与小学英语教学有效结合的研究，落实学生核心素养培养和立德树人的根本任务。

1. 结合单元主题鉴选绘本，实现育人价值

教材是课程实施的核心要素之一，是学生学习英语课程内容的重要载体，然而教材围绕特定的语言知识编写，存在内容不够生动，语言不够真实，缺乏生活情趣的问题（王蔷，敖娜仁图雅，2017）。此外，从单元整体教学视角来看，教材单元中各个课时之间的主题逻辑与内容安排上存在一些不足，在一定程度上不能满足学生的认知与社会需求。因此，无论是从语言输入的质量与数量，还是从教材单元主题内容拓展的需求来看，适当补充绘本资源都是十分必要的，因为英语绘本图文结合，语言地道，可从多维度激发儿童认知、情感和意识的发展，是儿童阅读和语言学习的重要资源（付春敏，2018）。教材（课本）与英文绘本各自具有不可替代的优势，二者互补可以丰富学生的学习内容，拓展学生的学用渠道。基于教材话题扩展绘本应遵循"话题契合原则、语言匹配原则、认知情感对应原则"（侯云洁，2018）。鉴选适合的绘本成为老师们需要认真思考的问题。总体上看，本节课授课教师在英语绘本与教材结合时遵循了话题一致的原则，以主题意义引领，横向拓宽学生视野。

本单元学习内容贴近学生生活，但是对于如何将生活中的垃圾正确分类，以此来保护环

境，教材中没有提及，而这恰恰是与学生生活最息息相关的。因此，针对教材内容的缺失，教师适时补充了 *How Can We Recycle Garbage?* 这一绘本资源，引导学生学习将垃圾正确分类。具体而言，教材话题从保护自然环境到保护动物，向学生传递了关于环境保护的基本常识，而绘本 *How Can We Recycle Garbage?* 则是对教材知识的必要补充和拓展。此外，该绘本中多次运用教材第三单元中的主要句型"We can... /We should... /Don't ..."进行表达，也符合语言匹配原则。

2. 渗透阅读策略，培养阅读能力

教师在本节课活动安排上除了考虑到学生语言能力的提升，而且关注了学生阅读素养阅读能力的养成。教师带着学生回顾教材中的单元话题，创设故事悬念，激发阅读目的。当揭示了故事内容开始进入深度阅读的时候，教师考虑到平行结构的文本特征，积极组织学生开展拼读阅读，提取关键信息。

拼图阅读在绘本中使用可以让学生有更多的参与机会。再加上该绘本中的六种垃圾分类再回收的过程是使用句型"We can recycle...""We put the... in the...""We can make..."进行介绍的，是平行结构，而且每种垃圾分类再回收的过程介绍篇幅相对较长，所以采用了这种阅读策略。最为关键的是，学生通过小组合作，培养了合作学习、共同探究、解决问题的能力。同时，通过思维导图任务，帮助学生梳理并整合信息。学生在小组活动和全班交流活动中，促进语言内化。

综上所述，绘本是很好的英语学习资源，有利于培养学生的英语学科核心素养。在小学阶段，将绘本与教材结合，对学生的学习兴趣、语言发展、思维提升、成长需要都有一定的积极作用。

职业梦想

北京版《英语》三年级下册

Unit 7 I want to be a teacher

单元教学设计

北京市东城区西中街小学　樊晓菲

一、单元（主题）指导思想与理论依据

《英语课程标准（2017 版）》指出，英语课程应该把对主题意义的探究视为教与学的核心任务，并以此整合学习内容，引领学生语言能力、文化意识、思维品质和学习能力的发展。

基于此，教师立足国家教材，鉴选适宜的书面语篇作为补充课时（第三课时）的学习内容，在丰富语言输入的同时，为帮助学生更深入地认识、探究主题提供了可能。除此之外，为适应学生的认识特点，教师充分利用传统的教学手段（如每课时的信息结构图），以及现代教育技术辅助下的图片、声音、文字、视频等多模态语篇（如微信技术界面、自制视频），引导学生开展个性化的探究活动，实现深度学习。

二、单元（主题）教学背景分析

（一）单元育人价值分析

本单元的话题是职业，在教材文本中，我们熟悉的主人公在不同的场景中谈论职业梦想、家人职业和暑期计划。本单元的育人价值是通过贯穿单元始终的具体的语言学习过程逐步实现的。

第一，学生将运用各种学习策略学习有关职业的语言知识。例如，学生将利用简单的构词法将职业名称的词汇进行分类以加深理解和记忆，根据标题预测阅读语篇的主要内容，通过整体试听理解语篇大意并能获取具体信息等。在完成相对开放的课后作业的过程中，学生将借助京版云 App、班级微信交流群、网络搜索引擎（必应）或纸质资源（如词典、书刊）等多渠道进行学习。可以说，语言知识的个性化构建过程是学生自主学习意识和学习能力养成的过程。

第二，语言是知识的载体，同时又是思维的工具。在学生主动参与各种学习活动的过程中分析、理解职业的价值和意义，尤其是在第三课时补充阅读语篇的学习过程中，学生将不断迁移自己熟悉的生活经验于陌生的世界，最终发现其意义所在。在这个抽丝剥茧般的过程中，学生的逻辑思维和思维中的批判、创新成分在不断增长。

第三，三年级的学生正处于想法天马行空、爱做梦的年龄，具有丰富的想象力和敢想敢

为的意念，学生具有强烈的表达自己思想的意愿。但是，在前测中，教师发现，40%的学生对于职业梦想没有任何想法。可见，学生需要一定的媒介去催化其梦想的萌发和表达。本单元恰恰是学生们精神世界的一种催化剂，他们将在为期两周的学习过程中，在教师的指引下，不断认识自我、认识生活、勇敢做梦、大胆表达，实现心灵上的成长和收获。

（二）教学内容分析

1. What

北京版《英语》三年级下册 Unit 7 "I want to be a teacher" 的单元话题为职业。该单元共包含三节新授课和一节复习课，如图 1 所示。

图1　课本内容

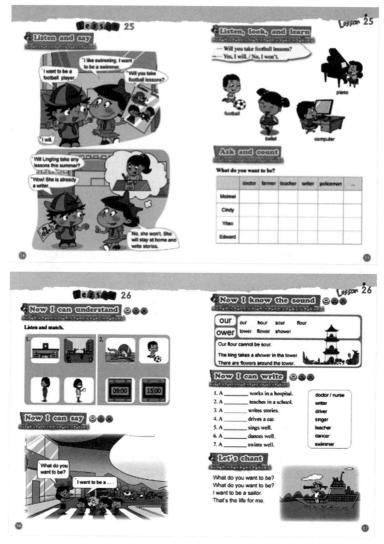

图1　课本内容（续）

在教材自然课时的学习内容中，前两个课时从自己的职业梦想和家人职业的角度出发谈论职业，第三课时则聚焦暑期行动计划，第四课时为包括语音知识在内的综合复习课。

为了帮助学生更好地认识职业，教师在第二课时结束之后，增加一个阅读课时，学习内容选自 *Oxford Skills World*：*Reading with Writing* 2 一书中的阅读语篇 "My Hero"，如图2所示。该语篇从孩子的视角出发，讲述了妈妈的职业——动物牙医，并表述了妈妈在孩子心中的地位——妈妈是我的榜样。

在本单元的学习过程中，学生将探究不同职业的价值，意识到各个职业的可贵和神圣之处，故而教师将本单元的主题确定为 Great Jobs。顾名思义，职业不分贵贱，一切职业皆伟大，一切努力工作、为更美好的生活而奋斗的人皆可为榜样。学生在主题意义探究的过程中，形成自己的职业梦想，制订短期的行动计划，淬炼自己为梦想而努力的决心。

图2 "My Hero"

2. Why

本单元职业话题在北京版《英语》全套教材中属首次出现，是在英语语境下对学生进行职业启蒙的首次尝试。因此，教材文本中不同语境下的就职业展开的对话交流都承担着帮助学生实现知识积累和精神成长的双重任务。具体来说，一方面，学生通过学习，将了解有关职业的表达，能就职业话题展开交流；另一方面，学生将从身边人入手，认识普通职业的意义，形成正确的价值取向，并在榜样的感召下，敢于筑梦，为梦努力。

3. How

本单元第一课时为对话课，主人公 Sara 和 Lingling 相互交流职业梦想，使用到的主要语言结构为 "What do you want to be?" "I want to be..."，涉及职业名称和简单的职业行为。

第二课时为对话课，Guoguo 和 Mike 就家人职业展开对话交流，使用到的主要语言结构为 "What does... do?" "He/She is..."，在前一课时的基础上进一步扩展职业名称和职业行为，增加了职业场所的表达。

第三课时为阅读课，Luke Smith 全面介绍了妈妈的职业，包括职业名称、职业场所、职业行为，并用简要的语言 "She helps animals..." 说明了兽医的职业意义，表达了自己对于妈妈职业的高度认同——My hero is my mom。

第四课时为对话课，Yangyang 和 Guoguo 就即将到来的暑期计划进行交流，使用的主要语言结构为 "Will you take... lessons?" 及其答语 "Yes, I will. /No, I won't."。

第五课时为综合实践课，学生将综合运用本单元学习内容就职业梦想进行交流，同时，在多样化的趣味学习中掌握字母组合的发音。

(三) 学情分析

本单元的学习者为我校三年级（2）班的学生。

1. 基于前测的学情分析

【已有生活】

学生第一次接触职业话题，经前测，40% 的学生对自己的职业梦想没有任何想法，70% 的学生对父母职业有些许了解；大部分学生具有间接的有关职业的生活经验，了解简单的职业行为；通过书刊和其他媒体，学生了解了从事一定职业的具有榜样作用的名人。

【已有知识】

职业名称：teacher，cooker 等。

职业场所：bookstore，cinema，school，farm，shop，home 等。

表达行为的语块：sing songs，dance，play football/basketball 等。

课程名称：Chinese，English，maths，PE，drawing lessons 等。

【已有能力】

学生具有基本的英语听说能力；形象思维比较发达，能在图片和思维图式等支架的帮助下进行简单的英文表达；大部分学生具有多渠道学习英语的途径和意识。

2. 学习困难及对策

【学习困难】

学生生活经验和英文水平不匹配，逻辑思维意识不足。

【解决措施】

丰富教学资源，拓宽学习渠道；结构化处理教学知识。

三、单元整体设计思路

（一）单元整体结构及说明

单元整体结构如图 3 所示。

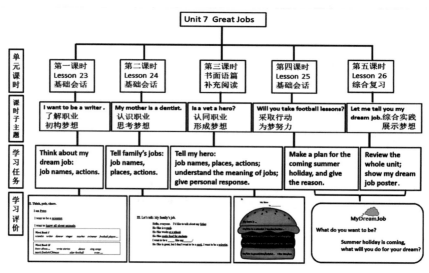

图 3 单元整体结构

本单元的主题为"Great jobs"。学生将通过五个课时的学习，对单元主题进行由浅入深的探究。其中，前三个课时重点聚焦职业，学生在了解职业—认识职业—认同职业的过程中，实现初构梦想—思考梦想—形成梦想的渐进性发展。第四课时则侧重即将到来的暑期行动计划。最后一个课时学生综合实践单元内容，以多种形式展示自己的梦想。

（二）单元教学目标设计及说明

通过本单元的学习，学生能够达成以下目标。

①理解并运用职业类词汇和句型"I want to be a writer.""She is a doctor. She works in a hospital. She takes care of teeth."来描述职业；能结合实际，就职业梦想展开交流，并运用"Will you take football lessons？""Yes，I will. /No，I won't."句型就短期行动计划展开交流。

②在深入了解职业的过程中，发现职业价值，并运用"She is great."或"I want to be a doctor like her."的句型表达职业认同。

③通过课堂学习训练，形成良好的倾听、思考和表达的习惯；能在课前参与和完成课后作业的过程中，形成多渠道学用英语的意识。

④在梳理文本结构、综合语言表达的过程中，形成初步的逻辑思维意识。

⑤在多种趣味练习中掌握字母组合 our，ower 的发音规则并运用。

（三）分课时说明

1. 第一课时

教学内容：Lesson 23（会话教学）。I want to be a writer.

重点聚焦：能从职业名称和行为两个维度就职业梦想展开交流。

功能语言：What do you want to be? I want to be…

2. 第二课时

教学内容：Lesson 24（会话教学）。My mother is a dentist.

重点聚焦：能从职业名称、场所、行为三个维度就家人职业展开交流。

功能语言：What does … do? He/She is a…

3. 第三课时

教学内容：补充阅读（阅读教学）。Is a vet a hero?

重点聚焦：能在前两课时的基础上进一步理解职业行为、发现职业意义，形成职业认同。

4. 第四课时

教学内容：Lesson 25（会话教学）。Will you take football lessons?

重点聚焦：能根据自己的职业梦想就短期的行动计划展开交流。

功能语言：Will you take… lessons? Yes, I will. /No, I won't.

5. 第五课时

教学内容：Lesson 26。Let me tell you my dream job.

重点聚焦：综合语言运用，语音板块学习。

四、第三课时的详细设计及设计意图说明

（一）课时目标

①学生能理解语篇大意。

②学生能根据标题预测语篇内容，自主提问，在多种方式的学习中印证、解答疑问，梳理语篇结构。

③学生能借助组织结构图复述语篇，并表达自己的观点。

④学生能发现职业意义，形成职业认同，从而进一步确立自己的职业梦想。

（二）重点与难点

①理解语篇大意。

②根据标题预测语篇内容，自主提问，在多种方式的学习中印证、解答疑问，梳理语篇结构。

③借助组织结构图复述语篇，并表达自己的观点。

（三）学习过程（学习活动及设计意图）

1. Pre – reading

（1）Brainstorm：PK

T：What jobs do you know？

Students say out the job names.

【设计意图】

全班性活动：在 PK 的学习气氛中头脑风暴职业词汇，激发兴趣，激活旧知。

（2）Free talk

Q1 T：What kind of drivers can you find in the picture？

Students try to look for different kinds of drivers in the picture and they get the answer：bus driver, car driver, taxi driver.

Q2 T：What about this one（player）？

I know Li Na is a very good tennis player. What about you？

S：Qiao Dan（Michael Jordan）is a very good basketball player.

T：Do you want to be a basketball player？

S：Yes.

Q3 T：（Teacher）Miss Sun is your art teacher. She draws beautiful pictures. Can you say something about other teachers？

S1：Mrs. Wu is our Chinese teacher. She teaches children Chinese.

S2：Mr. Tang is our PE teacher.

【设计意图】

师生就职业展开发散性、递进性对话交流，旨在培养学生从抽象到具体的能力，为课文从 vet 到 animal dentist 的学习做好铺垫。在师生互动的过程中，复习旧知，同时就主题意义展开初步的探究。

2. While reading

（1）Title learning and predicting

Q1：What does hero mean?

Ss：英雄。

T：Who is a hero? Give me an example.

S1：Liu Hulan is a hero.

T：If I say：Bing Xin is my hero. I want to be a writer like her. What does hero mean?

S1：偶像。

S2：She is really good.

Q2：What's in the book? Can you ask some questions?

Students read the title again and raise questions：

S1：Who is the hero?

S2：Why is the person Luke's hero?

S3：What does the hero do?

S4：Where does the person work?

S5：What things does the hero do?

S6：Why does Luke write the book?

【设计意图】

学习关键词汇 hero，澄清 hero 的含义。根据标题 My hero 预测内容，学生自主提问。师生共同梳理问题。

（2）Passage learning

①The teacher ask students to watch the whole video and answer 3 questions：who, what does she do, where does she work.

T：Who is Luke's hero?

Ss：Luke's hero is his mom.

T：What does she do?

S1：She is a dentist. She is a vet.

Students learn the word vet with the help of the picture.

Students try to tell the mom's job—vet, or to be exact, an animal dentist.

T：Where does she work? How many places?

S1：Two. Animal hospital and farm.

T：Where else might she work？

S1：Maybe at home.

S2：Maybe in a pet shop.

【设计意图】

视听教师自制的课文视频，学生根据记忆检索信息，解决 who，what does she do，where does she work 三个非重点问题。其中，学生辨析 mom 作为牙医和我们常说的 dentist 的区别，她应该更属于 vet。在职业场所的学习上，学生进行发散思维，想象除了文本中的工作地点之外的其他场所——at home，in a pet shop 等。

Learn the second half of the passage.

T：What things does she do at work？Can you read P4，and try to underline the answer？

Students read P4，underline the answer to the question：what things does she do？

S1：She cleans cats' teeth. She cleans horses' teeth，too.

Q1：Do you clean teeth every day？

Ss：Yes.

T：Sometimes we may have...

S1：a toothache （学生课堂生成）

T：toothache is a big problem

Q2：Who can help us？How？

S1：A dentist helps us.

S2：The dentist cleans our teeth.

S3：The dentist plants teeth.

S4：The dentist pulls teeth.

Students watch the video of vets.

Q3：What if the animals have problems with their teeth？Watch the video.

自制视频文字如下：Vets help animals a lot. They check their teeth. They clean their teeth. They pull out the bad teeth. They also fill the holes in the teeth. Sometimes, vets help big animals like horses, tigers, lions, or hippos, and they are not afraid！Vets are so helpful.

Q4：What does a vet do for the animals' teeth？

S1：They check the teeth.

S2：They clean the teeth.

S3：They pull out the bad teeth.

S4：They also fill the holes in the teeth.

T：Luke's mom is a vet. Does she do all those things for animals？

Ss：Yes.

Q5：What do people think of Luke's mom？

Students read the long and difficult sentence in P5：

She helps animals because they have problems with their teeth.

She is their hero too.

Q6：What do you think of Luke's mom?

S：She is great/helpful/brave...

Q7：Why does Luke write the mini‐book?

S1：Because he wants his mom known（真实的课堂生成）

S2：He wants his mom famous.

【设计意图】

以阅读的方式学习职业行为部分。教师从学生的真实日常行为——刷牙入手，请学生体会自己的牙有问题的时候，牙医可能会做的事。这部分内容在第二课时曾讨论过（Mike 的妈妈是一名牙医），所以在语言难度上不会对学生造成特别大的困难。而后迁移到动物牙医的职业行为，此处教师自制视频，学生深入了解职业行为，发现职业价值，触发了自己对兽医这一职业的认同。从文本学习的角度，此处的设计是为了帮助学生学习长难句"She helps animals because they have problems with their teeth."，让学生理解 problem 的含义，同时反复使用该词，顺利地化解学习困难。最后，学生基于真情实感对人物进行评价。

3. Post reading

（1）Retell

Read，put the sentences into the right place and then retell.

【设计意图】

学生阅读纸条（纸条上的文字和原文章略有出入），理解其内涵，然后才将纸条摆放在任务单中 hamburger 合适的位置，初步建立文本的结构化意识。最后进行口头复述，进一步巩固、内化语言知识。

（2）Let's talk：My hero

Q：Who is your hero?

The teacher gives an example.

Ask students to watch a video " My hero"and then talk about their hero.

【设计意图】

学生在教师和视频的双重示范之后进行综合表达。

4. Ending & Homework

Sum up and assign homework.

【设计意图】

总结内容，延伸学习。

（四）板书设计

板书设计如图 4 所示。

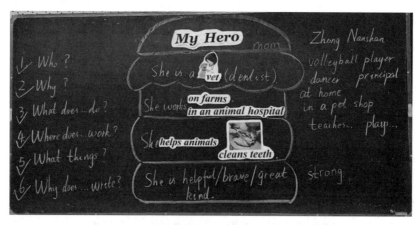

图4 板书设计

五、教师反思

（一）补充资源辅助意义探究

本课时无论是在内容上还是在意义探究上，均是对教材的有效补充。学生在本课时子主题的引领下，尽情地表达对身边人的敬爱以及对社会中榜样人物的敬仰，这种情感的表达对学生树立学习的自信心和正确的价值取向有着积极的促进作用。

（二）结构图式促进深度学习

学科知识的结构化是学生深度学习的有效途径。本课中，通过自主提问—内容学习—提取要点—解决问题的路径，学生完成了教学文本的结构化过程，同时，形象化的组织结构图反作用于学生的文本后输出，有效地促进了学生不同程度的发展。

六、点评

立足单元整体　　探究主题意义　　促进深度学习

北京市东城区教育科学研究院　王文娟

1. 立足教材单元整体，探究"Great Jobs"主题意义

教师细读文本，发掘单元内各语篇之间的关系，发现从显性的语言知识维度上讲，本单元呈现螺旋式上升的特点，即不同语境下有关职业的语言知识从两个维度上升到三个维度，实现了从了解职业—认识职业—认同职业的过渡；从隐性的育人价值维度上讲，各课时之间亦密切关联，在初构梦想—思考梦想—形成梦想—为梦努力的意义探究中，学生逐渐形成一切职业皆伟大的价值取向。第三课时的补充阅读文本有效地联结起了课堂教学、现实生活和精神生活，当凡人英雄和充满正能量的榜样人物以其理想之光照耀着学生们的精神世界时，英语课由此而变得温暖异常。

2. 基于学生需求，融合多元教与学的方式，形成开放的学用渠道

个性化表达是英语学习的内在要求，经前测发现，教材语言知识远不能满足学生的多样化表达诉求。基于此，在课堂教学中，教师除了利用传统的教材、板书等资源，亦充分利用多媒体技术、微信互动界面等手段自制音频、视频等多模态语篇，以补充职业词汇，解释职业行为，帮助学生更形象、直观地发现职业价值。此外，教师通过设计课前了解父母职业的活动，以及个性化、综合性的单元连续性作业 Job Card，鼓励学生充分利用网络、纸媒、家长等资源，形成开放的学用渠道。

3. 课程知识结构化，催化深度学习发生

在本单元职业名词概念教学中，教师基于学生实际生活体验，设计高阶思维的分析辨析活动，不仅创造了灵动的课堂语言生成，而且发现了身边人、平凡事背后的不寻常意义，实现了德育智育的双重提升。在课时语篇的处理方式上，教师通过设计不同样式的职业问题学习单，或者通过自主提问—内容学习—解决问题的"My Hero"阅读语篇学习路径，实现了课程内容的结构化。而具象分明、条分缕析的组织结构图又反作用于学生的文本后输出，学生能使用符合他们年龄特点的深度表达。

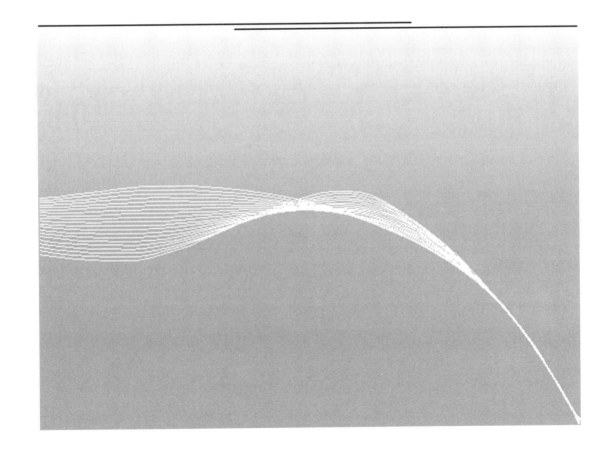

●课例反思篇●

北京版《英语》六年级上册
Unit 5 When did the ancient Olympic Games begin?
单元教学设计
北京市东城区教育科学研究院　江　萍

【摘要】英文绘本与国家教材的结合是小学英语教学中深受广大师生喜爱的形式。本文以一节绘本与教材结合的研究课为例，从单元整体教学的视角着眼，分析了二者结合的操作步骤与实施效果，认为绘本与课本的结合是提升学生英语阅读素养、发展学生核心素养的有益途径和手段。

【关键词】单元整体教学；绘本与课本结合

一、引言

单元整体教学设计是指依据教材的编排体系和编写方式，整体把握教材中的每一个单元，统筹安排整个单元的教学内容，正确把握单元中各个部分之间的联系，合理安排各课时的教学内容，科学分解单元内的教学重点和难点，突出单元内各课时的特点，形成侧重点不同的各种课堂教学形式，促进学生语言学习的整体发展（林燕，2012）。同时《英语课程标准（2017版）》的课程基本理念中指出，语言学习需要大量的输入，丰富多样的课程资源对英语学习尤其重要。英语课程应根据教和学的需求，提供贴近学生、贴近生活、贴近时代的英语学习资源。基于这样的理念，教师需要根据单元目标整合各种资源，在关注知识与技能的同时，更加关注学生的情感、思维与文化意识，让学科育人的目标真正达成。

英文绘本是以英语语言表述的图画故事书，融合了视觉与语言艺术，是一种很好的英语教学资源和拓展材料。英文绘本的使用可以革新教师的教学观念，使教师不断形成新的教学方法和策略。同时，国家教材（课本）与英文绘本各自具有不可替代的优势和不足，二者互补可以丰富学生的学习内容，拓展学生的学用渠道。鉴于此，进行绘本与课本的结合是一个值得探索的课题。侯云洁认为，绘本与课本结合有两种整合模式：一种是融合式，即教材与绘本学习各占一半时间，这是一种无痕对接的方式；另一种是"衔接式"，即根据学校实际状况，每周或每两周用一个课时来读一本绘本，主题的选择应基于教材话题，是教材话题的延伸（侯云洁，2018），本文中的课例就是这样的结合模式。

二、基于单元整体教学的绘本与课本结合的课例分析

（一）教材内容分析

目前，小学英语倡导的单元整体教学，是以教材为基础，用系统论的方法对教材中

"具有某种内在关联性"的内容进行分析、重组、整合并形成相对完整的教学单元，在教学整体观的指导下将教学诸要素有序规划，以优化教学效果的教学设计（吕世虎，吴振英，杨婷，等，2016）。同时《英语课程标准（2017 年版）》要求教师认真分析单元教学内容，梳理并概括与主题相关的语言知识、文化知识、语言技能和学习策略，并根据学生的学习水平和学习需求，确定教学重点，统筹安排教学，在教学活动中拓展主题意义。

鉴于此，我们对北京版《英语》六年级上册 Unit 5 "When Did the Ancient Olympic Games Begin？" 进行如下分析。

教材中 Lesson 15 和 Lesson 16 的语境是 Lingling 和 Yangyang 谈论有关奥运的内容，语用知识为向他人简单介绍古代奥运会和现代奥运会的常识；Lesson 17 的语境是 Sara 和 Yangyang 谈论北京奥运会，语用知识为向他人简单介绍北京奥运会，激发民族自信心和自豪感。

除此之外，教材的复习单元 Lesson 27 中还提供了以北京奥运会为例介绍奥运会开幕式基本流程的阅读材料，引导学生感受奥运氛围与文化。

分析教材这些内容，不难看出，教材编排可以分为谈论古代奥运、谈论现代奥运、谈论北京奥运会，从而了解奥运会发展历史，了解历届奥运会举办国家及城市，了解北京奥运会盛况，激发民族自信心与自豪感。

（二）单元整体目标定位

通过单元内容分析发现，本单元学习内容缺乏生活情境，内容离学生生活较远，学生也难以进行语言知识的迁移与运用。因此，本单元的教学基本定位在以奥运探索为主题，通过多种学习方式，学习有关奥运的文化知识，感悟奥运精神，体会民族自豪感，并努力通过多种方式进行奥运知识的推广。单元目标细分如表 1 所示。

表 1　单元目标细分

课时	第一课时	第二课时	第三课时	第四课时	第五课时	后续活动
教学内容	Ancient Olympics Lesson 15	Modern Olympics Lesson 16	2008 Beijing Olympics Lesson 17	Opening ceremony Lesson 27 补充材料	Olympic Dream 绘本学习	小书分享
主旨	通过对话学习古代奥运，了解奥运的发展历史	通过对话学习现代奥运，了解奥运的发展历史	通过对话，了解北京奥运会的概况及中国健儿的战绩，感受国家的强大，增强民族自豪感	通过视频和阅读活动，了解北京奥运会开幕式的盛况，感受奥运氛围，激发民族情感	通过绘本学习，了解成功举办一届奥运会的整个过程，进一步理解奥运主题	小组合作完成制作任务，并进行分享，构建自己的知识体系

（三） 结合主题鉴选资源

通过深入的文本分析，我们感到，教材从古奥运会到现代奥运会再到北京奥运会给学生传递了关于奥运的基本知识。然而，当我们看到《典范英语——趣味文化百科阅读（41）》一书的"Olympic Dreams"一文（如图1所示）时，我们清楚地意识到，这是在众多奥运题材的阅读材料中最适合的一篇。此绘本与教材话题紧密相连，是对教材知识很好的补充和延展。

图1 "Olympic Dreams"

此书从内容编排上共分为12个部分，其中，前面5部分与课本内学习重合率较高；6～10部分正好是成功举办一届奥运会的全过程；后面则是有助于学生学习的词汇表。我们将本节绘本阅读课定位在学生学习完课本内容后，作为文化补充进行的泛读课。

（四） 教学设计

1. 课时教学目标

本课时为单元的第五课时，绘本阅读课，课时教学目标为以下几点。

①通过师生共读、同伴阅读与分享等活动，学生能够理解和表达奥运会从古至今的变化，以及成功举办一届奥运会的全过程，体会奥运会成为体育盛会的原因。

②学生能够在问题引领与小组合作学习中形成一定的阅读策略，积极思考并勇于表达自己的观点。

③学生能够在阅读活动中感受体育精神。

2. 教学过程

（1） Pre‐reading

[活动1] Revision

T：We've already learned Unit 5. What is it about?

Ss：Olympic Games.

T：What do you know about the Olympics?

S1：The ancient and modern Olympic Games began in... .

S2：Only men... .

S3：Beijing hosted... .

[**活动 2**] Free talk

T：What else do you want to know about Olympic Games?

S1：I want to know...

（Stick the key words that Ss want to know about the topic.）

教师在读前设计了两个活动：一是复习单元前面四个课时北京版教材中学习的内容；二是引导学生针对奥运主题的学习将自己想要了解的内容进行提问。此环节既很好地激活了学生已知，又引导学生进一步开动脑筋，预设与主题相关的知识，营造出对绘本阅读的期待氛围。

（2）While – reading

[**活动 1**] 略读目录页（Read the contents）

T：I'm sure you want to know the main idea of this book first. So which page can we read?

Ss：The contents.

T：Let's go through the contents quickly.

T：Can you find some information you want to know?

Ss：Yes, I can.

通过略读目录页，初步了解整本书内容，看看 pre – reading 环节中学生自己提出的想了解的有关于奥运主题的内容是否在书中有所体现，自己好奇的问题是否能通过阅读解决。同时，引导学生阅读目录页，也是渗透阅读策略的方法，引导孩子学会读书。

[**活动 2**] 师生共读

T：Shall we read the first part together?

Ss：Yes！

T：I have a question for this part. What are the Olympics? Let's read and find out.

Ss：（Read and find out the answer.）They are a fantastic festival of sports.

T：Why are they fantastic? Let's watch a video to find out.

S1：（Watch the video to find out the reasons.）There are more athletes, more events...

T：There are 3 sets of Games. What are they?

S2：Summer Olympics, Winter Olympics and...

T：Look at that man, is he healthy? Can he take part in the Games?

S3：No, but he can take part.

T：We call the Games Paralympics. They are for the athletes with disabilities. Is there any other reason?

S4：There are more places.

T：Yes, the host city also needs more places to hold the Games. What does it need?

Read page 9 to find out.

S5：A set for... .

T：So more athletes，events and places make the Olympics so fantastic.

P2～P3 内容如图 2 所示。

图 2　P2 至 P3 内容

　　教师带着学生共读 P2、P3 两页内容，学生结合之前学过的奥运知识，不难读出奥运是一个体育盛会。再通过教师补充的视频，学生可以体会到体育盛会的真正含义。之后的阅读是建立在学生对北京版教材古代奥运到现代奥运的对比学习基础之上的，学生阅读信息更加丰富的语篇，寻找奥运会的变化，同时利用视频的震撼效果，在激发学生学习兴趣的同时，培养学生提取关键信息的能力。

　　[活动 3] 同伴阅读并分享

T：How fantastic are they？Let's go on with the other parts. What are they？

S1：The Olympic torch...（to The Games close）

目录如图 3 所示。

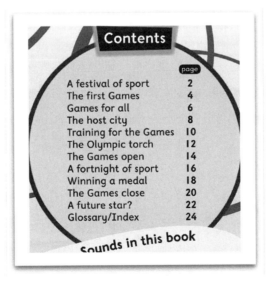

图 3　目录

T：Let's read in groups. You will read the different parts. Group 1&2 read the Olympic torch. The other groups go on the other parts. When you read it, follow the steps：

①Read and finish the sheet by yourself.

②Check in group.

③Share them together.

Ss：（Read and finish the sheet, talk in group. ）

Group 1 worksheet：

Before the Games begin, there is a torch relay. Where is it lit and taken to?

Group 2 worksheet：What can people see and hear when the opening ceremony comes.

Group 3 worksheet：How long do the Games last?

Group 4 worksheet：Who can win the Games?

Group 5 worksheet：After two weeks, the closing ceremony comes. What will happen? What else will happen?

S1：People will hand over the Olympic flag. The next host city will give us a show.

T：Why do they give a show?

S2：Because they want to welcome ... to the ...

此部分是整本书的核心，基于学生已有经验和已有知识，教师大胆进行分组阅读，尝试用将长文本在短时间内快速阅读的方式，合理分配阅读内容，让学生在有限的时间内只专注一部分内容的阅读。并通过任务单的设置，培养学生提取关键信息的能力。读后设计小组合作讨论、核对信息的活动，确保对所读内容的正确理解。最后，五个小组通过组与组之间的信息差交流，激发学生对其他部分的求知渴望，通过全班不同形式的分享，锻炼学生的语言表达能力。

[活动 4] Read the whole book

纵览全文，梳理奥运知识和赛事流程。至此，学生对于整本书内容已经有了很好的学习体验。

3. Post - reading

[活动 1] Summarize the whole book

T：What are the Olympics?

S1：They are...

T：Why are they fantastic?

S2：Because...

T：How fantastic are they?

S3：...

[活动 2] 选择与分享

Choose one of your favorite parts and share ideas.

[活动3] Homework

T: If you want to know more about the Games, you can surf the internet.

Homework for today is searching for some information about 2022 Winter Olympic Games. Make a brochure to introduce them.

本节课教学目标②提到，学生能够在问题引领与小组合作学习中形成一定的阅读策略，同时能够积极思考并勇于表达自己的观点。因此，在阅读完整本书后，教师安排了问题引领激发学生梳理所学内容并积极表达的环节，并鼓励学生将奥运主题的学习延展到课后环节。

三、反思与启示

从教师教学的角度看，基于单元整体教学的绘本与课本结合的研究，解决了教学碎片化问题。

首先，余文森教授在《核心素养导向的课堂教学》一书中明确提出，"教材毕竟是课堂教学的根本，正确地认识教材和对待教材，是保证教学改革质量的绝对前提"。教师在设计教学前要做好教材分析，正确地解读教材，挖掘文本信息和非文本信息，并且认识教材的优缺点，明确短板。比如，北京版教材中呈现的课文存在阅读文本缺失、语言形式单一的不足，同时，操练板块存在有些内容过于针对句型操练、缺少语境的问题等。如果教师只按照教材编写的板块引导学生学习教材中的内容，语言学习就会受到限制，同时也会反映出教师知识本位而非育人本位的问题。因此，基于单元整体教学的绘本与课本结合，首先要深度解读教材，透过核心语言知识的学习，提炼出单元主题。教师要具备将碎片化语言材料整合在一起的能力，并利用绘本与课本的联系，选取话题贴合、内容贴合的读本，围绕主题意义，在补充语言知识的基础上更多关注学生情感、思维、文化等层面的发展。

从学生学习的角度看，基于单元整体教学的绘本与课本结合的研究，解决了深度学习不足的问题。

余文森教授在《核心素养导向的课堂教学》中还说道："从学生学习的角度而言，整体意味着组织。组织就是建构，学习就是知识的建构过程。"我们要结合学生的生活经验，以学生已有知识为切入点。在 Olympic Dream 这节绘本课的读前环节，教师让学生先说说自己对奥运的了解，并将学生的问题记录在黑板上，然后在之后的教学过程中，随着新知识的学习调整板书，让学生的认知结构重新组织。这个过程也就是学生新旧知识相互联系、相互作用的过程。也是在这个过程中，学生学习了语言知识，发展了语言技能，同时提高了基于一个主题深度思考的品质。

有深度的学习是教师引导学生学得深、学得透，即针对一个主题理解得透彻。因此，教师不能简单地将学习的内容加大难度，而是引导学生在学习活动中达到一定的高度。即便是一些浅显的学习资源，如果学生能够由此开展深度思考也是深度学习。本节绘本阅读课中教师围绕奥运主题，通过问题引领、目录索引等活动激发学生的探究兴趣，引导学生积极思考并形成一定的学习策略。根据高年级学生在理解层面的学业要求，学生对于文本的理解能力除了获取直接信息，还要能在获取直接信息的基础上抓取关键细节和特定信息，特别是要在前两者的基础上,在阅读后能够推断、预测、评价,运用其中的内容来解决实际问题。所以对于六年级的学生来说,可以利用图表、思维导图等形式帮助学生整理、分析、归纳、判断文本信息,同时引导学生关注绘本原文中的总结性话语,与自己的归纳总结进行对比再升华。教师的这些做法很好地引导了学生的深度学习。

四、结束语

本次绘本和课本的有效结合尝试是成功的,同时也为现阶段小学英语教学的研究指明了方向。学生要发展核心素养,主要指学生应具备的、能够适应终身发展和社会发展需要的必备品格和关键能力。对于学科教学来说,就是结合学科教学内容帮助学生形成关键能力和必备品格。因此,我们的研究是聚焦于"人"的研究,学生的全面发展是我们的终极目标。基于单元整体教学的绘本与课本结合的设计与实践,正是引导教师关注知识和技能背后的学习价值的研究,引导学生在学习语言的同时形成积极的情感态度。

参 考 文 献

［1］中华人民共和国教育部. 义务教育英语课程标准（2011 年版）［M］. 北京：北京
师范大学出版社，2012.

［2］义务教育教科书. 英语（一年级起始）六年级上册［M］. 北京：北京出版
社，2014.

［3］侯云洁. 小学英语教材与绘本整合的案例讨论［J］. 英语学习（教师版），2018
（5）：14 – 20.

［4］林燕. 浅谈小学英语单元整体教学设计的原则［J］. 新课程学习，2012（3）：
38 – 39.

［5］吕世虎，吴振英，杨婷，等. 单元教学设计及其对促进数学教师专业发展的作用
［J］. 数学教育学报，2016（5）：16 – 21.

［6］余文森. 核心素养导向的课堂教学［M］. 上海：上海教育出版社，2017.

［7］Roderick Hunt，Alex Brychta. 典范英语——趣味文化百科阅读（41）［M］. 北京：
中国青年出版社，2014.

大观念下的单元整体教学实践例析

北京市东城区史家胡同小学　王国玲

一、引言

《普通高中英语课程标准（2017 年版 2020 修订)》强调，以学科大概念为核心，使课程内容结构化，以主题为引领，使课程内容情境化。然而当下，很多教师在教学设计中因为缺乏学科大观念的指导或是因为对其认识不足，将关注力依然聚焦在一课时的教学设计中，难以摆脱传统的以知识为中心的教学模式，从而忽视了单元主题及各课时间的内在联系，呈现出教学内容碎片化、过程表面化和评价形式化等问题（王蔷，周密，蔡铭珂，2021），不利于学生核心素养能力的形成。笔者认为，如果将大观念视作一棵树，那么单一课时便是这棵树上的树叶。大观念是在引导教师不要"一叶障目"，而是看到连接树叶的树枝，即各课时之间的内在联系，从而提炼单元主题，同时寻找各树枝之间的连接即树干，形成大单元的概念，最终汇聚成这棵树的主干，即学科的核心大观念。大观念引导教师从上位的角度审视所教授内容在学科体系中的位置和联系，进而挖掘和提炼主题意义。

基于大观念的单元主题教学实践从学科大观念的视角出发，把培养学生的学科核心素养放在首位，通过深入解读、分析教材内容，围绕特定主题，整合和重组教学资源，搭建一个由单元大主题统领、各语篇子主题相互关联、逻辑清晰的完整教学单元，为学生探索学科关键知识、转化能力、形成素养奠定基础，实现立德树人的根本任务（王蔷，周密，蔡铭珂，2021）。

二、大观念下的单元整体教学课例分析

（一）基于大观念的单元主题解读

笔者以北京版《英语》五年级下 Unit 6 为例，来阐述基于大观念如何解读单元主题。本单元话题为 "What will you do in the future?"，由三节新授课时和一节复习课构成。Lesson 19 主要运用句型 "What will you be in the future?" "I'll be ..." 讨论了主人公 Mike 和 Baobao 的 future job。Lesson 20 讨论了主人公 Guoguo 和 Yangyang 的 parent's Job 和 future job. Lesson 21 则是主人公 Mike 和 Lingling 讨论努力的途径。

基于大观念"网络状结构"的特点（李刚，吕立杰，2018），笔者在设计这一单元教学时，没有仅仅着眼于本册书，而是纵观北京版教材，发现 Jobs 的主题在三年级下 Unit 7 涉猎过，主要以 "What do you want to be?" "I want to be ..." 的问答展开，三课时对话内容同样围绕主人公的梦想职业及家人的职业展开。所以，如何让学生在同样的主题下，在语言和思维上有新的收获，同时能指导其实际生活，成为本单元设计的立足点。

纵向来看，三年级是学生初次接触职业，重点是认识职业，知道它的名称、工作地点、着装、从事的主要工作等；而五年级是在此基础上，进一步了解职业，了解从事某一职业需

要具备什么样的能力，从而有目的地去准备。横向而言，三年级是在认识职业的基础上，谈论 dream job，并借助补充绘本初步感知为实现梦想可以做什么；而五年级则是在了解职业的基础上，尝试定位自己的 future job 并寻找努力的途径，最后借助绘本探讨并体会努力的途径中什么最重要。本课时设计思路如图 1 所示。

图1 设计思路

基于对教材横向和纵向分析，笔者将"了解职业、明确途径、坚定信念"作为本单元的主题。围绕此主题，笔者对本单元教学内容进行了以下调整：将教材中第 2 课时调整为第 1 课时，以谈论父母的职业为切入点，通过图句配对的教学活动深入了解职业需要具备的能力；将教材第 1 课时和第 2 课时整合为第 2 课时，围绕主人公 Mike 的 future job 引导学生从教材语篇和补充语篇中提炼实现梦想的三种途径：physical preparation, skills preparation, mental preparation；第 3 课时，笔者根据单元主题，补充了绘本 *Salt in His Shoes*，通过主人公 Jordan 克服在梦想之路上所遭遇的困难、最终实现梦想的故事，启发学生去感悟努力的途径中，mental preparation 的重要性。

（二）基于大观念的单元主题下绘本课研读

1. 绘本内容概要

本单元第 3 课时所选用绘本 *Salt in His Shoes*，讲述了著名 NBA 篮球明星 Michael Jordan 的故事。Michael 的投篮常常被一个大块头拦截，他的球队也因此总是失利。Michael 很苦恼，认为自己的个头是一切问题所在，于是向妈妈求助如何长高。正在做饭的妈妈灵机一动，告诉他"Put salt in your shoes"，并嘱咐他耐心等待，并每日许愿。Michael 一一照做。两个月过去了，什么都没有发生，但是 Michael 依然按母亲说的坚持，并耐心地练习投篮。又过了两个月，依然什么都没发生。Michael 很难过，妈妈也因此担心起来。这时爸爸找 Michael 促膝长谈，告诉他：长高或许能起点作用，但最重要的是自己坚定的信念、全力以赴的努力和坚持不懈的练习。Michael 收拾情绪，再次返回赛场。大个头再次出现，但 Michael 未受影响。最终，球进了！球队获胜了！

2. 绘本内容解读

（1）绘本在单元主题授课中的意义

本课在单元中承担着升华单元主题意义的作用，旨在落实学科育人。王蔷教授指出，"教师的提问在很大程度上能决定学生阅读时思考"。如何通过问题引导学生在理解故事的过程中挖掘、探究绘本所传达的意义，是本节课授课的重点。

（2）绘本结构解析

Salt in His Shoes 的故事结构属于单三段式，即由首段（情境与角色）、中段（问题与发展）和尾段（结尾）三个部分组成（敖娜仁图雅，2021）。基于单元整体情境，根据本课绘本内容，笔者将其解构为发现问题、寻找办法、解决问题三部分，并结合故事情境，以篮球三步投篮的方式设计了本课故事地图，如图 2 所示。同时以 "Salt in his shoes" 为文眼，以问题为引导，从故事之初的 "Why put salt in shoes?"，到故事发展中的 "Did it work?"，再到结束故事后回看故事 "Did it make any difference for the ending?"，不断启发学生在观察、推测、思考中把握故事情节，理解人物心理，探究故事主题意义。

图 2　故事地图

好奇心是驱动学生主动探索最大的动力。为了让学生保持对故事结局的好奇心，笔者在发放绘本时，以 Michael 妈妈给出建议后是否起效为节点，将故事分别装订成了前后两部分。学生在上课前自主阅读了第一部分，而第二部分则是在师生课堂互动推测中展开阅读。

（三）基于大观念的单元主题下绘本课目标定位

①学生能梳理故事情节，找出 Michael 遇到的问题，以及父母给予的相应解决方案。

②学生能结合自身生活，讨论并预测 Michael 父母提出的解决方案的可行性和效果。

③学生能基于文本和读后讨论，探究故事主题意义。思考 Michael 遇到的真正问题是什么，帮助 Michael 克服困难的主要因素是什么，妈妈的方案有没有对问题解决起到作用。

④学生能从自我兴趣和语言能力出发，选择适合的写作任务，表达对文本意义的理解。

（四）*Salt in His Shoes* 教学设计

1. Pre – reading 热身导入

[**活动 1**] 板书导入　引出主角

教师在黑板快速画出一篮板。

Q1：What job are we going to talk?

Q2：Which basketball player popped into your head?

[**活动 2**] 视频观看　呈现背景

教师播放 Michael 小时候练习投篮并和父亲交流梦想的视频（选自电影《大灌篮》）。

T：What do you know about him?

Ss：He is a ...

T：How was his skill?

Ss：Great！／ Amazing！

T：Especially his shooting！Look，how to name this kind of shot?

Ss：三步上篮。

教师在用英文解释的同时，顺势将故事地图的结构画出。

T：What's his dream when he was young?

S1：To be an NBA player.

T：Did he made it?

Ss：Yes！

T：He not only becomes an NBA player，but an NBA star！Did he have any problems on the way to be a basketball player when he was young?

Ss：Maybe ...

T：The book today will tell us.

【设计意图】

教师在读前环节设计了两个活动：活动一是为了引出主人公，调动学生已知，从而拉近绘本和学生之间的距离；活动二则是呈现背景，提出问题：球技这么好、长大后梦想成真的Michael，小时候在实现梦想的路上能遇到什么困难呢？借此引发学生对绘本探索的好奇和兴趣。同时，故事地图的引入在活跃课堂的同时，为随后解读梳理故事搭好了骨架。

2. While‑reading 图片环游

[活动 1] 封面阅读 自主提问

T：Do you have any questions about the cover?

S2：Why put salt in shoes?

S3：Why the S in "salt" write（is written）so long?

【设计意图】

教师在文本分析时根据文眼预设的第一个问题就是"Why put salt in his shoes?"，而在本环节，教师引导学生自主观察封面并提问，旨在提高学生的观察力，并培养主动思考、勇于质疑的习惯，借此激发学生感知主题、探索主题的欲望。

[活动 2] 自主阅读 解决疑问

To Identify Michael's problem.

Q1：Why put salt in his shoes?

Q2：What problem did he have?

Q3：What made him think that short was a problem for him?

To search for Mom's solution.

Q4：Who gave the idea?

Q5：What do you think about this idea?

Q6：Did Michael believe it at first?

Q7：Why did Michael finally believe it?

Q8: What else did mom ask him to do?

Q9: As Michael making wish and patiently practicing, what did mom do? Why?

【设计意图】

本环节阅读内容为课前已下发给学生的绘本第一部分。教师用一系列问题引导学生再次阅读图片与文字，推断、概括并预测信息，旨在提升学生的思维，从多元的角度去分析问题。针对 Mom 所提出的解决方案，教师通过问题5、6、7引导学生结合实际去交流判断并分析主人公的态度。大多数学生觉得荒诞又疯狂，这和主人公最初的反应一样，但最终主人公却相信并接纳了这一方案，教师顺势追问是什么改变了他的想法，从而激发学生进一步在文中和图中寻找原因。问题9则引导学生从母亲的角度去看这个问题。这一部分为理解故事情节随后的发展进行了铺垫，也为绘本阅读后的主题意义探讨埋下了伏笔。

[**活动3**] 基于推测　展开探究

T: Will Mom's solution work?

S1: No, It will not work. Because salt can't help us get taller.

S2: I think it will work. Because as time goes by, we'll grow taller.

S3: I think it will work too. Because it's a story, if it doesn't work, the story can't continue.

教师将故事的发展以 PPT 呈现：两个月过去了，什么都没有发生。教师先引导学生去想象主人公的心情，随后和书中主人公的反应做对比。

T: If you were Michael, how did you feel? What would you do?

S1: I'll be very sad.

S2: I'll say: "Mom, you are a liar."

T: But how did Michael feel?

Ss: "I've just got to give it time like mama said."

T: He trusted his mom very much. But…

教师接着呈现故事的发展：又过了两个月，依然什么都没有发生。Michael 难过得不愿意再去打球。教师引导学生去换位思考母亲的心情。

S3: She must be very worried.

S4: She must feel very sorry. She'll say sorry to Michael.

T: What did mom do then?

教师用 PPT 呈现图片，妈妈求助于爸爸。

【设计意图】

教师用妈妈的主意是否起作用的节点将故事切分为两部分，旨在充分激发学生的好奇心和探究的欲望。所以在处理这部分时，教师主要通过设置悬念，让学生在推测、搜索中不断地推进故事的发展，同时面对妈妈的办法并没有起作用的问题，教师不仅引导学生去揣摩主人公的心理活动，而且引导学生站在妈妈的角度去看待此时的情况，体会妈妈焦急的心情，从而启发学生学会从不同角度去理解人物及行为，培养学生的深度思维能力。

[**活动4**] 借助学习单　探究主题意义

Searching for Dad's solution.

Q1：What did dad do? Did it work?

Q2：What did dad talk with Michael?

Q3：What changed his mind?

带着问题，教师将绘本第二部分发给学生。借助学习单，学生通过自主阅读、师生分角色扮演、小组讨论等，重点搜索并思考爸爸与 Michael 的谈话中，是哪句话触动了 Michael 让他再次重返球场，为什么？任务二学习单如图 3 所示。

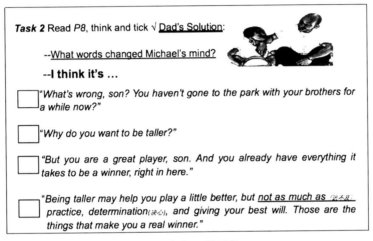

图 3 任务二学习单

接着场景转换到球场上 Michael 再次和大块头相遇，面对大块头的挑衅，Michael 的反应是什么？

T：How did Michael response to Mark's taunt?

Ss：Michael paid no attention.

T：What made him different? What might he say to himself?

S2：I have practiced a lot. I'll win! Pay no attention to him.

S3：Dad said determination is the most important. I'll try my best. I'll win today!

T：And finally Michael did it! So was short a real problem for him?

【设计意图】

故事本部分，爸爸和 Michael 的谈话非常集中地体现了绘本要传达的主题意义。所以教师在此设计学习单和师生分角色扮演，引导学生在交流体验中进行深度思考，寻找爸爸谈话中真正影响 Michael 的话，探究故事的主题意义。同时，教师着重处理球场上主人公 Michael 和大块头再次相遇的场景，引导学生思考是什么改变了 Michael 面对大块头的态度，进一步挖掘故事的主题意义。

3．Post – reading 总结评论

[活动 1] 基于故事地图 复述故事 提炼主题意义

教师引导学生根据故事地图所呈现的 problem – solution 的故事骨架和关键信息，复述故事，内化语言。同时回顾第二课时"实现梦想的三条努力路径：Physical Preparation, Skills

Preparation，Mental Preparation"，结合故事并借助学习单上的支撑性语言，如图 4 所示讨论并表达 "Which preparation is the most important?"。

S1：From this story I think the mental preparation is the most important. Because without determination, you'll be easy to give up.

S2：I think mental preparation is the most important too, because if you don't try your best, you can't succeed.

S3：I think practice a lot and mental preparation are both important. Because practice can make your skill be better and better, and never give up can help you fight with difficulties.

T：That's really true. No matter what you will be in the future, determination and giving your best will are very important.

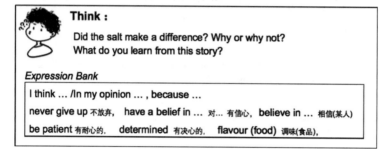

图 4　支撑性语言

教师引导学生再次思考 Michael 妈妈的解决方案。

T：Did the salt help make a difference? Why or why not?

S1：It didn't. Because after 4 months, nothing happened.

S2：I think it made a difference. Salt can't help him to grow, but because of mom's idea, Michael did not keep thinking about the problem. He listened to what mom said, be patient and practice a lot. So that he could win at last.

S3：I think mom's idea gave Michael a belief, so that he can be patient and then dad's talk with him could work finally.

【设计意图】

借助故事地图复述故事，旨在巩固并内化语言知识。同时结合第 2 课时内容，提炼本课主题意义，强化"坚定信念"的重要性，引导学生在做事时要持之以恒，尽自己最大的努力。而对于母亲的方案，教师引导学生再次思考其意义，旨在培养学生的批判性思维，学会从多角度去分析和看待问题。

[**活动 2**] 连线艺术传媒　为绘本撰写书签或简介

教师设计了出版社要再版本书的情境，诚邀学生们设计书签和封底简介，将其作为任务三。

书签设计要求：选择一个人物，结合他在故事中的经历，想想他/她会对读者说什么；内容控制在 2～4 句话。

简介写作要求：内容要包括故事简介及自己对这个故事的理解，至少 5 句话。任务三学习单如图 5 和图 6 所示。

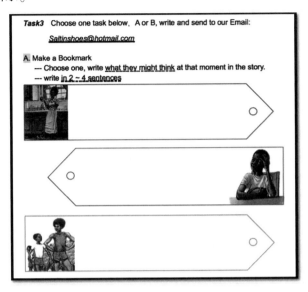

图5　任务三学习单（书签设计）

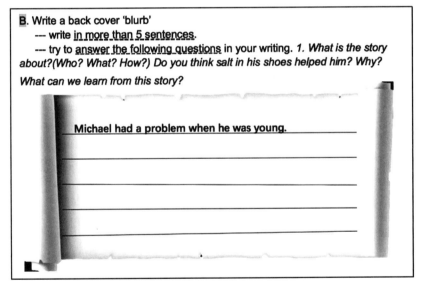

图6　任务三学习单（简介写作）

【设计意图】

阅读后任务的设计要达到创新迁移的作用。本课教师将阅读后任务设计成了读写结合的形式。撰写书签和封底的任务设计，一方面与生活相结合，连线艺术传媒，符合学生的年龄段和本课学习内容；另一方面，促使学生结合已读内容进行写作，在趣味的写作任务中展示对故事的学习和对意义的理解，将读写成功地进行了结合，在促进学生内化所读内容的同时，提高了学生的写作能力。

三、教学实践总结与反思

（一）以大概念为统领，建构知识结构化，利于学生迁移运用

结构化知识是指经过梳理、组织和整合文本信息后形成的概念结构，这一结构使知识之间建立起了逻辑关联（张秋会，王蔷，2016）。在面对现实生活中错综复杂的问题时，学生在结构性的知识体系下能够理解、迁移并运用所学知识，从而解决实际问题。基于此，笔者在设计单元整体教学活动时，仔细研读教材，基于单元主题、单元整体目标及学生的认知水平，将教材内容进行整合优化，将原本零散的句型及核心职业词汇整合在两个语篇中，从而避免知识的碎片化。此外，笔者还结合教材内容拓展了课外阅读文本，让学生在整体认知、深度理解教材文本的内涵中提升理解力和迁移力，再借助真实故事，将之前构建的信息内化并运用到语言探究的主题意义上，提升思维水平，促使学生在感同身受中培育核心素养，落实育人目标。考虑到教学内容的调整，笔者也将教学内容的讲授顺序进行了相应的调整，形成由浅入深、由易到难的教学安排，让学生在各语篇的学习中，从建构单元小观念逐步构建单元大观念。

（二）以大概念为统领，创设内容情境化，解决真实生活问题

《义务教育英语课程标准（2011年版）》强调语言学习的实践性，主张学生在语境中接触、体验和理解真实语言，并在此基础上学习和应用语言，倡导教师尽可能多地为学生创造在真实语境中运用语言的机会。学生只有在真实情境下运用所学知识解决实际问题，才能将英语课程的学习与实际生活相联系，加深学生对新知的理解与意义的感知，从而实现教学内容的"有用"。笔者在本课的写作环节设计了贴近实际生活的活动设计，即制作书签或撰写故事简介。活动的设计一方面巧妙地将生活结合，既符合学生的年龄特点与认知水平，又非常契合本课时的绘本学习内容，容易调动学生写作的积极性；另一方面，这种写作形式成功地将读写进行了结合，促使学生基于已读内容展开写作。在写作的内容上，教师在阅读环节也为学生做了充分的准备。一方面，板书的故事地图给予了学生写作的语言支撑；另一方面，写作前对于Michael父亲、母亲的解决方案在主题意义层面的充分讨论，也为写作中表达学生自己对于文本的理解做了充分铺垫。学生在此活动的过程中，感受知识的使用价值，解决生活中的真实问题，从而实现教学内容的实用性。

（三）以大概念为统领，重视内容问题化，促进学生深度学习

阅读是一个渐进的理解过程，问题设计要有层次，问题难度要形成一定的序列，遵循前后知识之间的联系，符合学生的认知规律和事物发展的逻辑顺序（梁美珍，黄海丽，於晨，等，2013）。设计一连串环环相扣的有效问题也有助于引导学生由浅入深、由表及里地解读阅读文本、探究文本的意义。因此在本课的教学中，笔者以"Salt in his shoes"为文眼，在读前、读中、读后活动中紧紧围绕文眼展开一系列质疑、询问与探索"Why put salt in shoes? Did it work?""What did dad do? How did it work?""Did salt make a difference for the ending?""Was short the real problem Michael have?"，用递进式的问题链搭建思维阶梯，不断启发学生在观察、分析、推测、归纳中理解故事大意，在评价与表达自己独特见解中，深入探究故事的主题意义，从而引导学生从信息提取的浅层面走向评价判断、独创见解、思维提升的深层面。

【点评】

让学生在整本书阅读中实现对主题意义的深度探究

北京市东城区教育科学研究院　江　萍

围绕"大概念"进行单元设计已经成为当前很多学科教育的发展趋势。同时，随着教学改革的逐步深入，越来越多的老师意识到，仅靠教材内的语篇阅读很难提高学生的阅读素养。因此，本节课的设计教师基于大概念，补充内容有趣、语言真实、表达地道的绘本，开展英语整本书阅读教学，取得了良好的教学效果。

1. 以"大概念"统领单元学习，提升学生素养

以大概念为视角分析教学内容、确定单元目标、实施单元学习活动，是知识转化为能力的重要途径，能够有效提升单元学习深刻的育人价值。当然，单元要对知识进行整合，也要给学生提供更多的自主探究和思考的机会。王国玲老师的设计立足整体，从具体内容出发，分析和挖掘具体知识背后的思想，形成有价值的结构化知识体系。

老师将"了解职业，明确途径，坚定信念"作为本单元的主题，将教材中第 2 课时调整为第 1 课时，以谈论父母的职业为切入，从深入了解职业需要具备的能力为突破口；将教材第 1 课时和第 3 课时整合为第 2 课时，引导学生从教材语篇和补充语篇中提炼实现梦想的三种途径；第 3 课时根据单元主题，补充了绘本 *Salt in His Shoes*，以激人奋进的故事，启发学生去感悟努力的途径中坚定信念的重要性。三课时的设计由浅入深，层层递进，逐步完成单元学习的同时，润物无声地提升了学生的素养。

2. 以"长文短教"的思路引领学习，提高整本书阅读实效

绘本阅读中难免会遇到一些文本篇幅过长的故事，教师不必要太过在乎文本的长短，只要引领学生抓住文本主要内容，就已经把学习任务完成一半了。文本的中心内容是一篇课文的源泉，文中的主题、思想感情都是从这个源泉中发散出来的，学生在学习的过程中要牢牢把握住这个源泉，利用这个源泉提高自己的语言能力。教师利用文本要传达的中心内容进行教学，可以帮助学生理清文中脉络，在课堂上提高学生的思维活跃程度，帮助学生有效地学习故事。

长文短教的根本问题在于教什么和如何教。教什么涉及的其实是绘本内容的取舍。例如，本节课虽然文本本身是比较长的，但是在处理的过程中，没有逐字逐句读。课前要读的那一部分，只是为了提出问题，后边的探索和第二个部分的挖掘其实都是为了将主要的解决办法提出来，然后让大家去关注解决办法本身，探究这个解决办法，最终是否有效以及为什么。这就在意义的探究方面突出对整个故事的短处理，特别是挖掘它的主题，以体现它的主题意义。

如何教是方法问题，更是理念问题。教育承载着立德树人的使命，教师要在尊重学生个体生成的基础上，结合文本特点，引导学生了解和体验适切的、更具有生命成长价值、符合时代需求的教学主题，体现文本的教学意义。例如，本节课没有逐字逐句读，但是在那些探究主人公的情绪，以及后期哪个解决办法更起作用的篇章读得很细致，父亲给出的解决办法

也是细读的。这样读法，是凸显主题意义的。主题意义引领下的整本书阅读，让学生在教师引导下结合文本进行开放探究，自主建构主题意义，有效提高了阅读效率。

3. 以学习任务单为抓手，推进读与写活动的落实

学习任务单是学习支架的主要形态，它具有支架的功能。它是教师依据学情，为达成学习目标而设计的学习活动的载体。学习任务单能激发全体学生的学习积极性，引导他们自主参与，并通过各种形式的学习活动，在教师的帮助下，在达成学习目标的过程中，提高学习兴趣，掌握学习方法，养成学习习惯，提升学习能力。

本节课中，爸爸和 Michael 的谈话部分，非常集中地体现了绘本要传达的主题意义。所以教师在此设计了学习任务单，引导学生在交流体验中进行深度思考，寻找爸爸谈话中真正影响 Michael 的话，探究故事的主题意义。再如，最后以读促写的活动，教师将阅读后的任务设计成了读写结合的形式，设计了出版社要再版本书的情境，给孩子们设计书签和封底简介的任务，一方面与生活相结合，符合学生的年龄特点和认知水平；另一方面，促使学生结合已读内容进行写作，在较为真实的写作任务中展示对故事及其意义的理解，将读写结合，通过学习支架在促进学生内化所读内容的同时，提高了学生的写作能力。

参 考 文 献

[1] 敖娜仁图雅. 图片环游在英语阅读教学中的应用 [M]. 北京：外语教学与研究出版社，2021.

[2] 中华人民共和国教育部. 普通高中英语课程标准（2017 年版）[M] 北京：人民教育出版社，2020.

[3] 李刚，吕立杰. 大概念课程设计：指向学科核心素养落实的课程结构 [J]，教育发展研究，2018（2）：35 - 42.

[4] 梁美珍，黄海丽，於晨，等. 英语阅读教学中的问题设计：批判性阅读视角 [M]. 杭州：浙江大学出版社，2013.

[5] 王蔷. 在英语教学中开展读写结合教学的意义及实施途径 [J]. 英语学习，2020（5）：26 - 32.

[6] 王蔷，周密，蔡铭珂. 基于大观念的高中英语单元整体教学设计 [J]，中小学外语教学（中学篇），2021（1）：1 - 7.

[7] 张秋会，王蔷. 浅析文本解读的五个角度 [J]. 中小学外语教学（中学篇），2016（11）：11 - 16.

基于单元整体教学的报刊与教材结合的课例分析

北京市东城区分司厅小学　周晟昊

【摘　要】 本文以一节报刊阅读与教材结合的研究课为例，从单元整体教学的视角分析了二者结合的实施步骤与实施效果，认为报刊与教材的结合是改变教师教学观念、发展学生核心素养的有效途径。

【关键词】 单元整体教学；报刊教学；教材

一、引言

基于"大观念"的单元整体教学设计是指教师基于课程标准，围绕特定主题，深入解读、分析、整合和重组教材等教学资源后，结合学习主体的需求，搭建起的一个由单元大主题统领、各语篇子主题相互关联、逻辑清晰的完整教学单元，使教学能够围绕一个完整的单元主题设定目标，引导学生通过对不同单一语篇小观念的学习和提炼并建立关联，生成基于该单元主题的大观念（王蔷，2021）。

《义务教育英语课程标准（2011 年版）》指出，英语课程要丰富课程资源，拓展英语学习渠道。英语课程应根据教和学的需求，提供贴近学生生活、贴近时代的英语学习资源。教师根据单元主题，选取符合学生需求的学习资源，与教材进行有机的整合，培养学生的语言能力、思维品质、文化意识和学习能力，发展学生的核心素养。

报刊教学（Newspapers in Education，NIE），是指利用报刊进行教育的活动，其目的是提高学生英语的阅读、写作能力，以及对时事的掌握能力。报刊和教材各自具有不可代替的优势，二者互补可以丰富学生的学习内容，拓展学生的学用渠道。葛文山（2006）认为，英文报刊的使用方法可以分为两种：课堂上集中使用和课后自己阅读。由于学生看惯了中文报纸，所以他们刚开始时可能不习惯用英语来获取自己关注的信息，也不熟悉英文报刊文章的写作风格和语言特色。因此，在起始阶段，采用在课堂上集中阅读英文报刊的方法，可以较为有效地指导学生阅读英文报刊。一般来说，教材或报刊中的话题都是人们所共同关注的，如名人传记、环境保护、科学进步等。本文中的课例就运用了课堂上集中阅读英文报刊的方法，选择与教材单元主题相吻合的报刊文章，作为对教材内容的延伸和补充。

二、基于单元整体的报刊教学课例分析

（一）教材内容分析

北京版《英语》六年级下册 Unit 2 "Can you tell me more about her?"中，第 5、6、7 课的语境是谈论 Mike 的叔叔 Mark、Baobao 的妹妹 Wenwen 以及乒乓球教练 Ms. Wu，语用知识为从年龄、外貌、职业、爱好、特长等方面描述一个人以及复习物品形状等知识。其中第

六课的 "Let's do" 版块是写一写关于雷锋、爱因斯坦、居里夫人等中外名人的活动，旨在让学生了解名人的基本信息，并尝试运用所学语言进行书面表达。第8课是阅读一篇关于不同肤色形成原因的科普类文章，了解到黑色素是影响肤色的重要原因。

通过分析教材可以看出，本单元主要复习 "对人物的介绍"，从年龄、外貌、性格、爱好、国籍、工作等方面进行介绍。语用知识非常明确，但语言背后所承载的育人价值不够凸显。对于六年级的学生来说，三节课对话都是围绕介绍人物的基本信息进行复习，缺乏挑战及新鲜感。因此，教师将基于第6课 "Let's do" 版块进行拓展，为学生补充一些我国英雄楷模的报刊文章，学生通过阅读报刊，不仅能够获取更多英雄楷模的基本信息，更能够了解这些英雄楷模的感人事迹和优秀品质，激发民族自豪感的同时，学习他们的优秀品质。

（二）单元主题意义及整体目标定位

主题是教学的切入点，主题的选择是主题意义下单元整体教学的关键。确定主题首先要考虑学生的需要和兴趣，以及学生的语言能力是否达到理想的要求，但基础是单元整体分析（王建平，2016）。

本单元的学习内容在教师进行报刊阅读的补充后，将更为丰富，更符合六年级学生的认知发展，更能满足高年级学生的情感需求，同时也更加具有教育价值。本单元教学主要定位在 "Get to know him or her"，通过多种学习方式，介绍身边的人及英雄楷模，并学习身边人及英雄楷模的优秀品质。单元目标细分如表1所示。

表1　单元目标细分

课时	所学内容	主旨
第一课时	Lesson 5 & Lesson 7 Introduce people around you	通过学习对话，介绍身边的人，如亲戚、朋友、老师等
第二课时	Lesson 6 Care about people around you	通过学习对话，关心身边亲友，清楚他们的喜好和生日，并能选择适合他们的礼物
第三课时	Get to know some famous people 补充材料	读懂国内外名人的基本信息，能简单介绍他们的姓名、国籍、职业、生卒年份等信息
第四课时	A great person 报刊阅读	通过学习一名英雄楷模的故事，了解一位英雄楷模所具备的优秀品质
第五课时	My favorite great person 泛读与综合实践	通过泛读更多我国英雄楷模的报刊文章，选取自己最喜欢的一人进行介绍，激发民族自豪感，在潜移默化中学习他们的优秀品质

续表

课时	所学内容	主旨
第六课时	Lesson 8 Why are people of different colors? 趣味科普	通过阅读,了解不同肤色的成因,开阔视野,增进国际理解

(三)结合单元主题选择学习资源

本单元的主题为"Get to know him or her",学生在本单元中不仅要了解身边的人,介绍身边的人,还要了解和介绍一些英雄楷模的基本信息和优秀事迹,学习他们的优秀品质。

教材主要从年龄、外貌、性格、爱好、国籍、工作等方面对身边的人进行介绍。其中也涉及了一些对中外名人基本信息的介绍。《21世纪报》中"China's Role Models 闪亮的名字"是对我国时代楷模的介绍,其中不仅包含了这些人物的基本信息,还介绍了这些人物的优秀事迹。这一报刊阅读素材围绕单元主题展开,与教材话题紧密相连,并与教材知识呈现出递进性,是对教材知识的有益补充和拓展,有助于达成单元教学目标。该报刊中"China's Role Models 闪亮的名字"所包含的内容如表2所示。

表2 China's Role Models 闪亮的名字

Heart to the motherland—Qian Xuesen
Father of hybrid rice—Yuan Longping
Math genius—Chen Jingrun
Saving lives with a plant—Tu Youyou
Protect the people—Zhong Nanshan
Pioneer printer—Wang Xuan
A little screw—Lei Feng
Meet the "Iron Hammer"—Lang Ping
A big dreamer—Ma Yun
Big Yao's adventure in NBA—Yao Ming

从表2中可知,"China's Role Models 闪亮的名字"共介绍了10个我国不同领域的时代楷模。每个人物的版面都包含了基本信息、优秀事迹、名人名言、名人小知识、词汇表等内容。我们将选取最贴近学生生活、被学生熟悉、最具有时效性的人物——钟南山,开展报刊阅读课,作为学习完教材内容后的补充与拓展。其余几个人物的报刊文章将作为学生的泛读材料,供学生课后阅读,为综合实践课提供素材。

(四)教学设计

1. 课时教学背景分析

(1)教学内容分析

What：本课选取了《21 世纪报》（小学版）"China's Role Models 闪亮的名字"这一期中讲述钟南山的文章进行学习和阅读。钟南山院士早在 2003 年抗击"非典"中就有过突出贡献，他不惧病毒、不畏死亡，收治最严重的病人；他坚持真理、不断探索，最终找到了治疗"非典"的办法。

How：该报刊文章由"Protect the people, Fighting SARS, About Zhong Nanshan, Did you know?, Speaking for public health, Word bank"等部分组成。"Fighting SARS"部分运用一般过去时，介绍了人物的成就以及成功路上所付出的努力。"About Zhong Nanshan"以表格的形式介绍了人物的基本信息。"Did you know?"介绍钟南山的兴趣爱好，"Zhong's words"引用了钟南山的名言，"Speaking for public health"运用一般现在时描述了终南山一直以来为社会做的事情。文章从不同的角度对钟南山这位英雄楷模进行了介绍。

Why：文章根据人物的优秀事迹，反映英雄楷模所具备的优秀品质：brave, selfless, perseverant, hard-working, helpful, make a great contribution to mankind. 通过阅读英雄楷模的事迹，向学生传递正能量，帮助学生塑造良好的品格，形成积极的情感态度，学习英雄楷模的优秀品质。

（2）学生情况分析

学生已经掌握一些谈论人物的语言，如人物的年龄、外貌、职业、兴趣爱好等，同时，对钟南山的事迹有一定的了解，但是用英文表达有一定的困难。本课通过阅读来开阔学生的视野、丰富学生的语言，学生在老师的帮助下建构表达框架，以读促写。

学生都有自己喜欢或崇拜的名人，但是有的学生过于崇拜明星，缺少对英雄楷模的敬仰之心，本课通过阅读英雄楷模的事迹，向学生传递正能量，帮助学生塑造良好的品格。

2. 课时教学目标

本课时为单元第四课时——报刊阅读课。通过本节课的学习，学生能够达成以下目标。

①通过阅读文章，了解钟南山的基本信息，描述年龄、国籍、外貌特征等信息。

②在教师的问题引领下，在文中批注出关键信息，不断完善批注的阅读策略。

③通过读钟南山的故事，了解他的成功之路及取得的成就，并梳理归纳出英雄楷模所具备的优秀品质。明确 great person 是对社会做出伟大贡献的人。

④结合钟南山的优秀事迹，写出对钟南山的人物简评。

3. 教学过程

（1）Pre-reading

[活动1] 猜谜游戏

T：Let's play a guessing game. Who is he or she?

T：He was born in Beijing. He solved the food problem in China. He is known as the father of hybrid rice. Who is he?

Ss：He is Yuan Longping.

T：She is 1.84 meters tall. She was a volleyball player. She is called "Iron Hammer". Who is she?

Ss：She is Lang Ping.

T：She is a Chinese scientist. She won the Nobel Prize in 2015. She discovered artemisinin（青蒿素）to fight malaria（疟疾）. Who is she?

Ss：She is Tu Youyou.

[活动2] 自由交谈

T：Are they great people? Why do you think so?

S1：Yes, because they all love our country.

S2：I think they are great people, because they do best at their jobs.

T：What makes people great?

S1：They love our country.

S2：They help a lot of people.

…

教师在读前环节设计了两个活动：一是根据人物的基本信息猜名人，该活动有效地激活了学生的旧知，与教材内容进行衔接；二是通过师生谈话引导学生初步思考伟人所具有的特质，在激活学生思维的同时，帮助学生明确本节课的学习目标。

（2）While – reading

[活动1] 导入

T：In the past year, everyone fought against the novel coronavirus in China. Who impressed you the most?

Ss：Zhong Nanshan. / Li Lanjuan. /…

T：Yes, I'm sure everyone knows this name—Zhong Nanshan. So what do you know about him?

S1：He went to Wuhan to help the patients.

S2：He is very old.

S3：He is strong and healthy.

…

T：He helped a lot of patients in 2020. Is this the first time he protects us? Would you like to know more about him?

Ss：Yes.

T：What do you want to know about him?

S1：What did he do at work?

S2：When was he born?

S3：What's his achievement?

S4：Does he like his job?

…

（教师从学生话语中摘录关键词写到黑板上。）

教师通过问题的引领，揭示本节课将要学习的人物——钟南山，并引导学生把生活中已有的知识和经验与将要学习的内容进行链接。在此基础上，引导学生进一步开动脑筋，预设与主题相关的知识，引发学生对报刊阅读的期待。

[活动2] 略读报刊

T：You may find some answers from this passage. What's the title of this passage?

Ss：Protect the people.

T：What does the writer want to tell us?

S1：I guess the writer wants to tell us how Zhong Nanshan protects the people.

T：Maybe. Let's go through the passage quickly and find out "How many parts are there in this passage? What are they?"

Ss：There are six parts. They are the title, Fighting SARS, About Zhong Nanshan, Did you know? speaking for public health and Zhong's Words.

T：Can you find some information you want to know?

Ss：Yes.

学生通过略读报刊，初步了解报刊内容，判断自己想了解的内容是否在报刊中有所涉及，以及自己感兴趣的问题是否能通过阅读得到解答。同时，教师向学生渗透报刊阅读策略，引导学生通过读不同版块的小标题了解各版块的大意，学会读报刊。

[活动3] 寻读

T：If I want to know the basic information about him, which part should I read?

Ss：About Zhong Nanshan.

T：How about his hobby? Where can we find it?

Ss：Did you know?

T：Please read these two parts by yourself and complete "Basic Information" on your worksheet. （任务一学习单如图1所示）

Ss：Zhong Nanshan was born in 1936 in Nanjing. He is a doctor. He is strong with broad shoulders. He likes sports very much.

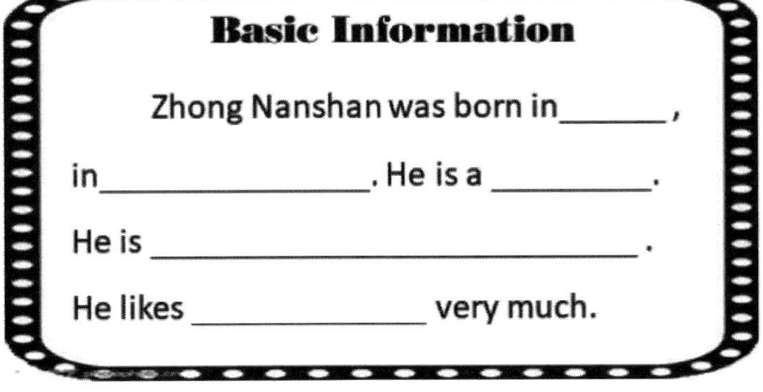

Basic Information

Zhong Nanshan was born in_____,

in_____. He is a _____.

He is _____.

He likes _____ very much.

图1 任务一学习单

（学生完成学习单后集体介绍钟南山的基本信息，教师板书。）

T：As a doctor, he helped a lot of patients in 2020. And 18 years ago, he also saved many people's lives. Is there anything you want to know about 18 years ago?

S1：What happened 18 years ago?

S2：What did he do 18 years ago?

T：Please read "Fighting SARS" and underline these questions' answers.

Q1：What happened in 2003?

Q2：What did Zhong Nanshan do?

Then complete your worksheet. （任务二学习单如图 2 所示）

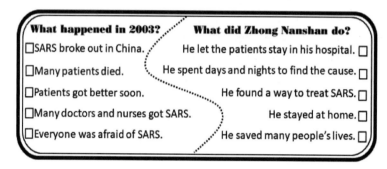

图 2　任务二学习单

（学生根据问题在文中做批注，并完成任务单，学生反馈时，教师板书。）

该部分是报刊的核心内容，介绍了钟南山的基本信息并讲述了钟南山在 2003 年"非典"期间所做的贡献。学生在完成任务一时，快速阅读指定版块，并将非连续文本信息转换成介绍钟南山的一段话，锻炼了学生的语言表达能力。学生在完成任务二时，能够根据问题在文中批注出关键信息，发展提取关键信息的能力，形成批注的阅读策略。达成教学目标①和②

［活动4］人物分析

T：When SARS broke out, everyone was afraid of SARS. Was Zhong Nanshan really not afraid of it? Why do you think so?

S1：I think he was also afraid of SARS. But he is a doctor. He thought he must save other people.

S2：Maybe he was not afraid, because he is a doctor; he knew how to protect himself.

T：He let the sickest patients stay in his hospital. Do you think he got SARS? Why?

S3：I think he didn't get SARS, because he is a doctor; he knew how to protect himself.

S4：I think he didn't get SARS too, because he likes sports and he is very strong.

T：At last, he found a way to treat SARS. Was it easy to find a way?

S5：It was not easy to find a way.

S6：I agree with S5. He spent days and nights to find the cause of the disease. So it was not easy.

T：Let's watch a video and you'll know more about him.

（学生观看钟南山的视频。）

T：What did you get from the video?

S1：Zhong Nanshan wasn't afraid of SARS. He just thought about how to treat SARS.

S2：He treats patients as friends.

S3：He got SARS.

…

T：What do you think of him? Why do you think so?

S1：He is brave, because everyone was afraid of SARS. But he was not afraid.

S2：He is smart. He found the way to treat SARS. …

S3：He is friendly, because he treats patients as friends no matter they are rich or poor.

…

T：Is he a great person? How can you tell?

S4：Yes. He is a great person. When he meets difficulties, he tries to overcome them. He never gives up. And at last he gets success.

T：Can I say he makes great contribution to people?

Ss：Yes.

教师通过层层递进的问题，引发学生进行深入的思考，这些问题没有标准答案，学生根据文章和自己的生活经验进行推断，并形成自己的理解，培养学生的思辨能力。此外，学生基于对钟南山的了解，分析了他身上所具备的优良品质，形成个人观点。在交流的过程中，学生不仅发展了语言技能，还提升了思维品质，并且产生了积极的情感态度，达成了教学目标③。

（3）Post – reading

[活动1] 我眼中的钟南山

T：In my eyes, Zhong Nanshan is a great person. When SARS came, he let the sickest patients stay in his hospital and he spent days and nights to find the cause of the disease. So I think he is a kind and hard – working man. What's more, he found a way to treat SARS and he saved many people's lives. He makes great contribution to mankind. So he is a great person. This is Zhong Nanshan in my eyes. How about you?

（学生与同伴讨论自己眼中的钟南山，并写在学习单上。）

S1：In my eyes, Zhong Nanshan is a brave man. Everyone was afraid of SARS. Many doctors and nurses got SARS, too. But he still let the sickest patients stay in his hospital. He is not afraid of SARS. He believed he could find a way to treat SARS. So he is a brave man.

S2：I think he is a hero. In 2003, many people died of SARS. Zhong Nanshan, a doctor, let the sickest patients stay in his hospital. He spent days and nights to find the cause of the disease. At last，he found a way to treat SARS. He saved many people's lives. He is a hero of our country.

...

学生根据教师范例，在板书和报刊文本的支持下，完成写人物简评的任务。学生结合自己学到的钟南山事迹，写出自己眼中的钟南山并分享观点。达成了教学目标④。在写后的交流中，学生再一次感受到钟南山所具备的优秀品质，潜移默化地影响了学生正确价值观的形成，有助于学生塑造优良的品格。

[活动2] 梳理总结

T：What did you learn in this lesson?

S1：I learned that Zhong Nanshan is a great person.

T：What makes a person great?

S2：The excellent characters make a person great.

T：A great person makes great contribution to mankind.

T：Look at these questions at the beginning of this class. Do you get the answers?

Ss：Yes.

教师和学生就本节课所学进行梳理和总结，学生明确伟大的人具备很多优秀的品质，并且为人类做出了巨大的贡献，回扣主题。

[活动3] 作业布置

T：Here are some newspapers about the great people. Who is your favorite great person? Try to know more about him/ her. And make a poster about your favorite person. We can put them on the wall outside the class.

教师鼓励学生在课后阅读更多关于英雄楷模的报刊文章，不仅可以将课上所学到的阅读报刊文章的方法和策略运用到其他报刊文章中，更可将本课了解英雄楷模这一主题的学习延伸到课外。学生课后的泛读综合实践课奠定了基础。

三、反思与启示

（一）基于单元整体教学的报刊与教材结合的研究，为解决教学缺乏纲领性统领、内容碎片化、过程表面化等问题提供了重要思路

单元整体教学需要教师对教材文本有正确的认识、深入的解读和全面的分析。教学内容既要基于教材，又不局限于教材。教师需要在深层次地解读教材、充分地分析学情的基础上，提炼出单元的主题，并根据单元主题选择与教材话题一致、内容密切相关的教学素材，如报刊、绘本、歌曲等。通过拓展的教学资源，如本案例中的报刊资源，凸显单元主题意义，在发展语言能力的同时，关注学生的思维品质，文化意识和学习能力的发展，有效培养学生的英语学科核心素养。

（二）基于单元整体教学的报刊与教材结合的研究，为帮助学生在零散的知识之间建立联系、形成结构、开展深度学习提供了参考方案

基于单元整体教学的报刊与教材结合的研究可以帮助学生通过不同类型的语篇，在多样化的学习活动中，从不同的角度和深度围绕同一主题开展学习，从而构建起连贯的、结构化的知识体系。在本节报刊阅读课的读前环节，教师让学生先说说自己对英雄楷模的理解和自己了解的钟南山；然后在报刊学习的过程中，随着学生新知识和信息的获取，不断丰富板书，随着学生对人物观点的生成，持续完善板书。教师帮助学生组织知识结构，将学生的学习过程和思维过程通过板书呈现出来，这个过程是学生将已有知识和新知识建立联系、构建起新的知识结构的过程，也是学生提升思维品质、产生新观点新观念的过程。在这个过程中，学生的认知水平不断提高，学科核心素养不断发展。

四、结束语

基于单元整体教学的报刊和教材的有效结合能够促进英语学科育人价值落地课堂，有利于发展学生的英语学科核心素养。该研究引导教师关注知识和技能背后的学科育人价值，推动教师将以知识为中心的碎片化课堂教学转换为以主题意义为中心的结构化、整合化的课堂教学。该研究从学生的需求出发，帮助学生形成能够适应终身发展和社会发展需要的关键能力和必备品格，促进学生语言能力、文化意识、思维品质和学习能力的融合发展。

参 考 文 献

［1］义务教育教科书·英语（一年级起始）六年级下册［M］．北京：北京出版社，2014.

［2］中华人民共和国教育部．义务教育英语课程标准（2011 年版）［M］．北京：北京师范大学出版社，2012

［3］王蔷，周密，蔡铭珂．基于大观念的高中英语单元整体教学设计［J］．中小学外语教学（中学篇），2021（1）：1 – 7.

［4］国内外"报刊教学"现状分析［J/OL］．二十一世纪英语教育周刊电子版，2007（96）.

［5］葛文山．高中生报刊阅读中的词汇附带习得［J］．中小学外语教学（中学篇），2006（2）：1 – 6.

［6］王建平．2016．小学英语主题式教学的课堂实践与研究［J］．中小学外语教学（小学版），2016（9）.

［7］China's Role Models 闪亮的名字［N］．21 世纪报（TEENS·KIDS），2019 – 06 – 25.

【点评】

把握报刊阅读特点　提升学生语言能力

北京市东城区教育科学研究院　江　萍

英语报刊阅读对提高英语语言综合能力具有不可估量的意义。英文报刊阅读使英语学习延伸到了课堂之外，是对课堂教学的一个有益补充，为学生们营造了一个很好的学习氛围。因此，学生们能对英语学习保持持续的信心和兴趣，帮助他们养成看报的阅读习惯，在不知不觉中提高英语阅读理解能力。本节课教师很好地把握了报刊和英语学习的关系，把握了报刊阅读的特点，在提升学生语言能力和思考能力方面具有以下特点。

1. 深入分析文本，把握报刊特点

首先，报刊作为新闻媒介，其信息新而快、多而广，报刊语言最能迅速及时地反映这些变化。其次，英文报刊所涉及的内容广泛而丰富，从政治、经济、外交到科技、文化、教育等，无所不有，而且文体形式不尽相同。这些优势决定了英语报刊较高的实用价值。

周晟昊老师将本单元的主题确定为 "Get to know him or her"，学生在本单元中不仅要了解、介绍身边的人，还要了解和介绍一些英雄楷模的基本信息和优秀事迹，学习他们的优秀品质。本节课是一节结合主题的阅读拓展课，教师选取了《21 世纪报》（小学版）"China's Role Models 闪亮的名字" 这一期中的讲述钟南山的文章进行学习和阅读。教师把握了报刊丰富内容和反映时代特征的特点，设计了与教材衔接的人物基本信息提取的活动、人物特征分析的活动，以及我眼中的钟南山的读后写作活动，逐层推进理解，促进语言学习。在报刊阅读中发现丰富的语言知识、阅读乐趣及精神内涵，提高了阅读理解、语言交际及写作等语言综合能力，有效提高学生的综合素质。

2. 精心设计任务单，提高学习效能

本节课教师在以学习任务单为抓手，有效促进学生通过读加强写的方面进行了很好的尝试。在学习语言的过程中，语言输入是非常重要的。在非英语环境下学习英语，阅读有时甚至是唯一的输入方式。Harmer（2000）认为，好的阅读材料为学生提供范例，有利于他们提高写作能力，而且提供了学习词汇、语法、遣词造句的机会，并为主动用英语进行交际作了准备。对于小学生来说，这个过程中需要多种形式的支架。本节课教师采用了学习任务单的方式，特别设计了介绍钟南山的基本信息，讲述钟南山在 2003 年 "非典" 期间的贡献、思考并分析钟南山的优秀品质以及回扣主题写人物简评等任务。由于英文报刊信息量较大，学生在阅读中可以不断地在学习任务单的指导下，归纳总结和分析理解，吸收一些时代感强的英文短语和句子，能有效提高学习英语的效率。特别是当他们在最后写作时，就会将在阅读中频繁出现的词汇运用到自己的文章当中，起到以读促写的作用。学习任务单的设计很好地体现了教师对文本的梳理，也体现了对学生学习的支撑。

3. 以报刊为补充，激发学生英语学习兴趣

英文报刊阅读使英语学习延伸到了课堂之外，是对课堂教学的一个有益补充，为学生们

营造了一个很好的学习氛围。因此，学生们能对英语学习保持持续的信心和兴趣，帮助他们养成看报的阅读习惯，在不知不觉中提高英语阅读理解能力。本节课的作业部分，教师鼓励学生在课后阅读更多关于英雄楷模的报刊文章，不仅可以将课上所学到的阅读报刊文章的方法和策略运用到其他报刊文章中，更可将本课了解英雄楷模这一主题的学习延伸到课外，在增进学生知识、锻炼阅读能力、开启智慧、启迪心灵方面发挥积极的作用。

绘本与课本结合的单元整体教学促学生发展

A Suit for Space Walking 课例分析

北京市第五中学分校附属方家胡同小学　李　宁

【摘要】本文以一节绘本与教材结合的研究课为例，从单元整体教学的视角分析了二者结合的操作步骤与实施效果，认为绘本与教材结合的单元整体教学是提升学生英语阅读素养、实现学科育人的有效途径。

【关键词】大概念；单元整体教学；绘本教学；教材

一、引言

单元整体教学是指依据教材的编排体系和编写方式，整体把握教材中的每一个单元，统筹安排整个单元的教学内容，正确地把握单元中各个部分之间的联系，合理安排各课时的教学内容，科学分解单元内的教学重点和难点，突出单元内各课时的特点，形成侧重点不同的各种课堂教学形式，促进学生语言学习的整体发展（林燕，2012）。这是一种以学生学习为中心的，通过围绕某一主题，借助各种活动和资源，让学生知识发生迁移的有效教学方式。

从《英语课程标准（2017年版）》的课程目标框架图中，我们可以看出，英语课程以语言能力为中心，以文化意识、思维品质和学习能力为外延，要求学校培养具有中国情怀、国际视野、跨文化沟通能力、思辨能力、学习能力、创新能力的新世纪人才。通过培育英语学科核心素养实现学科育人、立德树人成为基础教育阶段的首要目标。

在核心素养时代，要真正实现立德树人的教学，促进学生全面而有个性地发展，就应培养"整体"意义上"完整"的人。以大概念为核心，使课程内容结构化，促进核心素养的落实。"大概念"有利于指导教师围绕主题组织教学内容和教学过程，引导学生形成对主题的持久性理解，并且能够让所学引导到新情境中，来解决问题（王蔷，2019）。高屋建瓴的思想引领使我们意识到，单元整体教学成为育人方式改革的可能路径。

与当前碎片化、拼盘式的教材单独篇章相比，具有高度综合性、情境性、完整性的整本书阅读在学生核心素养培育方面具有得天独厚的优势（张金秀，2019），是一种很好的英语教学资源和拓展材料。教材（课本）与英语绘本各自具有不可替代的优势，二者互补可以丰富学生的学习内容。本文中的课例就是通过绘本与教材结合的单元整体教学来实现学科育人的目标。

二、绘本与教材结合的单元整体教学课例分析

（一）教材内容分析

北京版《英语》六年级上册 Unit 6 "What is he wearing?"，单元话题是 "Clothes"。第 19 课通过 Mike 和 Guoguo 的对话，让学生了解如何描述自己或他人的着装，同时初步感知不同场合的不同着装，语用知识为能够运用所学语言通过服装来辨识人，认识到服装和职业、性格的关系。第 20 课的语境是 Guoguo 和 Sara 谈论 Sara 的 Cousin（堂/表兄弟、姐妹）在舞台上所穿的服装，语用知识为让学生知道不同场合要穿不同衣服，在生活中综合考虑各种因素来选择合适的服装会增加人际交往的舒适感。第 21 课的语境是 Sara 和 Lingling 在谈论 Lingling 从 Cousin（堂/表兄弟、姐妹）那里得来的毛衣，语用知识为学生能进一步根据身高讨论服装尺码，并学会旧衣利用。

通过分析教材可以看出，第一课时学生通过学习初步感知人们在不同场合的不同着装需求，第二课时学生尝试表达自己在不同场合的着装和理由，第三课时学生在积极的情感体验中，喜欢谈论人们的日常穿戴，进而打开话题，学会欣赏、赞美和纳悦同伴。

（二）单元整体目标定位

Clothes 这个话题与我们每个人息息相关，但就因为太熟悉了，反倒会让学生提不起兴趣。加之我校近四年一直在做绘本阅读研究，学生的单词量和语言能力相对来说比较好，这就更显得教材里谈论的内容无论是语言知识、语言能力还是育人价值都过于单薄。为了把这样单薄、让孩子提不起兴趣的教材内容转化为能够实现我们全面育人目标的教学内容，本单元的教学主要定位在以 "Clothes in our life" 为主题，通过多种学习方式，学习服装类单词和表达，在选择服装时能够综合考虑各种因素，养成出席不同场合穿恰当服装的好习惯，提升个人素养，同时喜欢谈论人们的服饰穿戴，学会欣赏、赞美和纳悦同伴。在带领学生了解生活中的服装后，通过整本书阅读拓展特殊场合下的特殊服装——宇航服，全面了解宇航服的知识并传达出"社会的发展需要以不断进步的科学技术为支撑，青少年要热爱科学、勇于创新"的育人意义。最后，通过综合实践课时将单元所学知识迁移到实际生活中，关注生活中的一款特殊服装，讨论它的概念、特点、功能和未来发展趋势，并试着设计出来。单元整体框架如图 1 所示。

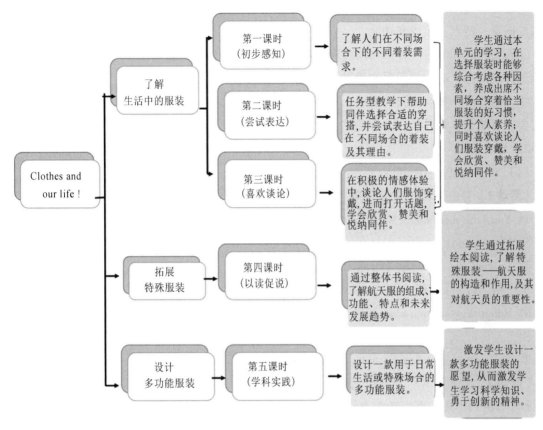

图1　单元整体框架

（三）结合主题鉴选资源

教材中出现的服装都是我们日常生活中所穿的服装，但在根据不同场合选择服装的过程中，学生们还关注到，还有一些特殊的服装，虽然它们不舒服，但在一些场合下必须要穿，但是对于这些服装的功能和特点学生却不是很清楚。基于这样的学习需求，笔者为学生选取了 *A Suit for Space Walking*（《航天服大揭秘》）一书，《航天服大揭秘》是多维英语第十级中的一本科普类读物，书中对宇航员在太空行走时所需要穿的宇航服进行了详细介绍，全书约610 词。这一绘本与教材话题紧密相连，是对教材知识的有益补充和拓展。

从目录页可知，该书在内容编排上共分为七个部分，其中四至六部分的话题是：航天服由很多部分组成，功能齐全，其中背包和头盔是非常重要的部分，是宇航员在太空行走的安全保障。因此，在观察目录页时教师引导学生将这三个部分归在第三部分下，整合后可以清楚地看到，本书从航天服的概念、特点、功能和对未来航天服的展望四个方面进行了详细介绍。

（四）教学设计

1. 课时教学目标

本课时为单元第四课时，为绘本阅读课。课时目标为以下几点。

①通过师生共读、听音、同伴阅读与分享等活动，提取有关航天服的基本知识，包括航天服的概念、特点、组成和功能。

②利用图表和学习任务单对所提取的信息进行梳理和概括，并形成一定的阅读策略，且能够选择自己感兴趣的航天服知识进行介绍，内化和运用所学知识。

③讨论分析未来航天服的发展，积极思考并勇于表达自己的观点；传达出"社会的发展需要以不断进步的科学技术为支撑，青少年要热爱科学、勇于创新"的育人意义。

2．教学过程

（1）Step 1：Pre – reading

[**活动1**] 自由交谈，激活旧知

T：You look nice today. What are you wearing?

S：I'm wearing...

T：Do you like it? What do you often wear?

S：Yes/ No, I often wear... because... .

T：When do you often wear...？

S：...

T：Yes, we wear different clothes in different occasions.

[**活动2**] 观察图片，激活生活经验

（教师在 PPT 中呈现生活中有特殊用途的服装图片，如潜水服、防护服、滑雪服等，讨论服装的作用。）

T：But have you ever had to wear some special suit?

S：I wore... when I went to... .

T：Sounds cool！Are they comfortable?

S：No, it is not easy to wear. / Too tight. /... .

T：They are not comfortable. But why do people wear them?

S：Because it can ... .

T：They are not as comfortable as casual clothes, but they can protect people from the dangers.

教师在读前环节设计了两个活动：一是通过自由谈论，复习单元前三个课时中学习的内容，激活学生的旧知，再次强调不同场合应该穿不同的服装；二是引导学生关注生活中有特殊用途的服装，如耐热的消防服、不透水的潜水服、疫情期间医生穿的防护服等，有这方面生活经验的同学可以分享穿这种特殊服装的感受，最后得出的结论是，虽然这些特殊服装穿起来不舒服，但是可以保护人们免受危险，为后面学生更好地理解宇航服对宇航员的重要作用做铺垫。

（2）Step 2：While – reading

[**活动1**] 阅读封面，预测文本

T：Today, Let's read a book about a special suit. Guess！What's that? How do you know that？

　　S：I see a man walking in the space.

　　T：So the title of this book is：A suit for space walking. What do you know about a spacesuit？

　　S1：It's thick and heavy.

　　S2：It's white.

　　S3：It has many layers.

　　...

　　T：What else do you want to know about it？

　　S1：I want to know...

　　S2：I want to know...

　　...

　　（教师从学生话语中摘录关键词写到黑板上。）

　　学生通过观察绘本封面，对所要学习的文本做出预测。教师利用 KWL 教学法，根据学生的已知水平来探索未知领域。由记录下来的板书可见，大多学生知道航天服是白色的，但是却不知道为什么是白色的，他们也想全面地了解航天服的作用。带着学生们的这些疑问，教师展开教学。

　　[活动 2] 阅读目录页，了解文本的结构和主要内容

　　T：This is an information book from Duowei Reading. Maybe you can get the information you want from this book. Open the book，and we'll see the contents. What information will we get from the book？

　　S1：What the spacesuit is.

　　S2：Why an astronaut needs the spacesuit.

　　S3：How a spacesuit help an astronaut survive.

　　T：Survive？ What does that mean？

　　S：...

　　T：Look！ This is the airbag, the new invention for riders. And it can help the rider survive. So here survive means....

　　S：To go on to live in a dangerous event or time.

　　T：So how does a spacesuit help an astronaut survive？ do you have any ideas about it？

　　S1：I think the oxygen can help the astronaut breath.

　　S2：I think the radio can help the astronaut keep in touch with the earth.

　　T：Different piece has a different job. But，how do they work？ In these parts we'll get more detail information.

　　T：And at the end of the book，we'll have an imagination about how spacesuits could look in the future.

学生通过略读目录页，初步了解整本书内容，判断自己想了解的内容是否在书中有所涉及，以及自己感兴趣的问题是否能透过阅读得到解决。在第三部分中提到的"survive"是一个生词，学生只有知道"survive"的含义，体会到宇航服对航天员的重要性，才能顺利展开后面的教学。因此，教师通过介绍一种新型的安全气囊，并动画演示这种气囊可以在骑车的人撞车的时候保护他们，来解释"survive"一词，借此突破难点。通过教师的引导，学生把目录页中 7 部分内容整合为 4 个大部分，分别是航天服的概念、特点、功能和对未来航天服的展望，为后续学习搭好大框架。

[**活动 3**] 初步认识航天服，听录音聚焦航天服的特点

①教师带读第一部分，初步认识航天服。

T：Now Let's begin to read，what is a spacesuit? Can you give us some key words?

S：Spacesuit is a very thick suit that astronaut must wear if they go walking in space.

T：Here go walking in space means sometimes astronaut need to go outside a shuttle or space station.（PPT 图片介绍 shuttle 和 space station，如图 2 所示）Do you know why they need to go walking in space?

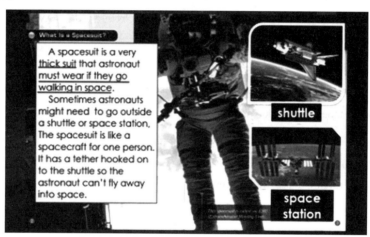

图 2　Shuttle 和 space station

S1：They need to fix the shuttle or space station.

S2：They need to take some pictures.

S3：....

②听录音，聚焦航天服的特点。

T：But why they must wear the spacesuit? The book gives us 3 reasons.

Turn to P6，listen and circle the missing words.（第 6 页内容如图 3 所示。）

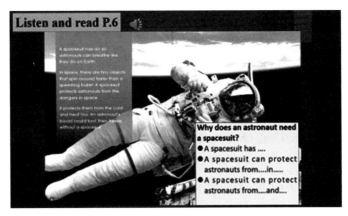

图 3 第 6 页内容

（学生听录音，根据给出的提示框架获取关键信息。）

T：What's the dangers in space?

S1：There are some rocks spinning around the space. Maybe they can hurt the astronaut.

S2：It is so heat or cold in space that astronaut's blood maybe boil then freeze.

（通过追问，学生关注并提取细节信息。）

在教师的问题引领下通过师生共读、个体自读、听录音来获取宇航服的基本定义、基本特点。

[活动 4] 利用图表和任务单提取出航天服的功能，并对提取出的信息进行梳理和概括

活动 4 可分为 2 步。

第一步，初次阅读，认识航天服的组成部分。

①播放我国宇航员太空出舱视频，提升民族自豪感，感知 tether 作为航天服的一部分的重要性。

T：So the spacesuit is very important for an astronaut. Do you think walking in space is an interesting thing?

S：No, it's very dangerous.

T：In this picture, it's an astronaut in NASA. Do you know some astronauts in our country?

S：Yang Liwei. / ...

T：12 years ago, Shenzhou7hao spaceship launched successfully, and Zhai Zhigang became the first Chinese people walking in space. I found the valuable video for you, do you want to have a look?

（学生观看我国宇航员太空出舱视频。）

T：How do you feel when you see our national flag appears in space?

S：I'm proud of our country. / ...

T：Yes, me too. And do you remember, before he came out the shuttle, what did he do?

S：He used a rope to tie himself.

T：It's a tether. （在 PPT 中展示。）

What do you think would happen if the safety tether snapped?

S1：The astronaut will fly away.

S2：The astronaut will die.

②完整阅读文本，初步了解航天服知识，提取出航天服的组成部分，完成学习任务 1。学习任务 1 如图 4 所示。

T：As we know, tether is an important part to a spacesuit.

And there are some other different pieces. What are they?

Please open the book，read by yourself and try to find them.

（学生自主阅读。）

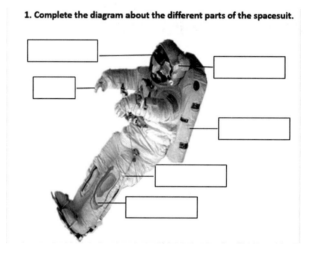

图 4　学习任务 1

第二步，拼图阅读并分享

①引导自主阅读，梳理和概括航天服的一部分功能和特点，完成学习任务 2。学习任务 2 如图 5 所示。

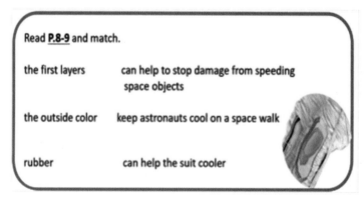

（a）

图 5　学习任务 2

（a）Task1

（b）

图5　学习任务2（续）

（b）Task2

T：Different piece has different job. How do they help an astronaut survive? It's a long part. These 3 worksheets can help you to understand well.

First Let's read in your home group. Each group will read different parts. While reading, do the following tasks：

① Read by self.

②Circle the words and sentences you don't know.

③Finish the worksheet by yourself.

②组织学生核对并讨论，在全班分享关于航天服各部分功能的信息。

T：OK, boys and girls. Now move to the expert group.

Please do the following tasks：

① Ask the words or sentences that you can't understand to your partners.

②Checkin groups.

③Share them together.

"How a spacesuit helps an astronaut survive" 是全书最难也最重要的一部分。教师把这部分拆分为两个层次，先学习航天服的各个组成部分，为后续学习搭建小框架。再采用 Jigsaw Reading 的阅读方式，合理分配阅读内容，让学生小组合作在有限的时间内快速阅读指定内容，并借助学习任务单培养学生提取关键信息的能力。读后设计在专家组合作核对信息的活动，确保学生正确理解所读内容。最后，通过组与组之间的信息差交流，激发学生阅读其他部分的欲望，在分享时通过板书上的框架引导学生归纳宇航服的基本信息，锻炼学生的语言表达能力，并让没有读到这部分信息的同学快速获取重点，由此完成事实性知识的搭建。这些也是学生应知应会的内容。

［**活动5**］全班讨论，发表个人观点

T：From this part we know, there are many pieces in a spacesuit, and different piece has different jobs. They are all important to help an astronaut survive in space. What do you think of the spacesuit now？Prefect or not？

S1：There are too many pieces. So it is not easy for astronaut to wear.

S2：It's too heavy.

T：Can you find the words on this part that support your idea？

S1：It's big and clumsy.

T：How could a spacesuit look like in the future？

S2：Much lighter and tighter.

S3：May be just like Spider – man's suit.

……

基于前面所学知识，全班一起讨论航天服的现状和未来发展的相关问题并提出建议，学生积极思考并勇于表达自己的观点，传达出"社会的发展需要以不断进步的科学技术为支撑，青少年要热爱科学、勇于创新"的育人意义。

（3）Step3：Post – reading

[活动1] 利用学习报告单，梳理总结出学到的相关知识，并分享

T：In this lesson，we learned the spacesuit from these 4 facts. Now please think about 2 or 3 most interesting facts you learned and write down.

学习报告单如图6所示。

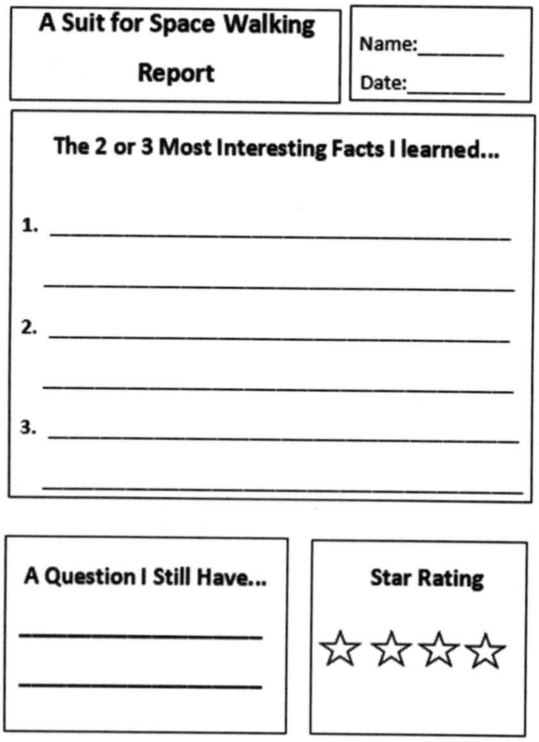

图6 学习报告单

（学生完成学习报告单中"The 2 or 3 Most Interesting Facts I learned..."这一部分。）

T：Now，can you share with us what you learned?

（学生分享。）

[活动2] 总结

T：Let's see：Do you still have some questions here?

T：You did a really good job today, It is a difficult book，but you know how to find the key facts.

I'll give you 4 stars.

How many stars will you give to yourself?

[活动3] 家庭作业

Search for some information about a kind of special suit in our life.

What is it? Why is it important to...? How ... helps... survive? And what will it look like?

在事实性知识搭建、基本技能形成的基础上，学生完成阅读报告，程度好的学生可以总结出本课的核心概念，程度弱一点的学生也能把课上学到的感兴趣的事实性知识进行内化。学生梳理所学内容并积极表达。之后鼓励学生将学到的事实性的内容迁移到生活中，学生选择一个题目"A suit for..."，然后根据课上所学的框架去思考这四个问题：What is it? Why is it important to...? How ... helps... survive? What will it look like? 为之后的综合实践课时做铺垫。

三、反思与启示

（一）育人价值——水到渠成

在单元主体的设定和绘本阅读的选取上，教师从挖掘语篇、分析语篇入手。通过三个主课时的学习，引导学生在积极的情感体验中谈论人们服饰穿戴，进而打开话题，学会欣赏、赞美和悦纳同伴。通过介绍航天服的知识，传达出"航天事业的发展需要以不断进步的科学技术为支撑，青少年要热爱科学、勇于创新，立志为人类航天事业的发展做出贡献"的主题意义。在这个过程中，教师把育人价值做得水到渠成，潜移默化，而不是贴标签。

（二）整体书阅读——提升阅读素养

本单元选择的拓展阅读是科普题材，全文共610词。教师积极尝试各种教学方法，最后借助KWL的教学模式和Jigsaw Reading的阅读方法帮助学生提高提取、整理信息的能力和效率，并形成一定的阅读策略。

（三）任务单的设计——教学评一体化

在本单元中，每课都为学生设计了学习任务单，有别于以往的学习任务单，本单元学习任务单的设计不仅作为课堂学习的依据，更可以作为课后复习和延展的抓手。以绘本课的学习任务单为例，之前设计的学习任务单上仅有课上专家组讨论的内容（航天服的一部分特点），因此每个同学的学习任务单都是不完整的。调整过的每位同学的学习任务单上都包含航天服各部分功能的所有信息，为同学们回家复习提供抓手。学习任务单的设计把无形化有形、把隐形化显形，是教学评一体化的重要工具。

（四）读写结合——推动核心素养，实现学科育人

读和写是小学高年级英语教学的两大重要组成部分。采用绘本阅读的方式，让学生在绘本阅读教学中将读与写紧密联结在一起，"以读促说，以读促写，读写结合"在促进学生学习能力提高的同时，也进一步提高学生的写作能力和归纳信息的能力，将对提升学生的英语核心素养起到很好的推动作用。

在绘本课时，教师将教学目标分为两个层次：事实性知识的获取，内化所学知识。在接下来的综合实践课时，学生将学到的事实性的内容迁移到生活中，在头脑风暴后学生以小组为单位选择一个题目"A suit for..."，然后根据上节课所学的框架去思考这四个问题：What is it? Why is it important to...? How ... helps... survive? What will it look like? 在给出必要的语言支持后，小组讨论，构建要表达的框架。讨论之后，开始进行写作，然后交流。这是作为第三层次，和生活进行联系的一个活动设计。课程设计激发了学生设计一款多功能服装的愿望，从而激发学生学习科学知识、勇于创新的精神，实现学科育人的目标。

四、结束语

英国教育学家怀特海指出："教育的核心问题之一在于如何让学生借助于树木来认识树林。"学科课程的文本素材可能时有调整，但核心观念相对稳定。瞄准进而领悟繁杂学科知识背后的"大概念"，形成透过现象看本质的学科观念与课程能力，才有可能实现真实情境下学科知识的迁移与运用，指向核心素养的深度落实，真正发挥教学的育人功能（孙杰，2019）。作为知识的组织者，单元整体教学架起了课程知识通往核心素养的上升阶梯；作为素养的传播者，单元整体教学成为核心素养楔入学科知识的固定锚点。绘本与课本结合的单元整体教学，无疑是桥接知识与素养不可或缺的一环。

参 考 文 献

［1］义务教育教科书·英语（一年级起始）六年级上册［M］．北京：北京出版社，2014.

［2］中华人民共和国教育部．义务教育英语课程标准（2011 年版）［M］．北京：北京师范大学出版社，2012.

［3］中华人民共和国教育部．普通高中英语课程标准（2017 年版）［M］．北京：人民教育出版社，2018.

［4］张金秀．中小学英语整本书阅读的五点主张［J］．英语学习（教师版），2019（7）：55 – 57.

［5］王蔷．中小学生阅读素养内涵及其培养［J］．英语学习（教师版），2016（1X）：29 – 31.

［6］王蔷，周密，蔡铭珂．基于大观念的高中英语单元整体教学设计［J］．中小学外语教学，2021（1）：1 – 7.

［7］林燕．浅谈小学英语单元整体教学设计的原则［J］．新课程学习，2012（3）：38 – 39.

［8］林恩·埃里克森，洛伊斯·兰宁．以概念为本的课程与教学：培养核心素养的绝佳实践［M］．鲁效孔，译．上海：华东师范大学出版社，2018.

［9］孙杰．大概念引领下的整体教学——立德树人背景下普通高中育人方式改革的可能路径［J］．中小学德育，2019（10）：22 – 26.

【点评】

在非虚构类绘本阅读中发展孩子语言与思维能力

北京市东城区教育科学研究院　江　萍

1. 以学生学习为中心的阅读过程

当前，绘本阅读越来越受大家的关注，很多老师在课堂上组织学生开展绘本阅读活动。但是由于文本长度、课时安排、读与写的关系等问题，老师压缩学生读的过程，直接从学习理解过渡到了迁移创新。由于内化过程不足，或者说学生自主阅读、体验理解感悟文本的时间不足，缺少对文本的深度阅读及理解升华，导致后续基于理解的表达缺少水到渠成的语言积淀，导致学生不喜阅读的现象。

本节课授课教师充分考虑到以学生为主体的课堂学习理念，设计了鼓励学生充分阅读、充分思考、充分表达的两个学时的活动。本课为以读为主，下一课时考虑基于阅读进行创造性写作的设计。

教学过程中，教师带读第一部分，引导学生初步认识航天服。在学生初步认识航天服的基本组成部分之后，学生们以 Jigsaw Reading（拼图阅读）的方式进行自主阅读，梳理和概括航天服的某一部分功能和特点，完成学习任务 2。就像教师自己在设计中提到的，"How a spacesuit helps an astronaut survive" 是全书最难也最重要的一部分。越是这样的内容，越需要学生静下心来细细阅读，在读中发现、提取、分享关键信息。如果学生在一个课时中，既要完成长篇且有难度的非故事性绘本的阅读，还要完成创作，那么教师势必要牵着他们走，无论学生是否读懂，对自己喜爱的内容是否真正反复读并思考，教师都会牵引着学生往下一个环节走，为了完成写的任务。但是本节课很明显，教师关注了孩子的阅读体验，把读的过程真正交还给学生，这样的学习过程是把学生放在课堂正中央的体现。

2. 以学生发展为中心的阅读策略指导

对于本节课教师选取的 *A Suit for Space Walking* 一书，对于这样的一个长文本来说，"读什么"和"怎么读"是两个关键问题。"读什么"要求教师认真分析文本，并帮助学生梳理出主要脉络。李宁老师以三个问题"What the spacesuit is?" "Why an astronaut needs the spacesuit?"和"How a spacesuit help an astronaut survive?"为引领，启发学生重点捕捉关键信息。无论是在学习阶段还是在复习阶段，学生都可以借助这样的问题链清晰地掌握本书主要内容和核心知识点。"怎么读"的问题反映出授课教师的教学理念，正如教师本人讲到，本书的最关键部分是"How a spacesuit help an astronaut survive"，教师以 Jigsaw Reading 的阅读方式，合理分配阅读内容，让学生小组合作，在有限的时间内快速阅读自己喜爱的内容，并借助学习任务单培养学生提取关键信息的能力。读后设计在专家组合作核对信息的活动，确保学生正确理解所读内容。最后，通过组与组之间的信息差交流，激发学生进一步阅读其他部分的欲望，并在分享时通过板书上的框架引导学生归纳宇航服的基本信息，锻炼学生的语言表达能力。这样的设计很好地解决了文本长、难度大以及阅读时间不够的问题。同时，让学生知道，非故事性绘本不像故事阅读一定要按照顺序一页一页读，相反，这类文本可以通过目录挑选自己关切的一部分先进行细读的。这样的引导，为学生后续自主学习提供了方法。

3. 以学科育人为中心的活动设计

绘本阅读越来越受到广大教师和学生的喜爱，但是，受课时限制等影响，很多时候这样的阅读不好开展。目前，绘本与课本结合常用的模式是"衔接式"，即根据学校实际状况，每周用一个课时，也可以每两周用一个课时来读一本绘本，主题的选择基于教材话题，是教材话题的延伸（侯云洁，2018）。本节课就是这样的结合模式。

首先，教师将本节课的英语绘本学习作为学生语言学习的有效补充，从深度和广度两方面与小学英语教材的学习进行有效结合，从而提升学生思考以及表达的能力。

其次，与当前碎片化、拼盘式的教材单独篇章相比，具有高度综合性、情境性、完整性的整本书阅读在学生核心素养培育方面具有得天独厚的优势（张金秀，2019），是一种很好的英语教学资源和拓展材料。本节课授课教师选取的 *A Suit for Space Walking* 一书在语言能力方面能够引领学生在服装单元的背景下，学习特殊服装的功能作用，更好地了解服装领域的知识，在思维和学习能力方面也凸显了通过整本书阅读培养孩子阅读能力和阅读品格的作用，单元的绘本补充体现了学科育人价值。